令和3年
改正民法
解説＋全条文

生熊長幸［編著］

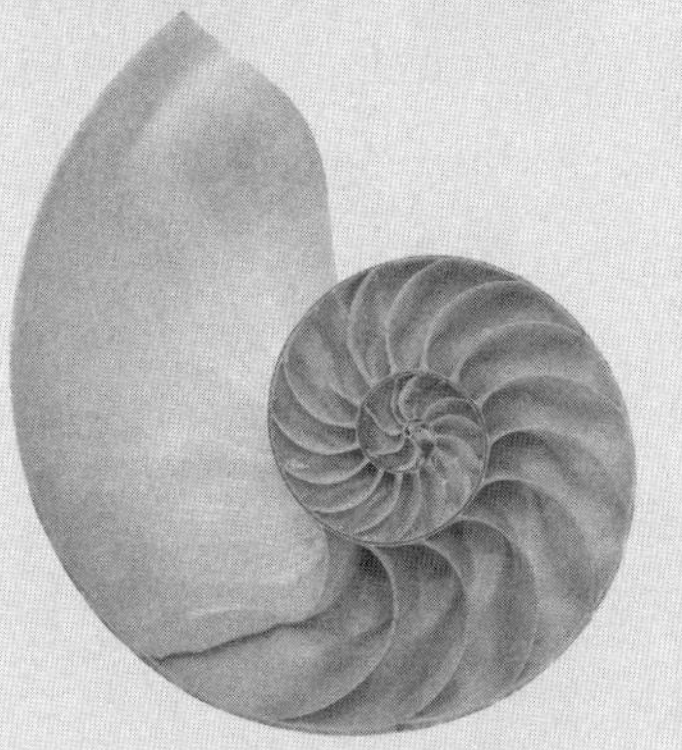

三省堂

凡例

●内容現在

本書は令和三年五月一九日時点において公布された民法の改正を反映しています（令和三年法律第三七号改正まで）。

●平成二九年法律第四四号改正（債権法）以降の改正

平成二九年法律第四四号改正以降に改正のあった条については、その改正前の規定を各条の脇に併載しています。詳細は、民法の法文冒頭に付記した**〔注1〕〔注2〕**をご覧ください。

●令和三年の民法改正による改正箇所

令和三年の民法改正（法律第二四号・三七号）により改正・新設された条は、青地に文字を白く反転させて条数を表示してあります。

●解説

書籍冒頭に解説を掲載したほか、令和三年の民法改正により改正された条、新設された条にはすべて解説を付してあります。

Ⅰ　はじめに――経緯と背景

令和三（二〇二一）年四月二八日、「民法等の一部を改正する法律」（令和三年法律第二四号）が公布された。

近年、所有者不明の土地が増大し、その利用が阻害されたり、近隣の土地所有者等に迷惑をかけたりする事例があちこちで見られるようになった。このような状況を踏まえ、平成三〇（二〇一八）年六月一日、所有者不明土地等対策の推進のための関係閣僚会議で「所有者不明土地等対策の推進に関する基本方針」が決定され、「民事基本法制の見直し等の重要課題については、二〇一八年度中に制度改正の具体的方向性を提示した上で、二〇二〇年までに必要な制度改正を実現する。」とされた。さらに平成三〇（二〇一八）年六月一五日閣議決定で、「経済財政運営と改革の基本方針二〇一八」が決定され、「相続登記の義務化等を含めて相続等を登記に反映させるための仕組み、登記簿と戸籍等の連携等による所有者情報を円滑に把握する仕組み、土地を手放すための仕組み等について検討し、二〇一八年度中に制度改正の具体的方向性を提示した上で、二〇二〇年までに必要な制度改正の実現を目指す。」とされた。

これらを受けて、法務大臣から「民法及び不動産登記法の改正に関する諮問第一〇七号」が法制審議会に発せられ、平成三一（二〇一九）年二月一四日に開催された法制審議会第一八三回会議において、「民法・不動産登記法部会」が新設された。民法・不動産登記法部会は、同年三月一九日の第一回会議から、令和三（二〇二一）年二月二日の第二六回会議まで開催され、「民法・不動産登記法（所有者不明土地関係）の改正等に関する要綱案」が作成され、令和三（二〇二一）年二月一〇日開催の法制審議会第一八九回会議で承認された。

そして、「民法等の一部を改正する法律案」及び「相続等により取得した土地所有権の国庫への帰属に関する法律案」

が、令和三（二〇二一）年の通常国会に提出され、いずれも同年四月二一日に成立し、同月二八日に法律第二四号及び法律第二五号として公布された。

「民法等の一部を改正する法律案」の国会への提出理由は、「所有者不明土地の増加等の社会経済情勢の変化に鑑み、所有者不明土地の発生を防止するとともに、土地の適正な利用及び相続による権利の承継の一層の円滑化を図るため、相隣関係並びに共有物の利用及び管理に関する規定の整備、所有者不明土地管理命令等の制度の創設並びに具体的相続分による遺産分割を求めることができる期間の制限等に関する規定の整備を行うとともに、相続等による所有権の移転の登記の申請を相続人に義務付ける規定の創設等を行う必要がある。」とされている。

また、「相続等により取得した土地所有権の国庫への帰属に関する法律」案の国会への提出の理由は、「社会経済情勢の変化に伴い所有者不明土地が増加していることに鑑み、相続等による所有者不明土地の発生の抑制を図るため、相続等により土地の所有権を取得した者が、法務大臣の承認を受けてその土地の所有権を国庫に帰属させることができる制度を創設する必要がある。」とされている。

なお、民法については、後記Ⅵの「デジタル社会の形成を図るための関係法律の整備に関する法律」（令和三年法律第三七号）による民法の一部改正もなされた。

Ⅱ　「民法等の一部を改正する法律」（令和三年法律第二四号）のうち民法に関する改正部分

「民法等の一部を改正する法律」のうち民法に関する改正部分は、1．相隣関係、2．共有等、3．所有者不明土地管理命令等、4．管理不全土地管理命令・管理不全建物管理命令、5．相続等、に大きく分かれる。

1. 相隣関係

相隣関係については、これまで改正が必要と考えられてきた事柄について規定を改正したもの（二〇九条（隣地の使用）、二三三条（竹木の枝の切除及び根の切取り））と、規定を新たに設けたもの（二一三条の二・二一三条の三（継続的給付を受けるための設備の設置等））とがある。

2. 共有等

今回の民法改正では、「第三章　所有権」の「第三節　共有」の部分においてかなりの改正がなされた。これは、共有財産の場合、共有持分権者の合意を得ることが困難であったり、共有者の一部が不明又は所在不明のために（両者を合わせて「所在等不明共有者」と呼称する。二六二条の二参照）、協議をすることができなかったりして、共有財産の適切な管理や積極的利用がなされていない場合があることによる。そこで、今回の改正では、共有持分権者間の権利関係の明確化、所在等不明共有者がいる場合の共有物の管理に関する事項の決定や共有物の変更を可能にするための制度の創設、裁判所による共有物分割の制度の整備、所在等不明共有者の共有持分の解消の方策などが盛り込まれた。

すなわち、二四九条では、共有物を使用する共有者の他の共有者に対する使用の対価の償還義務が規定され（二項）、また善管注意義務をもってする使用が規定された（三項）。

二五一条では、共有物の形状又は効用の著しい変更を伴わない共有物の変更であれば、他の共有者の同意を必要としないとするとともに、他の共有者不明又は所在不明のときも、一定の要件の下に共有物の変更をすることができるものとした。

また、二五二条は、共有物の管理に関する事項に、共有物の管理者の選任及び解任を含むが、共有物の変更は含まないものとし、他の共有者不明又は所在不明のとき及び共有物の管理に関する事項を決するについて賛否を明らかにしない共有者がいるときの共有物の管理に関する事項を決する方法を規定した。

二五二条の二は、これまで特段の規定がなかった共有物の管理者について規定を置き、その権限、共有者が決した共有物の管理に関する事項と共有物の管理者の行為との関係などを定めた。

また、二五八条は、共有物の分割を裁判所に請求する場合の要件や裁判所による共有物分割の方法につき規定を整備した。

二五八条の二は、共有物の全部又はその持分が相続財産に属する場合において、共同相続人間で共有物の全部又はその持分について遺産の分割をすべきときは、原則として二五八条に定める裁判所による共有物の分割の方法によらないことなど、二五八条の裁判所による共有物の分割と家庭裁判所による遺産分割との関係につき、規定を設けた。

また、共有不動産において、共有持分権者の一部に所在等不明共有者がいる場合の、これらの不明者又は所在不明者の持分権の解消方法につき、二六二条の二及び二六二条の三に規定を設けた。

これらの改正により、共有財産の適切な管理や積極的利用が期待されているといえよう。

3. 所有者不明土地管理命令・所有者不明建物管理命令等

所有者不明又は所有者所在不明の土地又は建物にあっては、その土地又は建物の管理がなされず、土地又は建物が荒廃したり、近隣住民に迷惑をかけたりすることも生ずる。このような場合に、その土地又は建物を適切に管理する方法についての規定はこれまで民法典には存在しなかった。そこで、今回の民法改正では、「第二編　物権」「第三章　所有権」に「第四節　所有者不明土地管理命令及び所有者不明建物管理命令」を置き、所有者不明又は所有者所在不明の土地又は建物にあっても、管理が適切になされるよう次のような規定を設けた。

所有者不明又は所有者所在不明の土地にあっては、二六四条の二において、所有者不明土地管理命令の制度を設け、裁判所は、利害関係人の請求により、必要があると認めるときは、所有者不明土地管理人による管理を命ずる処分をすることができることとし、二六四条の三において、所有者不明土地管理人の権限を定め、二六四条の五において、所有者不明土地管理人の義務を定めている。このほか、所有者不明土地等に関する訴えの取扱いについて二六四条の四が、所有者不明土地管理人の解任及び辞任について二六四条の六が、所有者不明土地管理人の報酬等について二六四条の七が、それぞれ定めている。

所有者不明又は所有者所在不明の建物にあっては、二六四条の八において、所有者不明建物管理命令の制度を設け、裁判所は、利害関係人の請求により、必要があると認めるときは、所有者不明建物管理人による管理を命ずる処分をすることができることとし、所有者不明土地管埋命令の制度に準じた規定を設けている。

4．管理不全土地管理命令・管理不全建物管理命令

土地又は建物の所有者及び所有者の所在は分かっていても、所有者が土地又は建物を適切に管理しないために、他人の権利又は法律上保護される利益が侵害され、又は侵害されるおそれがある場合がある。このような場合に、その土地又は建物を適切に管理させる方法についての規定はこれまで民法典には存在しなかった。

そこで、今回の民法改正では、「第二編　物権」「第三章　所有権」に「第五節　管理不全土地管理命令及び管理不全建物管理命令」を置き、管理が適切になされていない土地及び建物について、適切な管理がなされるような方策を設けた。この制度は、土地又は建物の所有者及び所有者の所在が分かっている管理不全の土地又は建物が対象となるから、今後は、管理不全土地管理人や管理不全建物管理人が順調に選任されるかが課題となろう。

5．相続等

所有者不明の土地の減少を図るためには、共同相続の場合、遺産分割を早期に行うこと、及び当該土地の相続人が決まった場合に早期に相続登記をすることが重要であるが、後者については、不動産登記法の改正により一定の手が打たれている。また、共同相続の場合、遺産分割により相続財産の帰属が確定するまでの間、相続財産の管理が適切になさ

れないことがあるので、相続財産の管理人の制度が設けられた。これにより相続財産の清算を目的としない相続財産の管理人の選任が可能となった。なお、改正前の民法九三六条及び九五二条に定められていた「相続財産の管理人」は、相続財産の清算を目的とするものであるので、「相続財産の清算人」と用語が改められた。

相続財産の管理人の制度については、八九七条の二（相続財産の保存）が新設され、家庭裁判所は、利害関係人又は検察官の請求によって、いつでも、相続財産の管理人の選任その他の相続財産の保存に必要な処分を命ずることができることとした。

遺産分割については、今回の民法改正の後も、相続開始後何年以内に遺産分割をしなければならないといった定めはない。他方で、早期の遺産分割の促進に寄与する次のような規定改正が今回なされており、相続開始後一〇年以内の遺産分割が期待されているといえる。

九〇四条の三（期間経過後の遺産の分割における相続分）は、特別受益者の相続分に関する九〇三条・九〇四条の規定及び寄与分に関する九〇四条の二の規定は、相続開始の時から一〇年を経過した後にする遺産の分割については、適用しないこととした。

九〇八条（遺産の分割の方法の指定及び遺産の分割の禁止）は、共同相続人間で、五年以内の期間を定めて遺産の全部又は一部について分割禁止の契約を締結でき、また五年以内の期間を定めてこの契約を更新できるが、いずれの場合も、相続開始の時から一〇年を超えることができないとして、早期の遺産分割を促している。

九〇七条二項の家庭裁判所による遺産の分割においても、特別の事情があるときは、遺産の全部又は一部について一定期間分割を禁止し、また禁止の期間を更新できるが、これらの期間についても同様である。

さらに今回の改正では、このほかにも相続に関するいくつかの規定の合理化がなされている。

Ⅲ　不動産登記法等の見直し

今回の「民法等の一部を改正する法律」により、不動産登記法も大幅に改正された。本書では不動産登記法の法文は収録していないが、主な改正内容を次に掲げる。

①相続又は遺贈により不動産の所有権を取得した相続人に対する三年以内の所有権移転登記申請の義務付け（七六条の二第一項・二項。七六条の三も参照）と違反者に対する一〇万円以下の過料の賦課（一六四条一項）。

なお、相続人に対する遺贈の場合には、遺贈による所有権移転登記を当該受遺者が単独で申請できることにした（六三条三項）。

②所有権の登記名義人の氏名又は名称及び住所に変更があった場合の二年以内の変更登記申請の義務付けと違反者に対する五万円以下の過料の賦課（七六条の五、一六四条二項）。

③登記官が他の公的機関から所有権の登記名義人の死亡情報や氏名又は名称及び住所の変更情報を取得するための仕組みの創設（一五一条）。

Ⅳ　「相続等により取得した土地所有権の国庫への帰属に関する法律」（令和三年法律第二五号）の制定

土地所有権の放棄（民二三九条二項参照）を自由に認めると、価値のない土地の放棄により国庫の管理の負担が大きくなることが予想されるため、土地所有権の放棄については、否定的な見解が多い。そこで、このような法律が制定された。

相続等によりその土地の所有権の全部又は一部を取得した者は、法務大臣に対し、その土地の所有権を国庫に帰属させることについての承認を申請することができる（二条一項）。共有土地の場合は、共有者の全員が承認の申請を共同して行う時に限られる。この場合には、共有者の一部に共有持分の全部を相続等以外の原因により取得した者が含まれていてもよい（以上、二条二項）。

ただし、承認を受けるための要件はかなり厳しく設定されている。例えば、建物の存する土地、担保権又は使用収益を目的とする権利が設定されている土地、通路その他の他人による使用が予定される土地として政令で定めるものが含まれる土地、境界が明らかでない土地その他の所有権の存否、帰属、又は範囲について争いがある土地などについては、承認申請は認められない（二条三項）。承認申請者は、承認があったときは、承認に係る土地につき、その管理に要する一〇年分の標準的な費用の額を考慮して政令で定めるところにより算出した額の金銭（負担金）を、負担金の額の通知を受けた日から三〇日以内に納付しなければならない（一〇条）。

V　改正の施行日

民法の改正については、公布日（令和三（二〇二一）年四月二八日）から起算して二年を超えない範囲内において政令で定める日から施行される（改正附則一条）。なお、九〇四条の三及び九〇八条二項から五項までの規定は、施行日前に相続が開始した遺産の分割についても、適用される（改正附則三条）。

不動産登記法の改正については、民法と同じ施行日になるもののほか、公布日から施行されるもの、公布日から起算して三年を超えない範囲内において政令で定める日から施行されるもの（三年以内の所有権移転登記申請の義務付け等）、公布日から起算して五年を超えない範囲内において政令で定める日から施行されるもの（所有権の登記名義人の氏名等に変更があった場合の二年以内の変更登記申請の義務付け等）とに施行日が分かれる。

相続等により取得した土地所有権の国庫への帰属に関する法律は、公布日（令和三（二〇二一）年四月二八日）から起算して二年を超えない範囲内において政令で定める日から施行される。

VI 「デジタル社会の形成を図るための関係法律の整備に関する法律」（令和三年法律第三七号）による民法の改正

これまで述べてきた令和三年法律第二四・二五号とは別に、令和三（二〇二一）年五月一九日に公布された「デジタル社会の形成を図るための関係法律の整備に関する法律」によっても民法が改正された。

民法四八六条の改正により、受取証書の交付に代えて、原則としてその内容を記録した電磁的記録の提供を請求できることとし、九八四条の改正により、在外日本人が公正証書等によって遺言をする際に、日本の領事が公証人の職務を行う場合には、遺言者及び証人による押印を不要とした。

この改正は令和三（二〇二一）年九月一日から施行される。

民　法

(明治二九年四月二七日法律第八九号)

施行、明三一・七・一六

改正、(平一一まで省略)平一二—法九一、平一三—法四一、平一五—法一〇九・法一三四・法一三八、平一六—法七六・法一二四・法一四七、平一七—法八七、平一八—法五〇・法七三・法七八、平二三—法五三・法六一、平二五—法九四、平二八—法二七・法七一、平二九—法四四(平三〇—法七二)、平三〇—法五九・法七二、令一—法二・法三四、令三—法二四・法三七

〔**注1**〕本書では、内容現在日までに公布されたすべての民法の改正を織り込み、次の改正については、必要な箇所に当該施行日前まで有効な規定または注記を付した。なお、当該施行日から削除される規定には★印を、当該施行日から有効となる規定には☆印を付した。

- **平二九法四四**　施行＝令二・四・一
- **平三〇法五九**　施行＝令四・四・一
- **平三〇法七二**　施行＝平三一・一・一三、令一・七・一、令二・四・一
- **令一法二**　施行＝令二・四・一
- **令一法三四**　施行＝令二・四・一
- **令三法二四**　施行＝令三・四・二八から起算して二年を超えない範囲内において政令で定める日(以下本文注記中「令三法二四施行日」と記す)
- **令三法三七**　施行＝令三・九・一

〔**注2**〕平二九法四四改正の前後で条数の変更が生じ、併載で参照関係を示すことができないものについては、各条末にその参照関係を注記した(民前＝平二九法四四による改正前の民法)。

目次

第一編 総則〔平一六法一四七全部改正〕

第一章 通則

（基本原則）

第一条 私権は、公共の福祉に適合しなければならない。

2 権利の行使及び義務の履行は、信義に従い誠実に行わなければならない。

3 権利の濫用は、これを許さない。

（解釈の基準）

第二条 この法律は、個人の尊厳と両性の本質的平等を旨として、解釈しなければならない。

第二章 人

第一節 権利能力

第三条 私権の享有は、出生に始まる。

2 外国人は、法令又は条約の規定により禁止される場合を除き、私権を享有する。

☆

第二節 意思能力〔平二九法四四本節追加〕〔本節の施行は、令二・四・一〕

第三条の二 法律行為の当事者が意思表示をした時に意思能力を有しなかったときは、その法律行為は、無効とする。

☆

第三節 行為能力〔平二九法四四本節繰下〕〔本節繰下げの施行は、令二・四・一〕

> **第二節**〔第三節に繰下げ〕

（成年）

第四条 年齢十八歳をもって、成年とする。〔本条の施行は、令四・

四・一〕

第四条〔「十八歳」は、令四・三・三一までは「二十歳」〕

〔平三〇法五九本条改正〕

（未成年者の法律行為）

第五条　未成年者が法律行為をするには、その法定代理人の同意を得なければならない。ただし、単に権利を得、又は義務を免れる法律行為については、この限りでない。

2 前項の規定に反する法律行為は、取り消すことができる。

3 第一項の規定にかかわらず、法定代理人が目的を定めて処分を許した財産は、その目的の範囲内において、未成年者が自由に処分することができる。目的を定めないで処分を許した財産を処分するときも、同様とする。

（未成年者の営業の許可）

第六条　一種又は数種の営業を許された未成年者は、その営業に関しては、成年者と同一の行為能力を有する。

2 前項の場合において、未成年者がその営業に堪えることができない事由があるときは、その法定代理人は、第四編（親族）の規定に従い、その許可を取り消し、又はこれを制限することができる。

（後見開始の審判）

第七条　精神上の障害により事理を弁識する能力を欠く常況にある者については、家庭裁判所は、本人、配偶者、四親等内の親族、未成年後見人、未成年後見監督人、保佐人、保佐監督人、補助人、補助監督人又は検察官の請求により、後見開始の審判をすることができる。

（成年被後見人及び成年後見人）

第八条　後見開始の審判を受けた者は、成年被後見人とし、これに成年後見人を付する。

（成年被後見人の法律行為）

第九条　成年被後見人の法律行為は、取り消すことができる。ただし、日用品の購入その他日常生活に関する行為については、この限りでない。

（後見開始の審判の取消し）

第一〇条　第七条に規定する原因が消滅したときは、家庭裁判所は、本人、配偶者、四親等内の親族、後見人（未成年後見人及び成年後見人をいう。以下同じ。）、後見監督人（未成年後見監督人及び成年後見監督人をいう。以下同じ。）又は検察官の請求により、後見開始の審判を取り消さなければならない。

（保佐開始の審判）

第一一条　精神上の障害により事理を弁識する能力が著しく不十分である者については、家庭裁判所は、本人、配偶者、四親等内の親族、後見人、後見監督人、補助人、補助監督人又は検察官の請求により、保佐開始の審判をすることができる。ただし、第七条に規定する原因がある者については、この限りでない。

（被保佐人及び保佐人）

第一二条　保佐開始の審判を受けた者は、被保佐人とし、これに保佐人を付する。

（保佐人の同意を要する行為等）

第一三条　被保佐人が次に掲げる行為をするには、その保佐人の同意を得なければならない。ただし、第九条ただし書に規定する行為については、この限りでない。

一　元本を領収し、又は利用すること。

二　借財又は保証をすること。

三　不動産その他重要な財産に関する権利の得喪を目的とする行為をすること。

四　訴訟行為をすること。

五　贈与、和解又は仲裁合意（仲裁法（平成十五年法律第百三十八号）第二条第一項に規定する仲裁合意をいう。）をすること。

六　相続の承認若しくは放棄又は遺産の分割をすること。

七　贈与の申込みを拒絶し、遺贈を放棄し、負担付贈与の申込みを承諾し、又は負担付遺贈を承認すること。

八　新築、改築、増築又は大修繕をすること。

九　第六百二条に定める期間を超える賃貸借をすること。

十　前各号に掲げる行為を制限行為能力者（未成年者、成年被後見人、被保佐人及び第十七条第一項の審判を受けた被補助人をいう。以下同じ。）の法定代理人としてすること。〔本号の施行は、令二・四・

一）

2 家庭裁判所は、第十一条本文に規定する者又は保佐人若しくは保佐監督人の請求により、被保佐人が前項各号に掲げる行為以外の行為をする場合であってもその保佐人の同意を得なければならない旨の審判をすることができる。ただし、第九条ただし書に規定する行為については、この限りでない。

3 保佐人の同意を得なければならない行為について、保佐人が被保佐人の利益を害するおそれがないにもかかわらず同意をしないときは、家庭裁判所は、被保佐人の請求により、保佐人の同意に代わる許可を与えることができる。

4 保佐人の同意を得なければならない行為であって、その同意又はこれに代わる許可を得ないでしたものは、取り消すことができる。

第一三条〔一項一〇号は新設規定〕

〔平二九法四四第一項改正〕

（保佐開始の審判等の取消し）

第一四条　第十一条本文に規定する原因が消滅したときは、家庭裁判所は、本人、配偶者、四親等内の親族、未成年後見人、未成年後見監督人、保佐人、保佐監督人又は検察官の請求により、保佐開始の審判を取り消さなければならない。

2 家庭裁判所は、前項に規定する者の請求により、前条第二項の審判の全部又は一部を取り消すことができる。

（補助開始の審判）

第一五条　精神上の障害により事理を弁識する能力が不十分である者については、家庭裁判所は、本人、配偶者、四親等内の親族、後見人、後見監督人、保佐人、保佐監督人又は検察官の請求により、補助開始の審判をすることができる。ただし、第七条又は第十一条本文に規定する原因がある者については、この限りでない。

2 本人以外の者の請求により補助開始の審判をするには、本人の同意がなければならない。

3 補助開始の審判は、第十七条第一項の審判又は第八百七十六条の九第一項の審判とともにしなければならない。

（被補助人及び補助人）

第一六条　補助開始の審判を受けた者は、被補助人とし、これに補助人を付する。

（補助人の同意を要する旨の審判等）

第一七条　家庭裁判所は、第十五条第一項本文に規定する者又は補助人若しくは補助監督人の請求により、被補助人が特定の法律行為をするにはその補助人の同意を得なければならない旨の審判をすることができる。ただし、その審判によりその同意を得なければならないものとすることができる行為は、第十三条第一項に規定する行為の一部に限る。

2 本人以外の者の請求により前項の審判をするには、本人の同意がなければならない。

3 補助人の同意を得なければならない行為について、補助人が被補助人の利益を害するおそれがないにもかかわらず同意をしないときは、家庭裁判所は、被補助人の請求により、補助人の同意に代わる許可を与えることができる。

4 補助人の同意を得なければならない行為であって、その同意又はこれに代わる許可を得ないでしたものは、取り消すことができる。

（補助開始の審判等の取消し）

第一八条　第十五条第一項本文に規定する原因が消滅したときは、家庭裁判所は、本人、配偶者、四親等内の親族、未成年後見人、未成年後見監督人、補助人、補助監督人又は検察官の請求により、補助開始の審判を取り消さなければならない。

2 家庭裁判所は、前項に規定する者の請求により、前条第一項の審判の全部又は一部を取り消すことができる。

3 前条第一項の審判及び第八百七十六条の九第一項の審判をすべて取り消す場合には、家庭裁判所は、補助開始の審判を取り消さなければならない。

（審判相互の関係）

第一九条　後見開始の審判をする場合において、本人が被保佐人又は被補助人であるときは、家庭裁判所は、その本人に係る保佐開始又は補助開始の審判を取り消さなければならない。

2 前項の規定は、保佐開始の審判をする場合において本人が成年被後見人若しくは被補助人であるとき、又は補助開始の審判をする場合において本人が成年被後見人若しくは被保佐人であるときについて準用する。

（制限行為能力者の相手方の催告権）

第二〇条　制限行為能力者の相手方は、その制限行為能力者が行為能力者（行為能力の制限を受けない者をいう。以下同じ。）となった後、その者に対し、一箇月以上の期間を定めて、その期間内にその取り消すことができる行為を追認するかどうかを確答すべき旨の催告をすることができる。この場合において、その者がその期間内に確答を発しないときは、その行為を追認したものとみなす。〔本項の施行は、令二・四・一〕

2　制限行為能力者の相手方が、制限行為能力者が行為能力者とならない間に、その法定代理人、保佐人又は補助人に対し、その権限内の行為について前項に規定する催告をした場合において、これらの者が同項の期間内に確答を発しないときも、同項後段と同様とする。

3　特別の方式を要する行為については、前二項の期間内にその方式を具備した旨の通知を発しないときは、その行為を取り消したものとみなす。

4　制限行為能力者の相手方は、被保佐人又は第十七条第一項の審判を受けた被補助人に対しては、第一項の期間内にその保佐人又は補助人の追認を得るべき旨の催告をすることができる。この場合において、その被保佐人又は被補助人がその期間内にその追認を得た旨の通知を発しないときは、その行為を取り消したものとみなす。

> **第二〇条**　制限行為能力者（未成年者、成年被後見人、被保佐人及び第十七条第一項の審判を受けた被補助人をいう。以下同じ。）の相手方は、その制限行為能力者が行為能力者（行為能力の制限を受けない者をいう。以下同じ。）となった後、その者に対し、一箇月以上の期間を定めて、その期間内にその取り消すことができる行為を追認するかどうかを確答すべき旨の催告をすることができる。この場合において、その者がその期間内に確答を発しないときは、その行為を追認したものとみなす。
>
> 2から4まで〔同〕

〔平二九法四四第一項改正〕

（制限行為能力者の詐術）

第二一条　制限行為能力者が行為能力者であることを信じさせるため詐術を用いたときは、その行為を取り消すことができない。

第四節　住所〔平二九法四四本節繰下〕〔本節繰下げの施行は、令二・四・一〕

> **第三節**〔第四節に繰下げ〕

（住所）

第二二条　各人の生活の本拠をその者の住所とする。

（居所）

第二三条　住所が知れない場合には、居所を住所とみなす。

2　日本に住所を有しない者は、その者が日本人又は外国人のいずれであるかを問わず、日本における居所をその者の住所とみなす。ただし、準拠法を定める法律に従いその者の住所地法によるべき場合は、この限りでない。

〔平一八法七八第二項改正〕

（仮住所）

第二四条　ある行為について仮住所を選定したときは、その行為に関しては、その仮住所を住所とみなす。

第五節　不在者の財産の管理及び失踪の宣告〔平二九法四四本節改正繰下〕〔本節名改正繰下げの施行は、令二・四・一〕

> **第四節**　不在者の財産の管理及び失踪《そう》の宣告〔第五節に繰下げ〕

（不在者の財産の管理）

第二五条　従来の住所又は居所を去った者（以下「不在者」という。）がその財産の管理人（以下この節において単に「管理人」という。）を置かなかったときは、家庭裁判所は、利害関係人又は検察官の請求により、その財産の管理について必要な処分を命ずることができる。本人の不在中に管理人の権限が消滅したときも、同様とする。

2　前項の規定による命令後、本人が管理人を置いたときは、家庭裁判所は、その管理人、利害関係人又は検察官の請求により、その命令を取り消さなければならない。

（管理人の改任）

第二六条　不在者が管理人を置いた場合において、その不在者の生死が明らかでないときは、家庭裁判所は、利害関係人又は検察官の請求により、管理人を改任することができる。

（管理人の職務）

第二七条　前二条の規定により家庭裁判所が選任した管理人は、その管理すべき財産の目録を作成しなければならない。この場合において、その費用は、不在者の財産の中から支弁する。

2 不在者の生死が明らかでない場合において、利害関係人又は検察官の請求があるときは、家庭裁判所は、不在者が置いた管理人にも、前項の目録の作成を命ずることができる。

3 前二項に定めるもののほか、家庭裁判所は、管理人に対し、不在者の財産の保存に必要と認める処分を命ずることができる。

（管理人の権限）

第二八条　管理人は、第百三条に規定する権限を超える行為を必要とするときは、家庭裁判所の許可を得て、その行為をすることができる。不在者の生死が明らかでない場合において、その管理人が不在者が定めた権限を超える行為を必要とするときも、同様とする。

（管理人の担保提供及び報酬）

第二九条　家庭裁判所は、管理人に財産の管理及び返還について相当の担保を立てさせることができる。

2 家庭裁判所は、管理人と不在者との関係その他の事情により、不在者の財産の中から、相当な報酬を管理人に与えることができる。

（失踪《そう》の宣告）

第三〇条　不在者の生死が七年間明らかでないときは、家庭裁判所は、利害関係人の請求により、失踪《そう》の宣告をすることができる。

2 戦地に臨んだ者、沈没した船舶の中に在った者その他死亡の原因となるべき危難に遭遇した者の生死が、それぞれ、戦争が止《や》んだ後、船舶が沈没した後又はその他の危難が去った後一年間明らかでないときも、前項と同様とする。

（失踪の宣告の効力）

第三一条　前条第一項の規定により失踪の宣告を受けた者は同項の期間が満了した時に、同条第二項の規定により失踪の宣告を受けた者はその危難が去った時に、死亡したものとみなす。

（失踪の宣告の取消し）

第三二条　失踪者が生存すること又は前条に規定する時と異なる時に死亡したことの証明があったときは、家庭裁判所は、本人又は利害関係人の請求により、失踪の宣告を取り消さなければならない。この場合において、その取消しは、失踪の宣告後その取消し前に善意でした行為の効力に影響を及ぼさない。

2 失踪の宣告によって財産を得た者は、その取消しによって権利を失う。ただし、現に利益を受けている限度においてのみ、その財産を返還する義務を負う。

第六節　同時死亡の推定〔平二九法四四本節繰下〕〔本節繰下げの施行は、令二・四・一〕

第三二条の二　数人の者が死亡した場合において、そのうちの一人が他の者の死亡後になお生存していたことが明らかでないときは、これらの者は、同時に死亡したものと推定する。

第五節〔第六節に繰下げ〕

第三章　法人

（法人の成立等）

第三三条　法人は、この法律その他の法律の規定によらなければ、成立しない。

2 学術、技芸、慈善、祭祀《し》、宗教その他の公益を目的とする法人、営利事業を営むことを目的とする法人その他の法人の設立、組織、運営及び管理については、この法律その他の法律の定めるところによる。

〔平一八法五〇第二項追加〕

（法人の能力）

第三四条　法人は、法令の規定に従い、定款その他の基本約款で定められた目的の範囲内において、権利を有し、義務を負う。

〔平一八法五〇本条改正〕

（外国法人）

第三五条　外国法人は、国、国の行政区画及び外国会社を除き、その成立を認許しない。ただし、法律又は条約の規定により認許された外国法人は、この限りでない。
2 前項の規定により認許された外国法人は、日本において成立する同種の法人と同一の私権を有する。ただし、外国人が享有することのできない権利及び法律又は条約中に特別の規定がある権利については、この限りでない。
〔平一八法五〇本条改正〕

（登記）

第三六条　法人及び外国法人は、この法律その他の法令の定めるところにより、登記をするものとする。

〔平一八法五〇本条改正〕

（外国法人の登記）
第三七条　外国法人（第三十五条第一項ただし書に規定する外国法人に限る。以下この条において同じ。）が日本に事務所を設けたときは、三週間以内に、その事務所の所在地において、次に掲げる事項を登記しなければならない。
一　外国法人の設立の準拠法
二　目的
三　名称
四　事務所の所在場所
五　存続期間を定めたときは、その定め
六　代表者の氏名及び住所
2 前項各号に掲げる事項に変更を生じたときは、三週間以内に、変更の登記をしなければならない。この場合において、登記前にあっては、その変更をもって第三者に対抗することができない。
3 代表者の職務の執行を停止し、若しくはその職務を代行する者を選任する仮処分命令又はその仮処分命令を変更し、若しくは取り消す決定がされたときは、その登記をしなければならない。この場合においては、前項後段の規定を準用する。
4 前二項の規定により登記すべき事項が外国において生じたときは、登記の期間は、その通知が到達した日から起算する。
5 外国法人が初めて日本に事務所を設けたときは、その事務所の所在地において登記するまでは、第三者は、その法人の成立を否認することができる。
6 外国法人が事務所を移転したときは、旧所在地においては三週間以内に移転の登記をし、新所在地においては四週間以内に第一項各号に掲げる事項を登記しなければならない。
7 同一の登記所の管轄区域内において事務所を移転したときは、その移転を登記すれば足りる。
8 外国法人の代表者が、この条に規定する登記を怠ったときは、五十万円以下の過料に処する。
〔平一八法五〇本条改正〕

第三八条から第八四条まで　〔法人に関する規定〕　削除　〔平一八法五〇〕

第四章　物

（定義）
第八五条　この法律において「物」とは、有体物をいう。

（不動産及び動産）
第八六条　土地及びその定着物は、不動産とする。
2 不動産以外の物は、すべて動産とする。〔本条の施行は、令二・四・一〕

> **第八六条**　〔同〕
> 2 〔同〕
> 3 無記名債権は、動産とみなす。

〔平二九法四四第三項削除〕

（主物及び従物）
第八七条　物の所有者が、その物の常用に供するため、自己の所有に属する他の物をこれに附属させたときは、その附属させた物を従物とする。
2 従物は、主物の処分に従う。

（天然果実及び法定果実）
第八八条　物の用法に従い収取する産出物を天然果実とする。
2 物の使用の対価として受けるべき金銭その他の物を法定果実とする。

（果実の帰属）
第八九条　天然果実は、その元物から分離する時に、これを収取する権利を有する者に帰属する。

2 法定果実は、これを収取する権利の存続期間に応じて、日割計算によりこれを取得する。

第五章　法律行為

第一節　総則

（公序良俗）

第九〇条　公の秩序又は善良の風俗に反する法律行為は、無効とする。〔本条の施行は、令二・四・一〕

> **第九〇条**　公の秩序又は善良の風俗に反する事項を目的とする法律行為は、無効とする。

〔平二九法四四本条改正〕

（任意規定と異なる意思表示）

第九一条　法律行為の当事者が法令中の公の秩序に関しない規定と異なる意思を表示したときは、その意思に従う。

（任意規定と異なる慣習）

第九二条　法令中の公の秩序に関しない規定と異なる慣習がある場合において、法律行為の当事者がその慣習による意思を有しているものと認められるときは、その慣習に従う。

第二節　意思表示

（心裡《り》留保）

第九三条　意思表示は、表意者がその真意ではないことを知ってしたときであっても、そのためにその効力を妨げられない。ただし、相手方がその意思表示が表意者の真意ではないことを知り、又は知ることができたときは、その意思表示は、無効とする。

2 前項ただし書の規定による意思表示の無効は、善意の第三者に対抗することができない。〔本条の施行は、令二・四・一〕

> **第九三条**　意思表示は、表意者がその真意ではないことを知ってしたときであっても、そのためにその効力を妨げられない。ただし、相手方が表意者の真意を知り、又は知ることができたときは、その意思表示は、無効とする。
>
> 〔二項は新設規定〕

〔平二九法四四第一項改正・二項追加〕

（虚偽表示）

第九四条　相手方と通じてした虚偽の意思表示は、無効とする。

2 前項の規定による意思表示の無効は、善意の第三者に対抗することができない。

（錯誤）

第九五条　意思表示は、次に掲げる錯誤に基づくものであって、その錯誤が法律行為の目的及び取引上の社会通念に照らして重要なものであるときは、取り消すことができる。

一　意思表示に対応する意思を欠く錯誤

二　表意者が法律行為の基礎とした事情についてのその認識が真実に反する錯誤

2 前項第二号の規定による意思表示の取消しは、その事情が法律行為の基礎とされていることが表示されていたときに限り、することができる。

3 錯誤が表意者の重大な過失によるものであった場合には、次に掲げる場合を除き、第一項の規定による意思表示の取消しをすることができない。

一　相手方が表意者に錯誤があることを知り、又は重大な過失によって知らなかったとき。

二　相手方が表意者と同一の錯誤に陥っていたとき。

4 第一項の規定による意思表示の取消しは、善意でかつ過失がない第三者に対抗することができない。〔本条の施行は、令二・四・一〕

> **第九五条**　意思表示は、法律行為の要素に錯誤があったときは、無効とする。ただし、表意者に重大な過失があったときは、表意者は、自らその無効を主張することができない。

〔平二九法四四本条改正〕

（詐欺又は強迫）

第九六条　詐欺又は強迫による意思表示は、取り消すことができる。

2 相手方に対する意思表示について第三者が詐欺を行った場合におい

ては、相手方がその事実を知り、又は知ることができたときに限り、その意思表示を取り消すことができる。

3 前二項の規定による詐欺による意思表示の取消しは、善意でかつ過失がない第三者に対抗することができない。〔本条の施行は、令二・四・一〕

> **第九六条**〔同〕
>
> 2 相手方に対する意思表示について第三者が詐欺を行った場合においては、相手方がその事実を知っていたときに限り、その意思表示を取り消すことができる。
>
> 3 前二項の規定による詐欺による意思表示の取消しは、善意の第三者に対抗することができない。
>
> 〔平二九法四四第二項・三項改正〕

（意思表示の効力発生時期等）

第九七条　意思表示は、その通知が相手方に到達した時からその効力を生ずる。

2 相手方が正当な理由なく意思表示の通知が到達することを妨げたときは、その通知は、通常到達すべきであった時に到達したものとみなす。

3 意思表示は、表意者が通知を発した後に死亡し、意思能力を喪失し、又は行為能力の制限を受けたときであっても、そのためにその効力を妨げられない。〔本条の施行は、令二・四・一〕

> **（隔地者に対する意思表示）**
>
> **第九七条**　隔地者に対する意思表示は、その通知が相手方に到達した時からその効力を生ずる。
>
> 〔二項は新設規定〕
>
> 2 隔地者に対する意思表示は、表意者が通知を発した後に死亡し、又は行為能力を喪失したときであっても、そのためにその効力を妨げられない。〔3に繰下げ〕
>
> 〔平二九法四四見出し・一項改正・二項追加・旧二項改正繰下（三項）〕

（公示による意思表示）

第九八条　意思表示は、表意者が相手方を知ることができず、又はその所在を知ることができないときは、公示の方法によってすることができる。

2 前項の公示は、公示送達に関する民事訴訟法（平成八年法律第百九号）の規定に従い、裁判所の掲示場に掲示し、かつ、その掲示があったことを官報に少なくとも一回掲載して行う。ただし、裁判所は、相当と認めるときは、官報への掲載に代えて、市役所、区役所、町村役場又はこれらに準ずる施設の掲示場に掲示すべきことを命ずることができる。

3 公示による意思表示は、最後に官報に掲載した日又はその掲載に代わる掲示を始めた日から二週間を経過した時に、相手方に到達したものとみなす。ただし、表意者が相手方を知らないこと又はその所在を知らないことについて過失があったときは、到達の効力を生じない。

4 公示に関する手続は、相手方を知ることができない場合には表意者の住所地の、相手方の所在を知ることができない場合には相手方の最後の住所地の簡易裁判所の管轄に属する。

5 裁判所は、表意者に、公示に関する費用を予納させなければならない。

（意思表示の受領能力）

第九八条の二　意思表示の相手方がその意思表示を受けた時に意思能力を有しなかったとき又は未成年者若しくは成年被後見人であったときは、その意思表示をもってその相手方に対抗することができない。ただし、次に掲げる者がその意思表示を知った後は、この限りでない。

一　相手方の法定代理人

二　意思能力を回復し、又は行為能力者となった相手方〔本条の施行は、令二・四・一〕

> **第九八条の二**　意思表示の相手方がその意思表示を受けた時に未成年者又は成年被後見人であったときは、その意思表示をもってその相手方に対抗することができない。ただし、その法定代理人がその意思表示を知った後は、この限りでない。
>
> 〔一号・二号は新設規定〕

〔平二九法四四本条改正〕

第三節　代理

（代理行為の要件及び効果）

第九九条　代理人がその権限内において本人のためにすることを示してした意思表示は、本人に対して直接にその効力を生ずる。

2 前項の規定は、第三者が代理人に対してした意思表示について準用する。

（本人のためにすることを示さない意思表示）

第一〇〇条　代理人が本人のためにすることを示さないでした意思表示は、自己のためにしたものとみなす。ただし、相手方が、代理人が本人のためにすることを知り、又は知ることができたときは、前条第一項の規定を準用する。

（代理行為の瑕《か》疵《し》）

第一〇一条　代理人が相手方に対してした意思表示の効力が意思の不存在、錯誤、詐欺、強迫又はある事情を知っていたこと若しくは知らなかったことにつき過失があったことによって影響を受けるべき場合には、その事実の有無は、代理人について決するものとする。

2 相手方が代理人に対してした意思表示の効力が意思表示を受けた者がある事情を知っていたこと又は知らなかったことにつき過失があったことによって影響を受けるべき場合には、その事実の有無は、代理人について決するものとする。

3 特定の法律行為をすることを委託された代理人がその行為をしたときは、本人は、自ら知っていた事情について代理人が知らなかったことを主張することができない。本人が過失によって知らなかった事情についても、同様とする。〔本条の施行は、令二・四・一〕

> **第一〇一条**　意思表示の効力が意思の不存在、詐欺、強迫又はある事情を知っていたこと若しくは知らなかったことにつき過失があったことによって影響を受けるべき場合には、その事実の有無は、代理人について決するものとする。
>
> 〔二項は新設規定〕
>
> 2 特定の法律行為をすることを委託された場合において、代理人が本人の指図に従ってその行為をしたときは、本人は、自ら知っていた事情について代理人が知らなかったことを主張することができない。本人が過失によって知らなかった事情についても、同様とする。〔3に繰下げ〕

〔平二九法四四第一項改正・二項追加・旧二項改正繰下（三項）〕

（代理人の行為能力）

第一〇二条　制限行為能力者が代理人としてした行為は、行為能力の制限によっては取り消すことができない。ただし、制限行為能力者が他の制限行為能力者の法定代理人としてした行為については、この限りでない。〔本条の施行は、令二・四・一〕

> **第一〇二条**　代理人は、行為能力者であることを要しない。

〔平二九法四四本条改正〕

（権限の定めのない代理人の権限）

第一〇三条　権限の定めのない代理人は、次に掲げる行為のみをする権限を有する。

一　保存行為

二　代理の目的である物又は権利の性質を変えない範囲内において、その利用又は改良を目的とする行為

（任意代理人による復代理人の選任）

第一〇四条　委任による代理人は、本人の許諾を得たとき、又はやむを得ない事由があるときでなければ、復代理人を選任することができない。

> ★**（復代理人を選任した代理人の責任）**
>
> **第一〇五条**　代理人は、前条の規定により復代理人を選任したときは、その選任及び監督について、本人に対してその責任を負う。
>
> 2 代理人は、本人の指名に従って復代理人を選任したときは、前項の責任を負わない。ただし、その代理人が、復代理人が不適任又は不誠実であることを知りながら、その旨を本人に通知し又は復代理人を解任することを怠ったときは、この限りでない。〔本条の削除は、令二・四・一〕

（法定代理人による復代理人の選任）

第一〇五条　法定代理人は、自己の責任で復代理人を選任することができる。この場合において、やむを得ない事由があるときは、本人に対してその選任及び監督についての責任のみを負う。〔本条の施行

は、令二・四・一〕

> **第一〇六条**　法定代理人は、自己の責任で復代理人を選任することができる。この場合において、やむを得ない事由があるときは、前条第一項の責任のみを負う。〔第一〇五条に繰上げ〕

〔平二九法四四本条改正・条数繰上〕

（復代理人の権限等）

第一〇六条　復代理人は、その権限内の行為について、本人を代表する。

2 復代理人は、本人及び第三者に対して、その権限の範囲内において、代理人と同一の権利を有し、義務を負う。〔本条の施行は、令二・四・一〕

> **第一〇七条**〔第一〇六条に繰上げ〕
> 2 復代理人は、本人及び第三者に対して、代理人と同一の権利を有し、義務を負う。

〔平二九法四四第二項改正・条数繰上〕

☆**（代理権の濫用）**

第一〇七条　代理人が自己又は第三者の利益を図る目的で代理権の範囲内の行為をした場合において、相手方がその目的を知り、又は知ることができたときは、その行為は、代理権を有しない者がした行為とみなす。〔本条の施行は、令二・四・一〕

〔平二九法四四本条追加〕

（自己契約及び双方代理等）

第一〇八条　同一の法律行為について、相手方の代理人として、又は当事者双方の代理人としてした行為は、代理権を有しない者がした行為とみなす。ただし、債務の履行及び本人があらかじめ許諾した行為については、この限りでない。

2 前項本文に規定するもののほか、代理人と本人との利益が相反する行為については、代理権を有しない者がした行為とみなす。ただし、本人があらかじめ許諾した行為については、この限りでない。

〔本条の施行は、令二・四・一〕

> **（自己契約及び双方代理）**
> **第一〇八条**　同一の法律行為については、相手方の代理人となり、又は当事者双方の代理人となることはできない。ただし、債務の履行及び本人があらかじめ許諾した行為については、この限りでない。
> 〔二項は新設規定〕

〔平二九法四四見出し・一項改正・二項追加〕

（代理権授与の表示による表見代理等）

第一〇九条　第三者に対して他人に代理権を与えた旨を表示した者は、その代理権の範囲内においてその他人が第三者との間でした行為について、その責任を負う。ただし、第三者が、その他人が代理権を与えられていないことを知り、又は過失によって知らなかったときは、この限りでない。

2 第三者に対して他人に代理権を与えた旨を表示した者は、その代理権の範囲内においてその他人が第三者との間で行為をしたとすれば前項の規定によりその責任を負うべき場合において、その他人が第三者との間でその代理権の範囲外の行為をしたときは、第三者がその行為についてその他人の代理権があると信ずべき正当な理由があるときに限り、その行為についての責任を負う。〔本条の施行は、令二・四・一〕

> **（代理権授与の表示による表見代理）**
> **第一〇九条**〔同〕
> 〔二項は新設規定〕

〔平二九法四四見出し改正・二項追加〕

（権限外の行為の表見代理）

第一一〇条　前条第一項本文の規定は、代理人がその権限外の行為をした場合において、第三者が代理人の権限があると信ずべき正当な理由があるときについて準用する。〔本条の施行は、令二・四・一〕

> **第一一〇条**　前条本文の規定は、代理人がその権限外の行為をした場合において、第三者が代理人の権限があると信ずべき正当な理由があるときについて準用する。

〔平二九法四四本条改正〕

（代理権の消滅事由）

第一一一条　代理権は、次に掲げる事由によって消滅する。

一　本人の死亡

二　代理人の死亡又は代理人が破産手続開始の決定若しくは後見開始の審判を受けたこと。

2委任による代理権は、前項各号に掲げる事由のほか、委任の終了によって消滅する。

（代理権消滅後の表見代理等）

第一一二条　他人に代理権を与えた者は、代理権の消滅後にその代理権の範囲内においてその他人が第三者との間でした行為について、代理権の消滅の事実を知らなかった第三者に対してその責任を負う。ただし、第三者が過失によってその事実を知らなかったときは、この限りでない。

2他人に代理権を与えた者は、代理権の消滅後に、その代理権の範囲内においてその他人が第三者との間で行為をしたとすれば前項の規定によりその責任を負うべき場合において、その他人が第三者との間でその代理権の範囲外の行為をしたときは、第三者がその行為についてその他人の代理権があると信ずべき正当な理由があるときに限り、その行為についての責任を負う。〔本条の施行は、令二・四・一〕

> **（代理権消滅後の表見代理）**
> **第一一二条**　代理権の消滅は、善意の第三者に対抗することができない。ただし、第三者が過失によってその事実を知らなかったときは、この限りでない。

〔平二九法四四本条改正〕

（無権代理）

第一一三条　代理権を有しない者が他人の代理人としてした契約は、本人がその追認をしなければ、本人に対してその効力を生じない。

2追認又はその拒絶は、相手方に対してしなければ、その相手方に対抗することができない。ただし、相手方がその事実を知ったときは、この限りでない。

（無権代理の相手方の催告権）

第一一四条　前条の場合において、相手方は、本人に対し、相当の期間を定めて、その期間内に追認をするかどうかを確答すべき旨の催告をすることができる。この場合において、本人がその期間内に確答をしないときは、追認を拒絶したものとみなす。

（無権代理の相手方の取消権）

第一一五条　代理権を有しない者がした契約は、本人が追認をしない間は、相手方が取り消すことができる。ただし、契約の時において代理権を有しないことを相手方が知っていたときは、この限りでない。

（無権代理行為の追認）

第一一六条　追認は、別段の意思表示がないときは、契約の時にさかのぼってその効力を生ずる。ただし、第三者の権利を害することはできない。

（無権代理人の責任）

第一一七条　他人の代理人として契約をした者は、自己の代理権を証明したとき、又は本人の追認を得たときを除き、相手方の選択に従い、相手方に対して履行又は損害賠償の責任を負う。

2前項の規定は、次に掲げる場合には、適用しない。

一　他人の代理人として契約をした者が代理権を有しないことを相手方が知っていたとき。

二　他人の代理人として契約をした者が代理権を有しないことを相手方が過失によって知らなかったとき。ただし、他人の代理人として契約をした者が自己に代理権がないことを知っていたときは、この限りでない。

三　他人の代理人として契約をした者が行為能力の制限を受けていたとき。〔本条の施行は、令二・四・一〕

> **第一一七条**　他人の代理人として契約をした者は、自己の代理権を証明することができず、かつ、本人の追認を得ることができなかったときは、相手方の選択に従い、相手方に対して履行又は損害賠償の責任を負う。
> 2前項の規定は、他人の代理人として契約をした者が代理権を有しないことを相手方が知っていたとき、若しくは過失によって知らなかったとき、又は他人の代理人として契約をした者が行為能力を有しなかったときは、適用しない。

〔平二九法四四本条改正〕

（単独行為の無権代理）

第一一八条 単独行為については、その行為の時において、相手方が、代理人と称する者が代理権を有しないで行為をすることに同意し、又はその代理権を争わなかったときに限り、第百十三条から前条までの規定を準用する。代理権を有しない者に対しその同意を得て単独行為をしたときも、同様とする。

第四節 無効及び取消し

（無効な行為の追認）

第一一九条 無効な行為は、追認によっても、その効力を生じない。ただし、当事者がその行為の無効であることを知って追認をしたときは、新たな行為をしたものとみなす。

（取消権者）

第一二〇条 行為能力の制限によって取り消すことができる行為は、制限行為能力者（他の制限行為能力者の法定代理人としてした行為にあっては、当該他の制限行為能力者を含む。）又はその代理人、承継人若しくは同意をすることができる者に限り、取り消すことができる。

2 錯誤、詐欺又は強迫によって取り消すことができる行為は、瑕疵《かし》ある意思表示をした者又はその代理人若しくは承継人に限り、取り消すことができる。（本条の施行は、令二・四・一）

> **第一二〇条** 行為能力の制限によって取り消すことができる行為は、制限行為能力者又はその代理人、承継人若しくは同意をすることができる者に限り、取り消すことができる。
>
> 2 詐欺又は強迫によって取り消すことができる行為は、瑕疵《かし》ある意思表示をした者又はその代理人若しくは承継人に限り、取り消すことができる。

（平二九法四四本条改正）

（取消しの効果）

第一二一条 取り消された行為は、初めから無効であったものとみなす。（本条の施行は、令二・四・一）

> **第一二一条** 取り消された行為は、初めから無効であったものとみなす。ただし、制限行為能力者は、その行為によって現に利益を受けている限度において、返還の義務を負う。

（平二九法四四本条改正）

☆**（原状回復の義務）**

第一二一条の二 無効な行為に基づく債務の履行として給付を受けた者は、相手方を原状に復させる義務を負う。

2 前項の規定にかかわらず、無効な無償行為に基づく債務の履行として給付を受けた者は、給付を受けた当時その行為が無効であること（給付を受けた後に前条の規定により初めから無効であったものとみなされた行為にあっては、給付を受けた当時その行為が取り消すことができるものであること）を知らなかったときは、その行為によって現に利益を受けている限度において、返還の義務を負う。

3 第一項の規定にかかわらず、行為の時に意思能力を有しなかった者は、その行為によって現に利益を受けている限度において、返還の義務を負う。行為の時に制限行為能力者であった者についても、同様とする。（本条の施行は、令二・四・一）

（対応条項＝三項（民前一二一但））

（平二九法四四本条追加）

（取り消すことができる行為の追認）

第一二二条 取り消すことができる行為は、第百二十条に規定する者が追認したときは、以後、取り消すことができない。（本条の施行は、令二・四・一）

> **第一二二条** 取り消すことができる行為は、第百二十条に規定する者が追認したときは、以後、取り消すことができない。ただし、追認によって第三者の権利を害することはできない。

（平二九法四四本条改正）

（取消し及び追認の方法）

第一二三条 取り消すことができる行為の相手方が確定している場合には、その取消し又は追認は、相手方に対する意思表示によってする。

（追認の要件）

第一二四条 取り消すことができる行為の追認は、取消しの原因となっていた状況が消滅し、かつ、取消権を有することを知った後にしなければ、その効力を生じない。

2次に掲げる場合には、前項の追認は、取消しの原因となっていた状況が消滅した後にすることを要しない。

一　法定代理人又は制限行為能力者の保佐人若しくは補助人が追認をするとき。

二　制限行為能力者（成年被後見人を除く。）が法定代理人、保佐人又は補助人の同意を得て追認をするとき。〔本条の施行は、令二・四・一〕

> **第一二四条**　追認は、取消しの原因となっていた状況が消滅した後にしなければ、その効力を生じない。
>
> 2成年被後見人は、行為能力者となった後にその行為を了知したときは、その了知をした後でなければ、追認をすることができない。
>
> 3前二項の規定は、法定代理人又は制限行為能力者の保佐人若しくは補助人が追認をする場合には、適用しない。

〔平二九法四四第一項・二項改正・三項削除〕

（法定追認）

第一二五条　追認をすることができる時以後に、取り消すことができる行為について次に掲げる事実があったときは、追認をしたものとみなす。ただし、異議をとどめたときは、この限りでない。

一　全部又は一部の履行

二　履行の請求

三　更改

四　担保の供与

五　取り消すことができる行為によって取得した権利の全部又は一部の譲渡

六　強制執行〔本条の施行は、令二・四・一〕

> **第一二五条**　前条の規定により追認をすることができる時以後に、取り消すことができる行為について次に掲げる事実があったときは、追認をしたものとみなす。ただし、異議をとどめたときは、この限りでない。
>
> 一から六まで〔同〕

〔平二九法四四本条改正〕

（取消権の期間の制限）

第一二六条　取消権は、追認をすることができる時から五年間行使しないときは、時効によって消滅する。行為の時から二十年を経過したときも、同様とする。

第五節　条件及び期限

（条件が成就した場合の効果）

第一二七条　停止条件付法律行為は、停止条件が成就した時からその効力を生ずる。

2解除条件付法律行為は、解除条件が成就した時からその効力を失う。

3当事者が条件が成就した場合の効果をその成就した時以前にさかのぼらせる意思を表示したときは、その意思に従う。

（条件の成否未定の間における相手方の利益の侵害の禁止）

第一二八条　条件付法律行為の各当事者は、条件の成否が未定である間は、条件が成就した場合にその法律行為から生ずべき相手方の利益を害することができない。

（条件の成否未定の間における権利の処分等）

第一二九条　条件の成否が未定である間における当事者の権利義務は、一般の規定に従い、処分し、相続し、若しくは保存し、又はそのために担保を供することができる。

（条件の成就の妨害等）

第一三〇条　条件が成就することによって不利益を受ける当事者が故意にその条件の成就を妨げたときは、相手方は、その条件が成就したものとみなすことができる。

2条件が成就することによって利益を受ける当事者が不正にその条件を成就させたときは、相手方は、その条件が成就しなかったものとみなすことができる。〔本条の施行は、令二・四・一〕

> **（条件の成就の妨害）**
>
> **第一三〇条**〔同〕
>
> 〔二項は新設規定〕

〔平二九法四四見出し改正・二項追加〕

（既成条件）

第一三一条　条件が法律行為の時に既に成就していた場合において、その条件が停止条件であるときはその法律行為は無条件とし、その条件が解除条件であるときはその法律行為は無効とする。
2　条件が成就しないことが法律行為の時に既に確定していた場合において、その条件が停止条件であるときはその法律行為は無効とし、その条件が解除条件であるときはその法律行為は無条件とする。
3　前二項に規定する場合において、当事者が条件が成就したこと又は成就しなかったことを知らない間は、第百二十八条及び第百二十九条の規定を準用する。

（不法条件）
第一三二条　不法な条件を付した法律行為は、無効とする。不法な行為をしないことを条件とするものも、同様とする。

（不能条件）
第一三三条　不能の停止条件を付した法律行為は、無効とする。
2　不能の解除条件を付した法律行為は、無条件とする。

（随意条件）
第一三四条　停止条件付法律行為は、その条件が単に債務者の意思のみに係るときは、無効とする。

（期限の到来の効果）
第一三五条　法律行為に始期を付したときは、その法律行為の履行は、期限が到来するまで、これを請求することができない。
2　法律行為に終期を付したときは、その法律行為の効力は、期限が到来した時に消滅する。

（期限の利益及びその放棄）
第一三六条　期限は、債務者の利益のために定めたものと推定する。
2　期限の利益は、放棄することができる。ただし、これによって相手方の利益を害することはできない。

（期限の利益の喪失）
第一三七条　次に掲げる場合には、債務者は、期限の利益を主張することができない。
一　債務者が破産手続開始の決定を受けたとき。
二　債務者が担保を滅失させ、損傷させ、又は減少させたとき。
三　債務者が担保を供する義務を負う場合において、これを供しないとき。

第六章　期間の計算

（期間の計算の通則）
第一三八条　期間の計算方法は、法令若しくは裁判上の命令に特別の定めがある場合又は法律行為に別段の定めがある場合を除き、この章の規定に従う。

（期間の起算）
第一三九条　時間によって期間を定めたときは、その期間は、即時から起算する。
第一四〇条　日、週、月又は年によって期間を定めたときは、期間の初日は、算入しない。ただし、その期間が午前零時から始まるときは、この限りでない。

（期間の満了）
第一四一条　前条の場合には、期間は、その末日の終了をもって満了する。
第一四二条　期間の末日が日曜日、国民の祝日に関する法律（昭和二十三年法律第百七十八号）に規定する休日その他の休日に当たるときは、その日に取引をしない慣習がある場合に限り、期間は、その翌日に満了する。

（暦による期間の計算）
第一四三条　週、月又は年によって期間を定めたときは、その期間は、暦に従って計算する。
2　週、月又は年の初めから期間を起算しないときは、その期間は、最後の週、月又は年においてその起算日に応当する日の前日に満了する。ただし、月又は年によって期間を定めた場合において、最後の月に応当する日がないときは、その月の末日に満了する。

第七章　時効

第一節　総則

（時効の効力）
第一四四条　時効の効力は、その起算日にさかのぼる。

（時効の援用）
第一四五条 時効は、当事者（消滅時効にあっては、保証人、物上保証人、第三取得者その他権利の消滅について正当な利益を有する者を含む。）が援用しなければ、裁判所がこれによって裁判をすることができない。〔本条の施行は、令二・四・一〕

第一四五条 時効は、当事者が援用しなければ、裁判所がこれによって裁判をすることができない。

〔平二九法四四本条改正〕

（時効の利益の放棄）
第一四六条 時効の利益は、あらかじめ放棄することができない。

（裁判上の請求等による時効の完成猶予及び更新）
第一四七条 次に掲げる事由がある場合には、その事由が終了する（確定判決又は確定判決と同一の効力を有するものによって権利が確定することなくその事由が終了した場合にあっては、その終了の時から六箇月を経過する）までの間は、時効は、完成しない。
一 裁判上の請求
二 支払督促
三 民事訴訟法第二百七十五条第一項の和解又は民事調停法（昭和二十六年法律第二百二十二号）若しくは家事事件手続法（平成二十三年法律第五十二号）による調停
四 破産手続参加、再生手続参加又は更生手続参加
2 前項の場合において、確定判決又は確定判決と同一の効力を有するものによって権利が確定したときは、時効は、同項各号に掲げる事由が終了した時から新たにその進行を始める。〔本条の施行は、令二・四・一〕
〔対応条項＝一項（民前一四七・一四九―一五二）、二項（民前一五七）〕

（時効の中断事由）
第一四七条 時効は、次に掲げる事由によって中断する。
一 請求
二 差押え、仮差押え又は仮処分
三 承認

〔平二九法四四本条改正〕

（強制執行等による時効の完成猶予及び更新）
第一四八条 次に掲げる事由がある場合には、その事由が終了する（申立ての取下げ又は法律の規定に従わないことによる取消しによってその事由が終了した場合にあっては、その終了の時から六箇月を経過する）までの間は、時効は、完成しない。
一 強制執行
二 担保権の実行
三 民事執行法（昭和五十四年法律第四号）第百九十五条に規定する担保権の実行としての競売の例による競売
四 民事執行法第百九十六条に規定する財産開示手続又は同法第二百四条に規定する第三者からの情報取得手続〔本号の施行は、令二・四・一〕
2 前項の場合には、時効は、同項各号に掲げる事由が終了した時から新たにその進行を始める。ただし、申立ての取下げ又は法律の規定に従わないことによる取消しによってその事由が終了した場合は、この限りでない。〔本条の施行は、令二・四・一〕
〔対応条項＝（民前一四七）、一項三号・四号（民前一五四）、二項（民前一五四・一五七）〕

（時効の中断の効力が及ぶ者の範囲）
第一四八条 前条の規定による時効の中断は、その中断の事由が生じた当事者及びその承継人の間においてのみ、その効力を有する。

〔平二九法四四本条改正、令一法二第一項改正〕

（仮差押え等による時効の完成猶予）
第一四九条 次に掲げる事由がある場合には、その事由が終了した時から六箇月を経過するまでの間は、時効は、完成しない。
一 仮差押え
二 仮処分
〔本条の施行は、令二・四・一〕
〔対応条項＝（民前一五四）〕

（裁判上の請求）
第一四九条 裁判上の請求は、訴えの却下又は取下げの場合には、時効の中断の効力を生じない。

〔平二九法四四本条改正〕

（催告による時効の完成猶予）

第一五〇条　催告があったときは、その時から六箇月を経過するまでの間は、時効は、完成しない。

2 催告によって時効の完成が猶予されている間にされた再度の催告は、前項の規定による時効の完成猶予の効力を有しない。〔本条の施行は、令二・四・一〕

〔対応条項＝（民前一五三）〕

（支払督促）

第一五〇条　支払督促は、債権者が民事訴訟法第三百九十二条に規定する期間内に仮執行の宣言の申立てをしないことによりその効力を失うときは、時効の中断の効力を生じない。

〔平二九法四四本条改正〕

（協議を行う旨の合意による時効の完成猶予）

第一五一条　権利についての協議を行う旨の合意が書面でされたときは、次に掲げる時のいずれか早い時までの間は、時効は、完成しない。

一　その合意があった時から一年を経過した時

二　その合意において当事者が協議を行う期間（一年に満たないものに限る。）を定めたときは、その期間を経過した時

三　当事者の一方から相手方に対して協議の続行を拒絶する旨の通知が書面でされたときは、その通知の時から六箇月を経過した時

2 前項の規定により時効の完成が猶予されている間にされた再度の同項の合意は、同項の規定による時効の完成猶予の効力を有する。ただし、その効力は、時効の完成が猶予されなかったとすれば時効が完成すべき時から通じて五年を超えることができない。

3 催告によって時効の完成が猶予されている間にされた第一項の合意は、同項の規定による時効の完成猶予の効力を有しない。同項の規定により時効の完成が猶予されている間にされた催告についても、同様とする。

4 第一項の合意がその内容を記録した電磁的記録（電子的方式、磁気的方式その他人の知覚によっては認識することができない方式で作られる記録であって、電子計算機による情報処理の用に供されるものをいう。以下同じ。）によってされたときは、その合意は、書面によってされたものとみなして、前三項の規定を適用する。

5 前項の規定は、第一項第三号の通知について準用する。〔本条の施行は、令二・四・一〕

（和解及び調停の申立て）

第一五一条　和解の申立て又は民事調停法（昭和二十六年法律第二百二十二号）若しくは家事事件手続法（平成二十三年法律第五十二号）による調停の申立ては、相手方が出頭せず、又は和解若しくは調停が調わないときは、一箇月以内に訴えを提起しなければ、時効の中断の効力を生じない。

〔平二三法五三・平二九法四四本条改正〕

（承認による時効の更新）

第一五二条　時効は、権利の承認があったときは、その時から新たにその進行を始める。

2 前項の承認をするには、相手方の権利についての処分につき行為能力の制限を受けていないこと又は権限があることを要しない。〔本条の施行は、令二・四・一〕

〔対応条項＝一項（民前一五七）、二項（民前一五六）〕

（破産手続参加等）

第一五二条　破産手続参加、再生手続参加又は更生手続参加は、債権者がその届出を取り下げ、又はその届出が却下されたときは、時効の中断の効力を生じない。

〔平二九法四四本条改正〕

（時効の完成猶予又は更新の効力が及ぶ者の範囲）

第一五三条　第百四十七条又は第百四十八条の規定による時効の完成猶予又は更新は、完成猶予又は更新の事由が生じた当事者及びその承継人の間においてのみ、その効力を有する。

2 第百四十九条から第百五十一条までの規定による時効の完成猶予は、完成猶予の事由が生じた当事者及びその承継人の間においてのみ、その効力を有する。

3 前条の規定による時効の更新は、更新の事由が生じた当事者及びその承継人の間においてのみ、その効力を有する。〔本条の施行は、令

二・四・一〕

〔対応条項＝（民前一四八）〕

> **（催告）**
> **第一五三条**　催告は、六箇月以内に、裁判上の請求、支払督促の申立て、和解の申立て、民事調停法若しくは家事事件手続法による調停の申立て、破産手続参加、再生手続参加、更生手続参加、差押え、仮差押え又は仮処分をしなければ、時効の中断の効力を生じない。

〔平二三法五三・平二九法四四本条改正〕

第一五四条　第百四十八条第一項各号又は第百四十九条各号に掲げる事由に係る手続は、時効の利益を受ける者に対してしないときは、その者に通知をした後でなければ、第百四十八条又は第百四十九条の規定による時効の完成猶予又は更新の効力を生じない。〔本条の施行は、令二・四・一〕

〔対応条項＝（民前一五五）〕

> **（差押え、仮差押え及び仮処分）**
> **第一五四条**　差押え、仮差押え及び仮処分は、権利者の請求により又は法律の規定に従わないことにより取り消されたときは、時効の中断の効力を生じない。

〔平二九法四四本条改正〕

第一五五条から第一五七条まで　削除〔平二九法四四〕〔本規定の施行は、令二・四・一〕

> **第一五五条**　差押え、仮差押え及び仮処分は、時効の利益を受ける者に対してしないときは、その者に通知をした後でなければ、時効の中断の効力を生じない。
>
> **（承認）**
> **第一五六条**　時効の中断の効力を生ずべき承認をするには、相手方の権利についての処分につき行為能力又は権限があることを要しない。
>
> **（中断後の時効の進行）**
> **第一五七条**　中断した時効は、その中断の事由が終了した時から、新たにその進行を始める。
> 2　裁判上の請求によって中断した時効は、裁判が確定した時から、新たにその進行を始める。

（未成年者又は成年被後見人と時効の完成猶予）
第一五八条　時効の期間の満了前六箇月以内の間に未成年者又は成年被後見人に法定代理人がないときは、その未成年者若しくは成年被後見人が行為能力者となった時又は法定代理人が就職した時から六箇月を経過するまでの間は、その未成年者又は成年被後見人に対して、時効は、完成しない。
2　未成年者又は成年被後見人がその財産を管理する父、母又は後見人に対して権利を有するときは、その未成年者若しくは成年被後見人が行為能力者となった時又は後任の法定代理人が就職した時から六箇月を経過するまでの間は、その権利について、時効は、完成しない。〔本条の施行は、令二・四・一〕

> **（未成年者又は成年被後見人と時効の停止）**
> **第一五八条**　〔同〕
> 2　〔同〕

〔平二九法四四見出し改正〕

（夫婦間の権利の時効の完成猶予）
第一五九条　夫婦の一方が他の一方に対して有する権利については、婚姻の解消の時から六箇月を経過するまでの間は、時効は、完成しない。〔本条の施行は、令二・四・一〕

> **（夫婦間の権利の時効の停止）**
> **第一五九条**　〔同〕

〔平二九法四四見出し改正〕

（相続財産に関する時効の完成猶予）
第一六〇条　相続財産に関しては、相続人が確定した時、管理人が選任された時又は破産手続開始の決定があった時から六箇月を経過するまでの間は、時効は、完成しない。〔本条の施行は、令二・四・一〕

> **（相続財産に関する時効の停止）**
> **第一六〇条**　〔同〕

〔平二九法四四見出し改正〕

（天災等による時効の完成猶予）
第一六一条　時効の期間の満了の時に当たり、天災その他避けることのできない事変のため第百四十七条第一項各号又は第百四十八条第一項各号に掲げる事由に係る手続を行うことができないときは、その障害が消滅した時から三箇月を経過するまでの間は、時効は、完成しない。〔本条の施行は、令二・四・一〕

> **（天災等による時効の停止）**
> **第一六一条**　時効の期間の満了の時に当たり、天災その他避けることのできない事変のため時効を中断することができないときは、その障害が消滅した時から二週間を経過するまでの間は、時効は、完成しない。

〔平二九法四四本条改正〕

第二節　取得時効

（所有権の取得時効）
第一六二条　二十年間、所有の意思をもって、平穏に、かつ、公然と他人の物を占有した者は、その所有権を取得する。
2　十年間、所有の意思をもって、平穏に、かつ、公然と他人の物を占有した者は、その占有の開始の時に、善意であり、かつ、過失がなかったときは、その所有権を取得する。

（所有権以外の財産権の取得時効）
第一六三条　所有権以外の財産権を、自己のためにする意思をもって、平穏に、かつ、公然と行使する者は、前条の区別に従い二十年又は十年を経過した後、その権利を取得する。

（占有の中止等による取得時効の中断）
第一六四条　第百六十二条の規定による時効は、占有者が任意にその占有を中止し、又は他人によってその占有を奪われたときは、中断する。
第一六五条　前条の規定は、第百六十三条の場合について準用する。

第三節　消滅時効

（債権等の消滅時効）
第一六六条　債権は、次に掲げる場合には、時効によって消滅する。
一　債権者が権利を行使することができることを知った時から五年間行使しないとき。
二　権利を行使することができる時から十年間行使しないとき。
2　債権又は所有権以外の財産権は、権利を行使することができる時から二十年間行使しないときは、時効によって消滅する。
3　前二項の規定は、始期付権利又は停止条件付権利の目的物を占有する第三者のために、その占有の開始の時から取得時効が進行することを妨げない。ただし、権利者は、その時効を更新するため、いつでも占有者の承認を求めることができる。〔本条の施行は、令二・四・一〕
〔対応条項＝一項（民前一六七1）、二項（民前一六七2）〕

> **（消滅時効の進行等）**
> **第一六六条**　消滅時効は、権利を行使することができる時から進行する。
> 〔二項は新設規定〕
> 2　前項の規定は、始期付権利又は停止条件付権利の目的物を占有する第三者のために、その占有の開始の時から取得時効が進行することを妨げない。ただし、権利者は、その時効を中断するため、いつでも占有者の承認を求めることができる。〔3に繰下げ〕

〔平二九法四四見出し・一項改正・二項追加・旧二項改正繰下（三項）〕

（人の生命又は身体の侵害による損害賠償請求権の消滅時効）
第一六七条　人の生命又は身体の侵害による損害賠償請求権の消滅時効についての前条第一項第二号の規定の適用については、同号中「十年間」とあるのは、「二十年間」とする。〔本条の施行は、令二・四・一〕

> **（債権等の消滅時効）**
> **第一六七条**　債権は、十年間行使しないときは、消滅する。
> 2　債権又は所有権以外の財産権は、二十年間行使しないときは、消滅する。

〔平二九法四四本条改正〕

（定期金債権の消滅時効）
第一六八条　定期金の債権は、次に掲げる場合には、時効によって消滅する。

一　債権者が定期金の債権から生ずる金銭その他の物の給付を目的とする各債権を行使することができることを知った時から十年間行使しないとき。

二　前号に規定する各債権を行使することができる時から二十年間行使しないとき。

2 定期金の債権者は、時効の更新の証拠を得るため、いつでも、その債務者に対して承認書の交付を求めることができる。〔本条の施行は、令二・四・一〕

> **第一六八条**　定期金の債権は、第一回の弁済期から二十年間行使しないときは、消滅する。最後の弁済期から十年間行使しないときも、同様とする。
>
> 2 定期金の債権者は、時効の中断の証拠を得るため、いつでも、その債務者に対して承認書の交付を求めることができる。

〔平二九法四四本条改正〕

（判決で確定した権利の消滅時効）

第一六九条　確定判決又は確定判決と同一の効力を有するものによって確定した権利については、十年より短い時効期間の定めがあるものであっても、その時効期間は、十年とする。

2 前項の規定は、確定の時に弁済期の到来していない債権については、適用しない。〔本条の施行は、令二・四・一〕

〔対応条項＝（民前一七四の二）〕

> **（定期給付債権の短期消滅時効）**
>
> **第一六九条**　年又はこれより短い時期によって定めた金銭その他の物の給付を目的とする債権は、五年間行使しないときは、消滅する。

〔平二九法四四本条改正〕

第一七〇条から第一七四条まで　削除　〔平二九法四四〕〔本規定の施行は、令二・四・一〕

> **（三年の短期消滅時効）**
>
> **第一七〇条**　次に掲げる債権は、三年間行使しないときは、消滅する。ただし、第二号に掲げる債権の時効は、同号の工事が終了した時から起算する。
>
> 一　医師、助産師又は薬剤師の診療、助産又は調剤に関する債権
>
> 二　工事の設計、施工又は監理を業とする者の工事に関する債権
>
> **第一七一条**　弁護士又は弁護士法人は事件が終了した時から、公証人はその職務を執行した時から三年を経過したときは、その職務に関して受け取った書類について、その責任を免れる。
>
> **（二年の短期消滅時効）**
>
> **第一七二条**　弁護士、弁護士法人又は公証人の職務に関する債権は、その原因となった事件が終了した時から二年間行使しないときは、消滅する。
>
> 2 前項の規定にかかわらず、同項の事件中の各事項が終了した時から五年を経過したときは、同項の期間内であっても、その事項に関する債権は、消滅する。
>
> **第一七三条**　次に掲げる債権は、二年間行使しないときは、消滅する。
>
> 一　生産者、卸売商人又は小売商人が売却した産物又は商品の代価に係る債権
>
> 二　自己の技能を用い、注文を受けて、物を製作し又は自己の仕事場で他人のために仕事をすることを業とする者の仕事に関する債権
>
> 三　学芸又は技能の教育を行う者が生徒の教育、衣食又は寄宿の代価について有する債権
>
> **（一年の短期消滅時効）**
>
> **第一七四条**　次に掲げる債権は、一年間行使しないときは、消滅する。
>
> 一　月又はこれより短い時期によって定めた使用人の給料に係る債権
>
> 二　自己の労力の提供又は演芸を業とする者の報酬又はその供給した物の代価に係る債権
>
> 三　運送賃に係る債権
>
> 四　旅館、料理店、飲食店、貸席又は娯楽場の宿泊料、飲食料、席料、入場料、消費物の代価又は立替金に係る債権
>
> 五　動産の損料に係る債権

> ★**（判決で確定した権利の消滅時効）**
>
> **第一七四条の二**　確定判決によって確定した権利については、十年より短い時効期間の定めがあるものであっても、その時効期間は、十年とする。裁判上の和解、調停その他確定判決と同一の効力を有するものによって確定した権利についても、同様とする。
>
> 2 前項の規定は、確定の時に弁済期の到来していない債権については、適用しない。〔本条の削除は、令二・四・一〕

第二編 物権〔平一六法一四七全部改正〕

第一章 総則

（物権の創設）

第一七五条 物権は、この法律その他の法律に定めるもののほか、創設することができない。

（物権の設定及び移転）

第一七六条 物権の設定及び移転は、当事者の意思表示のみによって、その効力を生ずる。

（不動産に関する物権の変動の対抗要件）

第一七七条 不動産に関する物権の得喪及び変更は、不動産登記法（平成十六年法律第百二十三号）その他の登記に関する法律の定めるところに従いその登記をしなければ、第三者に対抗することができない。

（動産に関する物権の譲渡の対抗要件）

第一七八条 動産に関する物権の譲渡は、その動産の引渡しがなければ、第三者に対抗することができない。

（混同）

第一七九条 同一物について所有権及び他の物権が同一人に帰属したときは、当該他の物権は、消滅する。ただし、その物又は当該他の物権が第三者の権利の目的であるときは、この限りでない。

2 所有権以外の物権及びこれを目的とする他の権利が同一人に帰属したときは、当該他の権利は、消滅する。この場合においては、前項ただし書の規定を準用する。

3 前二項の規定は、占有権については、適用しない。

第二章 占有権

第一節 占有権の取得

（占有権の取得）

第一八〇条 占有権は、自己のためにする意思をもって物を所持することによって取得する。

（代理占有）

第一八一条 占有権は、代理人によって取得することができる。

（現実の引渡し及び簡易の引渡し）

第一八二条 占有権の譲渡は、占有物の引渡しによってする。

2 譲受人又はその代理人が現に占有物を所持する場合には、占有権の譲渡は、当事者の意思表示のみによってすることができる。

（占有改定）

第一八三条 代理人が自己の占有物を以後本人のために占有する意思を表示したときは、本人は、これによって占有権を取得する。

（指図による占有移転）

第一八四条 代理人によって占有をする場合において、本人がその代理人に対して以後第三者のためにその物を占有することを命じ、その第三者がこれを承諾したときは、その第三者は、占有権を取得する。

（占有の性質の変更）

第一八五条 権原の性質上占有者に所有の意思がないものとされる場合には、その占有者が、自己に占有をさせた者に対して所有の意思があることを表示し、又は新たな権原により更に所有の意思をもって占有を始めるのでなければ、占有の性質は、変わらない。

（占有の態様等に関する推定）

第一八六条 占有者は、所有の意思をもって、善意で、平穏に、かつ、公然と占有をするものと推定する。

2 前後の両時点において占有をした証拠があるときは、占有は、その間継続したものと推定する。

（占有の承継）

第一八七条 占有者の承継人は、その選択に従い、自己の占有のみを主張し、又は自己の占有に前の占有者の占有を併せて主張することができる。

2 前の占有者の占有を併せて主張する場合には、その瑕疵をも承継する。

第二節 占有権の効力

（占有物について行使する権利の適法の推定）

第一八八条　占有者が占有物について行使する権利は、適法に有するものと推定する。

（善意の占有者による果実の取得等）

第一八九条　善意の占有者は、占有物から生ずる果実を取得する。

2　善意の占有者が本権の訴えにおいて敗訴したときは、その訴えの提起の時から悪意の占有者とみなす。

（悪意の占有者による果実の返還等）

第一九〇条　悪意の占有者は、果実を返還し、かつ、既に消費し、過失によって損傷し、又は収取を怠った果実の代価を償還する義務を負う。

2　前項の規定は、暴行若しくは強迫又は隠匿によって占有をしている者について準用する。

（占有者による損害賠償）

第一九一条　占有物が占有者の責めに帰すべき事由によって滅失し、又は損傷したときは、その回復者に対し、悪意の占有者はその損害の全部の賠償をする義務を負い、善意の占有者はその滅失又は損傷によって現に利益を受けている限度において賠償をする義務を負う。ただし、所有の意思のない占有者は、善意であるときであっても、全部の賠償をしなければならない。

（即時取得）

第一九二条　取引行為によって、平穏に、かつ、公然と動産の占有を始めた者は、善意であり、かつ、過失がないときは、即時にその動産について行使する権利を取得する。

（盗品又は遺失物の回復）

第一九三条　前条の場合において、占有物が盗品又は遺失物であるときは、被害者又は遺失者は、盗難又は遺失の時から二年間、占有者に対してその物の回復を請求することができる。

第一九四条　占有者が、盗品又は遺失物を、競売若しくは公の市場において、又はその物と同種の物を販売する商人から、善意で買い受けたときは、被害者又は遺失者は、占有者が支払った代価を弁償しなければ、その物を回復することができない。

（動物の占有による権利の取得）

第一九五条　家畜以外の動物で他人が飼育していたものを占有する者は、その占有の開始の時に善意であり、かつ、その動物が飼主の占有を離れた時から一箇月以内に飼主から回復の請求を受けなかったときは、その動物について行使する権利を取得する。

（占有者による費用の償還請求）

第一九六条　占有者が占有物を返還する場合には、その物の保存のために支出した金額その他の必要費を回復者から償還させることができる。ただし、占有者が果実を取得したときは、通常の必要費は、占有者の負担に帰する。

2　占有者が占有物の改良のために支出した金額その他の有益費については、その価格の増加が現存する場合に限り、回復者の選択に従い、その支出した金額又は増価額を償還させることができる。ただし、悪意の占有者に対しては、裁判所は、回復者の請求により、その償還について相当の期限を許与することができる。

（占有の訴え）

第一九七条　占有者は、次条から第二百二条までの規定に従い、占有の訴えを提起することができる。他人のために占有をする者も、同様とする。

（占有保持の訴え）

第一九八条　占有者がその占有を妨害されたときは、占有保持の訴えにより、その妨害の停止及び損害の賠償を請求することができる。

（占有保全の訴え）

第一九九条　占有者がその占有を妨害されるおそれがあるときは、占有保全の訴えにより、その妨害の予防又は損害賠償の担保を請求することができる。

（占有回収の訴え）

第二〇〇条　占有者がその占有を奪われたときは、占有回収の訴えにより、その物の返還及び損害の賠償を請求することができる。

2　占有回収の訴えは、占有を侵奪した者の特定承継人に対して提起することができない。ただし、その承継人が侵奪の事実を知っていたときは、この限りでない。

（占有の訴えの提起期間）

第二〇一条　占有保持の訴えは、妨害の存する間又はその消滅した後一年以内に提起しなければならない。ただし、工事により占有物に損害を生じた場合において、その工事に着手した時から一年を経過し、又はその工事が完成したときは、これを提起することができない。

2占有保全の訴えは、妨害の危険の存する間は、提起することができる。この場合において、工事により占有物に損害を生ずるおそれがあるときは、前項ただし書の規定を準用する。

3占有回収の訴えは、占有を奪われた時から一年以内に提起しなければならない。

（本権の訴えとの関係）

第二〇二条 占有の訴えは本権の訴えを妨げず、また、本権の訴えは占有の訴えを妨げない。

2占有の訴えについては、本権に関する理由に基づいて裁判をすることができない。

第三節 占有権の消滅

（占有権の消滅事由）

第二〇三条 占有権は、占有者が占有の意思を放棄し、又は占有物の所持を失うことによって消滅する。ただし、占有者が占有回収の訴えを提起したときは、この限りでない。

（代理占有権の消滅事由）

第二〇四条 代理人によって占有をする場合には、占有権は、次に掲げる事由によって消滅する。

一 本人が代理人に占有をさせる意思を放棄したこと。

二 代理人が本人に対して以後自己又は第三者のために占有物を所持する意思を表示したこと。

三 代理人が占有物の所持を失ったこと。

2占有権は、代理権の消滅のみによっては、消滅しない。

第四節 準占有

第二〇五条 この章の規定は、自己のためにする意思をもって財産権の行使をする場合について準用する。

第三章 所有権

第一節 所有権の限界

第一款 所有権の内容及び範囲

（所有権の内容）

第二〇六条 所有者は、法令の制限内において、自由にその所有物の使用、収益及び処分をする権利を有する。

（土地所有権の範囲）

第二〇七条 土地の所有権は、法令の制限内において、その土地の上下に及ぶ。

第二〇八条 ［建物の区分所有］ 削除

第二款 相隣関係

（隣地の使用）

第二〇九条 土地の所有者は、次に掲げる目的のため必要な範囲内で、隣地を使用することができる。ただし、住家については、その居住者の承諾がなければ、立ち入ることはできない。

一 境界又はその付近における障壁、建物その他の工作物の築造、収去又は修繕

二 境界標の調査又は境界に関する測量

三 第二百三十三条第三項の規定による枝の切取り

2前項の場合には、使用の日時、場所及び方法は、隣地の所有者及び隣地を現に使用している者（以下この条において「隣地使用者」という。）のために損害が最も少ないものを選ばなければならない。

3第一項の規定により隣地を使用する者は、あらかじめ、その目的、日時、場所及び方法を隣地の所有者及び隣地使用者に通知しなければならない。ただし、あらかじめ通知することが困難なときは、使用を開始した後、遅滞なく、通知することをもって足りる。

4第一項の場合において、隣地の所有者又は隣地使用者が損害を受けたときは、その償金を請求することができる。〔本条改正の施行は、令三法二四施行日〕

（隣地の使用請求）

第二〇九条　土地の所有者は、境界又はその付近において障壁又は建物を築造し又は修繕するため必要な範囲内で、隣地の使用を請求することができる。ただし、隣人の承諾がなければ、その住家に立ち入ることはできない。
〔二項・三項は新設規定〕
2 前項の場合において、隣人が損害を受けたときは、その償金を請求することができる。〔4に繰下げ〕

解説
隣地使用権を行使し得る場合をこれまでより具体的に明示し、隣地所有者及び隣地使用者のために損害が最も少ない形で行使することを義務付け、隣地使用権の行使につき原則としてあらかじめ隣地所有者及び隣地使用者に通知しなければならないこととした。

〔令三法二四見出し・一項改正・二項・三項追加・旧二項改正繰下（四項）〕

（公道に至るための他の土地の通行権）

第二一〇条　他の土地に囲まれて公道に通じない土地の所有者は、公道に至るため、その土地を囲んでいる他の土地を通行することができる。
2 池沼、河川、水路若しくは海を通らなければ公道に至ることができないとき、又は崖《がけ》があって土地と公道とに著しい高低差があるときも、前項と同様とする。

第二一一条　前条の場合には、通行の場所及び方法は、同条の規定による通行権を有する者のために必要であり、かつ、他の土地のために損害が最も少ないものを選ばなければならない。
2 前条の規定による通行権を有する者は、必要があるときは、通路を開設することができる。

第二一二条　第二百十条の規定による通行権を有する者は、その通行する他の土地の損害に対して償金を支払わなければならない。ただし、通路の開設のために生じた損害に対するものを除き、一年ごとにその償金を支払うことができる。

第二一三条　分割によって公道に通じない土地が生じたときは、その土地の所有者は、公道に至るため、他の分割者の所有地のみを通行することができる。この場合においては、償金を支払うことを要しない。
2 前項の規定は、土地の所有者がその土地の一部を譲り渡した場合について準用する。

☆ **（継続的給付を受けるための設備の設置権等）**

第二一三条の二　土地の所有者は、他の土地に設備を設置し、又は他人が所有する設備を使用しなければ電気、ガス又は水道水の供給その他これらに類する継続的給付（以下この項及び次条第一項において「継続的給付」という。）を受けることができないときは、継続的給付を受けるため必要な範囲内で、他の土地に設備を設置し、又は他人が所有する設備を使用することができる。
2 前項の場合には、設備の設置又は使用の場所及び方法は、他の土地又は他人が所有する設備（次項において「他の土地等」という。）のために損害が最も少ないものを選ばなければならない。
3 第一項の規定により他の土地に設備を設置し、又は他人が所有する設備を使用する者は、あらかじめ、その目的、場所及び方法を他の土地等の所有者及び他の土地を現に使用している者に通知しなければならない。
4 第一項の規定による権利を有する者は、同項の規定により他の土地に設備を設置し、又は他人が所有する設備を使用するために当該他の土地又は当該他人が所有する設備がある土地を使用することができる。この場合においては、第二百九条第一項ただし書及び第二項から第四項までの規定を準用する。
5 第一項の規定により他の土地に設備を設置する者は、その土地の損害（前項において準用する第二百九条第四項に規定する損害を除く。）に対して償金を支払わなければならない。ただし、一年ごとにその償金を支払うことができる。
6 第一項の規定により他人が所有する設備を使用する者は、その設備の使用を開始するために生じた損害に対して償金を支払わなければならない。
7 第一項の規定により他人が所有する設備を使用する者は、その利益を受ける割合に応じて、その設置、改築、修繕及び維持に要する費

用を負担しなければならない。〔本条追加の施行は、令三法二四施行日〕
〔令三法二四本条追加〕

解説 これまでの判例（最判平一四・一〇・一五民集五六―八―一七九一）に見られた考えを取り入れ、土地の所有者は、電気、ガス又は水道水の供給その他これらに類する継続的給付を受けることができないときは、継続的給付を受けるために必要な範囲内で、他の土地に設備を設置し、又は他人が所有する設備を使用することができることとし、関係者の利害関係を調整する規定を新設した。

☆**第二一三条の三** 分割によって他の土地に設備を設置しなければ継続的給付を受けることができない土地が生じたときは、その土地の所有者は、継続的給付を受けるため、他の分割者の所有地のみに設備を設置することができる。この場合においては、前条第五項の規定は、適用しない。
2 前項の規定は、土地の所有者がその土地の一部を譲り渡した場合について準用する。〔本条追加の施行は、令三法二四施行日〕
〔令三法二四本条追加〕

解説 土地の分割又は土地の一部の譲渡によって他の土地に設備を設置しなければ継続的給付を受けることができない土地が生じたときの特例を定める。

（自然水流に対する妨害の禁止）
第二一四条 土地の所有者は、隣地から水が自然に流れて来るのを妨げてはならない。

（水流の障害の除去）
第二一五条 水流が天災その他避けることのできない事変により低地において閉塞《そく》したときは、高地の所有者は、自己の費用で、水流の障害を除去するため必要な工事をすることができる。

（水流に関する工作物の修繕等）
第二一六条 他の土地に貯水、排水又は引水のために設けられた工作物の破壊又は閉塞により、自己の土地に損害が及び、又は及ぶおそれがある場合には、その土地の所有者は、当該他の土地の所有者に、工作物の修繕若しくは障害の除去をさせ、又は必要があるときは予防工事をさせることができる。

（費用の負担についての慣習）
第二一七条 前二条の場合において、費用の負担について別段の慣習があるときは、その慣習に従う。

（雨水を隣地に注ぐ工作物の設置の禁止）
第二一八条 土地の所有者は、直接に雨水を隣地に注ぐ構造の屋根その他の工作物を設けてはならない。

（水流の変更）
第二一九条 溝、堀その他の水流地の所有者は、対岸の土地が他人の所有に属するときは、その水路又は幅員を変更してはならない。
2 両岸の土地が水流地の所有者に属するときは、その所有者は、水路及び幅員を変更することができる。ただし、水流が隣地と交わる地点において、自然の水路に戻さなければならない。
3 前二項の規定と異なる慣習があるときは、その慣習に従う。

（排水のための低地の通水）
第二二〇条 高地の所有者は、その高地が浸水した場合にこれを乾かすため、又は自家用若しくは農工業用の余水を排出するため、公の水流又は下水道に至るまで、低地に水を通過させることができる。この場合においては、低地のために損害が最も少ない場所及び方法を選ばなければならない。

（通水用工作物の使用）
第二二一条 土地の所有者は、その所有地の水を通過させるため、高地又は低地の所有者が設けた工作物を使用することができる。
2 前項の場合には、他人の工作物を使用する者は、その利益を受ける割合に応じて、工作物の設置及び保存の費用を分担しなければならない。

（堰《せき》の設置及び使用）

第二二二条 水流地の所有者は、堰《せき》を設ける必要がある場合には、対岸の土地が他人の所有に属するときであっても、その堰を対岸に付着させて設けることができる。ただし、これによって生じた損害に対して償金を支払わなければならない。

2 対岸の土地の所有者は、水流地の一部がその所有に属するときは、前項の堰を使用することができる。

3 前条第二項の規定は、前項の場合について準用する。

（境界標の設置）

第二二三条 土地の所有者は、隣地の所有者と共同の費用で、境界標を設けることができる。

（境界標の設置及び保存の費用）

第二二四条 境界標の設置及び保存の費用は、相隣者が等しい割合で負担する。ただし、測量の費用は、その土地の広狭に応じて分担する。

（囲障の設置）

第二二五条 二棟の建物がその所有者を異にし、かつ、その間に空地があるときは、各所有者は、他の所有者と共同の費用で、その境界に囲障を設けることができる。

2 当事者間に協議が調わないときは、前項の囲障は、板塀又は竹垣その他これらに類する材料のものであって、かつ、高さ二メートルのものでなければならない。

（囲障の設置及び保存の費用）

第二二六条 前条の囲障の設置及び保存の費用は、相隣者が等しい割合で負担する。

（相隣者の一人による囲障の設置）

第二二七条 相隣者の一人は、第二百二十五条第二項に規定する材料より良好なものを用い、又は同項に規定する高さを増して囲障を設けることができる。ただし、これによって生ずる費用の増加額を負担しなければならない。

（囲障の設置等に関する慣習）

第二二八条 前三条の規定と異なる慣習があるときは、その慣習に従う。

（境界標等の共有の推定）

第二二九条 境界線上に設けた境界標、囲障、障壁、溝及び堀は、相隣者の共有に属するものと推定する。

第二三〇条 一棟の建物の一部を構成する境界線上の障壁については、前条の規定は、適用しない。

2 高さの異なる二棟の隣接する建物を隔てる障壁の高さが、低い建物の高さを超えるときは、その障壁のうち低い建物を超える部分についても、前項と同様とする。ただし、防火障壁については、この限りでない。

（共有の障壁の高さを増す工事）

第二三一条 相隣者の一人は、共有の障壁の高さを増すことができる。ただし、その障壁がその工事に耐えないときは、自己の費用で、必要な工作を加え、又はその障壁を改築しなければならない。

2 前項の規定により障壁の高さを増したときは、その高さを増した部分は、その工事をした者の単独の所有に属する。

第二三二条 前条の場合において、隣人が損害を受けたときは、その償金を請求することができる。

（竹木の枝の切除及び根の切取り）

第二三三条 土地の所有者は、隣地の竹木の枝が境界線を越えるときは、その竹木の所有者に、その枝を切除させることができる。

2 前項の場合において、竹木が数人の共有に属するときは、各共有者は、その枝を切り取ることができる。

3 第一項の場合において、次に掲げるときは、土地の所有者は、その枝を切り取ることができる。

一 竹木の所有者に枝を切除するよう催告したにもかかわらず、竹木の所有者が相当の期間内に切除しないとき。

二 竹木の所有者を知ることができず、又はその所在を知ることができないとき。

三 急迫の事情があるとき。

4 隣地の竹木の根が境界線を越えるときは、その根を切り取ることができる。〔本条改正の施行は、令三法二四施行日〕

第二三三条 隣地の竹木の枝が境界線を越えるときは、その竹木の所有者に、その枝を切除させることができる。
〔二項・三項は新設規定〕
2 〔同〕〔4に繰下げ〕
〔令三法二四第一項改正・二項・三項追加・旧二項繰下（四項）〕

解説
隣地の竹木の枝が境界線を越える場合、土地所有者は、竹木所有者に枝の切除を催告したにもかかわらず相当期間内に切除されないとき、及び竹木の所有者不明又は所在不明のときなどは、その枝を切り取ることができることとした（本条二項・三項）。

（境界線付近の建築の制限）
第二三四条　建物を築造するには、境界線から五十センチメートル以上の距離を保たなければならない。
2 前項の規定に違反して建築をしようとする者があるときは、隣地の所有者は、その建築を中止させ、又は変更させることができる。ただし、建築に着手した時から一年を経過し、又はその建物が完成した後は、損害賠償の請求のみをすることができる。
第二三五条　境界線から一メートル未満の距離において他人の宅地を見通すことのできる窓又は縁側（ベランダを含む。次項において同じ。）を設ける者は、目隠しを付けなければならない。
2 前項の距離は、窓又は縁側の最も隣地に近い点から垂直線によって境界線に至るまでを測定して算出する。

（境界線付近の建築に関する慣習）
第二三六条　前二条の規定と異なる慣習があるときは、その慣習に従う。

（境界線付近の掘削の制限）
第二三七条　井戸、用水だめ、下水だめ又は肥料だめを掘るには境界線から二メートル以上、池、穴蔵又はし尿だめを掘るには境界線から一メートル以上の距離を保たなければならない。
2 導水管を埋め、又は溝若しくは堀を掘るには、境界線からその深さの二分の一以上の距離を保たなければならない。ただし、一メートルを超えることを要しない。

（境界線付近の掘削に関する注意義務）
第二三八条　境界線の付近において前条の工事をするときは、土砂の崩壊又は水若しくは汚液の漏出を防ぐため必要な注意をしなければならない。

第二節　所有権の取得

（無主物の帰属）
第二三九条　所有者のない動産は、所有の意思をもって占有することによって、その所有権を取得する。
2 所有者のない不動産は、国庫に帰属する。

（遺失物の拾得）
第二四〇条　遺失物は、遺失物法（平成十八年法律第七十三号）の定めるところに従い公告をした後三箇月以内にその所有者が判明しないときは、これを拾得した者がその所有権を取得する。
〔平一八法七三本条改正〕

（埋蔵物の発見）
第二四一条　埋蔵物は、遺失物法の定めるところに従い公告をした後六箇月以内にその所有者が判明しないときは、これを発見した者がその所有権を取得する。ただし、他人の所有する物の中から発見された埋蔵物については、これを発見した者及びその他人が等しい割合でその所有権を取得する。

（不動産の付合）
第二四二条　不動産の所有者は、その不動産に従として付合した物の所有権を取得する。ただし、権原によってその物を附属させた他人の権利を妨げない。

（動産の付合）
第二四三条　所有者を異にする数個の動産が、付合により、損傷しなければ分離することができなくなったときは、その合成物の所有権は、主たる動産の所有者に帰属する。分離するのに過分の費用を要するときも、同様とする。
第二四四条　付合した動産について主従の区別をすることができないときは、各動産の所有者は、その付合の時における価格の割合に応じてその合成物を共有する。

（混和）

第二四五条　前二条の規定は、所有者を異にする物が混和して識別することができなくなった場合について準用する。

（加工）

第二四六条　他人の動産に工作を加えた者（以下この条において「加工者」という。）があるときは、その加工物の所有権は、材料の所有者に帰属する。ただし、工作によって生じた価格が材料の価格を著しく超えるときは、加工者がその加工物の所有権を取得する。

2　前項に規定する場合において、加工者が材料の一部を供したときは、その価格に工作によって生じた価格を加えたものが他人の材料の価格を超えるときに限り、加工者がその加工物の所有権を取得する。

（付合、混和又は加工の効果）

第二四七条　第二百四十二条から前条までの規定により物の所有権が消滅したときは、その物について存する他の権利も、消滅する。

2　前項に規定する場合において、物の所有者が、合成物、混和物又は加工物（以下この項において「合成物等」という。）の単独所有者となったときは、その物について存する他の権利は以後その合成物等について存し、物の所有者が合成物等の共有者となったときは、その物について存する他の権利は以後その持分について存する。

（付合、混和又は加工に伴う償金の請求）

第二四八条　第二百四十二条から前条までの規定の適用によって損失を受けた者は、第七百三条及び第七百四条の規定に従い、その償金を請求することができる。

第三節　共有

（共有物の使用）

第二四九条　各共有者は、共有物の全部について、その持分に応じた使用をすることができる。

2　共有物を使用する共有者は、別段の合意がある場合を除き、他の共有者に対し、自己の持分を超える使用の対価を償還する義務を負う。

3　共有者は、善良な管理者の注意をもって、共有物の使用をしなければならない。〔本条改正の施行は、令三法二四施行日〕

（二項・三項は新設規定）

〔令三法二四第二項・三項追加〕

解説　他の共有者に対して自己の持分を超える使用の対価の償還義務（二項新設）、共有物の使用における善管注意義務（三項新設）を定めた。前者はこれまで学説が主張していたものであり、後者は、他人の持分についての使用も含むから当然のことである。

（共有持分の割合の推定）

第二五〇条　各共有者の持分は、相等しいものと推定する。

（共有物の変更）

第二五一条　各共有者は、他の共有者の同意を得なければ、共有物に変更（その形状又は効用の著しい変更を伴わないものを除く。次項において同じ。）を加えることができない。

2　共有者が他の共有者を知ることができず、又はその所在を知ることができないときは、裁判所は、共有者の請求により、当該他の共有者以外の他の共有者の同意を得て共有物に変更を加えることができる旨の裁判をすることができる。〔本条改正の施行は、令三法二四施行日〕

第二五一条　各共有者は、他の共有者の同意を得なければ、共有物に変更を加えることができない。
（二項は新設規定）

〔令三法二四第一項改正・二項追加〕

解説　共有物の変更の意義を明確化し（一項）、また、他の共有者不明又は所在不明の場合に、共有物に変更を加えることができる手続を創設した（二項新設）。共有物の形状又は効用の著しい変更を伴わないものは、二五二条一項により、持分の価格に従いその過半数で決することができる。

（共有物の管理）

第二五二条　共有物の管理に関する事項（次条第一項に規定する共有物の管理者の選任及び解任を含み、共有物に前条第一項に規定する変更を加えるものを除く。次項において同じ。）は、各共有者の持分の価格に従い、その過半数で決する。共有物を使用する共有者があるときも、同様とする。

2　裁判所は、次の各号に掲げるときは、当該各号に規定する他の共有者以外の共有者の請求により、当該他の共有者以外の共有者の持分の価格に従い、その過半数で共有物の管理に関する事項を決することができる旨の裁判をすることができる。

一　共有者が他の共有者を知ることができず、又はその所在を知ることができないとき。

二　共有者が他の共有者に対し相当の期間を定めて共有物の管理に関する事項を決することについて賛否を明らかにすべき旨を催告した場合において、当該他の共有者がその期間内に賛否を明らかにしないとき。

3　前二項の規定による決定が、共有者間の決定に基づいて共有物を使用する共有者に特別の影響を及ぼすべきときは、その承諾を得なければならない。

4　共有者は、前三項の規定により、共有物に、次の各号に掲げる賃借権その他の使用及び収益を目的とする権利（以下この項において「賃借権等」という。）であって、当該各号に定める期間を超えないものを設定することができる。

一　樹木の栽植又は伐採を目的とする山林の賃借権等　十年

二　前号に掲げる賃借権等以外の土地の賃借権等　五年

三　建物の賃借権等　三年

四　動産の賃借権等　六箇月

5　各共有者は、前各項の規定にかかわらず、保存行為をすることができる。〔本条改正の施行は、令三法二四施行日〕

第二五二条　共有物の管理に関する事項は、前条の場合を除き、各共有者の持分の価格に従い、その過半数で決する。ただし、保存行為は、各共有者がすることができる。

〔二項〜五項は新設規定〕

〔令三法二四第一項改正・二項〜五項追加〕

解説　共有物の管理に関して、詳細な事項を定めた。二項では、他の共有者不明又は所在不明のとき、及び他の共有者が共有物の管理に関する事項を決定することにつき催告期間内に賛否を明らかにしないとき、他の共有者以外の共有者の持分の価格に従い、その過半数で共有物の管理に関する事項を決することができる旨の裁判をすることができることとした。四項では、一項から三項の規定により、共有物に短期の賃借権等を設定することができることとした。五項において、旧二五二条ただし書同様、共有物の保存行為は、各共有者が単独ですることができるとした。

☆**（共有物の管理者）**

第二五二条の二　共有物の管理者は、共有物の管理に関する行為をすることができる。ただし、共有者の全員の同意を得なければ、共有物に変更（その形状又は効用の著しい変更を伴わないものを除く。次項において同じ。）を加えることができない。

2　共有物の管理者が共有者を知ることができず、又はその所在を知ることができないときは、裁判所は、共有物の管理者の請求により、当該共有者以外の共有者の同意を得て共有物に変更を加えることができる旨の裁判をすることができる。

3　共有物の管理者は、共有者が共有物の管理に関する事項を決した場合には、これに従ってその職務を行わなければならない。

4　前項の規定に違反して行った共有物の管理者の行為は、共有者に対してその効力を生じない。ただし、共有者は、これをもって善意の第三者に対抗することができない。〔本条追加の施行は、令三法二四施

行日〕

〔令三法二四本条追加〕

解説　共有物の管理者について、新たに規定を置いたものである。共有物の管理者の選任・解任は、二五二条による。共有物の管理者が共有物に変更を加えるためには、共有者全員の同意が必要となる。二項は、共有物の管理者が、共有者を知ることができず、又は共有者の所在が不明なため、共有物に変更を加えることができないときに、裁判所に請求して、打開する方策を設けた。

共有物の管理者は、共有者により決められた共有物の管理に関する事項（例えば、共有物を賃貸しないと定めるなど）に従ってその職務を行う必要があり、これに違反して行われた共有物の管理者の行為は、共有者に対してその効力を生じないが、共有者は、これをもって善意の第三者に対抗できない。

（共有物に関する負担）

第二五三条　各共有者は、その持分に応じ、管理の費用を支払い、その他共有物に関する負担を負う。

2　共有者が一年以内に前項の義務を履行しないときは、他の共有者は、相当の償金を支払ってその者の持分を取得することができる。

（共有物についての債権）

第二五四条　共有者の一人が共有物について他の共有者に対して有する債権は、その特定承継人に対しても行使することができる。

（持分の放棄及び共有者の死亡）

第二五五条　共有者の一人が、その持分を放棄したとき、又は死亡して相続人がないときは、その持分は、他の共有者に帰属する。

（共有物の分割請求）

第二五六条　各共有者は、いつでも共有物の分割を請求することができる。ただし、五年を超えない期間内は分割をしない旨の契約をすることを妨げない。

2　前項ただし書の契約は、更新することができる。ただし、その期間は、更新の時から五年を超えることができない。

第二五七条　前条の規定は、第二百二十九条に規定する共有物については、適用しない。

（裁判による共有物の分割）

第二五八条　共有物の分割について共有者間に協議が調わないとき、又は協議をすることができないときは、その分割を裁判所に請求することができる。

2　裁判所は、次に掲げる方法により、共有物の分割を命ずることができる。

一　共有物の現物を分割する方法

二　共有者に債務を負担させて、他の共有者の持分の全部又は一部を取得させる方法

3　前項に規定する方法により共有物を分割することができないとき、又は分割によってその価格を著しく減少させるおそれがあるときは、裁判所は、その競売を命ずることができる。

4　裁判所は、共有物の分割の裁判において、当事者に対して、金銭の支払、物の引渡し、登記義務の履行その他の給付を命ずることができる。〔本条改正の施行は、令三法二四施行日〕

（裁判による共有物の分割）

第二五八条　共有物の分割について共有者間に協議が調わないときは、その分割を裁判所に請求することができる。

〔二項は新設規定〕

2　前項の場合において、共有物の現物を分割することができないとき、又は分割によってその価格を著しく減少させるおそれがあるときは、裁判所は、その競売を命ずることができる。〔3に繰下げ〕

〔四項は新設規定〕

〔令三法二四見出し・一項改正・二項追加・旧二項改正繰下（三項）・四項追加〕

解説　共有物の分割を裁判所に請求できる場合として、当事者間で協議をすることができないときも付け加えられた（一項）。裁判所による分割の方法として、現物分割のほか、共有者に債務を負担させて、他の

共有者の持分の全部又は一部を取得させる方法も明示された（二項）。また、共有物の分割の裁判において、裁判所は、当事者に対して、金銭の支払、物の引渡し、登記義務の履行その他の給付を命ずることができることも明示された（四項）。

☆

第二五八条の二　共有物の全部又はその持分が相続財産に属する場合において、共同相続人間で当該共有物の全部又はその持分について遺産の分割をすべきときは、当該共有物又はその持分について前条の規定による分割をすることができない。

2　共有物の持分が相続財産に属する場合において、相続開始の時から十年を経過したときは、前項の規定にかかわらず、相続財産に属する共有物の持分について前条の規定による分割をすることができる。ただし、当該共有物の持分について遺産の分割の請求があった場合において、相続人が当該共有物の持分について同条の規定による分割をすることに異議の申出をしたときは、この限りでない。

3　相続人が前項ただし書の申出をする場合には、当該申出は、当該相続人が前条第一項の規定による請求を受けた裁判所から当該請求があった旨の通知を受けた日から二箇月以内に当該裁判所にしなければならない。〔本条追加の施行は、令三法二四施行日〕

〔令三法二四本条追加〕

解説　共有物の全部又はその持分が相続財産に属する場合の例外的取扱いについて規定する。この場合において、共同相続人間で当該共有物の全部又はその持分について遺産の分割をするときは、二五八条により裁判所に共有物の分割を請求することはできず（一項）、九〇七条二項により家庭裁判所に共有物の分割を請求することになる。

もっとも、共有物の持分が相続財産に属する場合において、相続開始の時から一〇年を経過したときについては、例外的取扱いがある（二項・三項）。

（共有に関する債権の弁済）

第二五九条　共有者の一人が他の共有者に対して共有に関する債権を有するときは、分割に際し、債務者に帰属すべき共有物の部分をもって、その弁済に充てることができる。

2　債権者は、前項の弁済を受けるため債務者に帰属すべき共有物の部分を売却する必要があるときは、その売却を請求することができる。

（共有物の分割への参加）

第二六〇条　共有物について権利を有する者及び各共有者の債権者は、自己の費用で、分割に参加することができる。

2　前項の規定による参加の請求があったにもかかわらず、その請求をした者を参加させないで分割をしたときは、その分割は、その請求をした者に対抗することができない。

（分割における共有者の担保責任）

第二六一条　各共有者は、他の共有者が分割によって取得した物について、売主と同じく、その持分に応じて担保の責任を負う。

（共有物に関する証書）

第二六二条　分割が完了したときは、各分割者は、その取得した物に関する証書を保存しなければならない。

2　共有者の全員又はそのうちの数人に分割した物に関する証書は、その物の最大の部分を取得した者が保存しなければならない。

3　前項の場合において、最大の部分を取得した者がないときは、分割者間の協議で証書の保存者を定める。協議が調わないときは、裁判所が、これを指定する。

4　証書の保存者は、他の分割者の請求に応じて、その証書を使用させなければならない。

☆**（所在等不明共有者の持分の取得）**

第二六二条の二　不動産が数人の共有に属する場合において、共有者が他の共有者を知ることができず、又はその所在を知ることができないときは、裁判所は、共有者の請求により、その共有者に、当該他の共有者（以下この条において「所在等不明共有者」という。）の持分を取得させる旨の裁判をすることができる。この場合において、請求をした共有者が二人以上あるときは、請求をした各共有者に、所在等不明共有者の持分を、請求をした各共有者の持分の割合で按《あん》分してそれぞれ取得させる。

2 前項の請求があった持分に係る不動産について第二百五十八条第一項の規定による請求又は遺産の分割の請求があり、かつ、所在等不明共有者以外の共有者が前項の請求を受けた裁判所に同項の裁判をすることについて異議がある旨の届出をしたときは、裁判所は、同項の裁判をすることができない。

3 所在等不明共有者の持分が相続財産に属する場合（共同相続人間で遺産の分割をすべき場合に限る。）において、相続開始の時から十年を経過していないときは、裁判所は、第一項の裁判をすることができない。

4 第一項の規定により共有者が所在等不明共有者の持分を取得したときは、所在等不明共有者は、当該共有者に対し、当該共有者が取得した持分の時価相当額の支払を請求することができる。

5 前各項の規定は、不動産の使用又は収益をする権利（所有権を除く。）が数人の共有に属する場合について準用する。〔本条追加の施行は、令三法二四施行日〕

〔令三法二四本条追加〕

解説

共有不動産につき共有者が他の共有者を知ることができず、又はその所在を知ることができないとき（このような他の共有者を「所在等不明共有者」と呼ぶ）は、共有物の管理についての協議をすることができないため、共有物の管理に支障を来すことになるし、共有物分割請求により所在等不明共有者との間の共有関係を解消しようとしても、裁判による共有分割の方法をとることになり、煩瑣である。また、このようなときの共有物の管理につき二五二条二項の規定を設け、共有物の管理者による共有物の変更につき二五二条の二第二項の規定を設けているが、手続や費用の面でも相応の負担となる。

そこで、共有者の請求により、裁判所は、所在等不明共有者の持分をその共有者に取得させる裁判をすることができることにして、所在等不明共有者との共有関係を解消させることができることとした。この場合、所在等不明共有者は、持分を取得した共有者に対して、その持分の時価相当額の支払を請求することができる。

☆**第二六二条の三（所在等不明共有者の持分の譲渡）**　不動産が数人の共有に属する場合において、共有者が他の共有者を知ることができず、又はその所在を知ることができないときは、裁判所は、共有者の請求により、その共有者に、当該他の共有者（以下この条において「所在等不明共有者」という。）以外の共有者の全員が特定の者に対してその有する持分の全部を譲渡することを停止条件として所在等不明共有者の持分を当該特定の者に譲渡する権限を付与する旨の裁判をすることができる。

2 所在等不明共有者の持分が相続財産に属する場合（共同相続人間で遺産の分割をすべき場合に限る。）において、相続開始の時から十年を経過していないときは、裁判所は、前項の裁判をすることができない。

3 第一項の裁判により付与された権限に基づき共有者が所在等不明共有者の持分を第三者に譲渡したときは、所在等不明共有者は、当該譲渡をした共有者に対し、不動産の時価相当額を所在等不明共有者の持分に応じて按分して得た額の支払を請求することができる。

4 前三項の規定は、不動産の使用又は収益をする権利（所有権を除く。）が数人の共有に属する場合について準用する。〔本条追加の施行は、令三法二四施行日〕

〔令三法二四本条追加〕

解説

この規定が設けられた趣旨は、前条と同様であるが、前条と異なるのは、本条は、所在等不明共有者の持分を含む共有不動産を全体として特定の者に譲渡することによって、所在等不明共有者の存在する共有不動産を解消しようとする点である。共有者の持分だけを売却するよりも共有不動産全体を売却して持分の割合に応じて代金を受け取った方が、大きな金額を受け取ることができるので、共有不動産全体を特定の者に譲渡する方法を定めている。

そこで、本条では、共有者の請求により、裁判所は、その共有者に対し、所在等不明の共有者以外の共有者の全員が特定の者に対して自己の有する持分の全部を譲渡することを停止条件として、所在等不明の共有者の持分をその特定の者に譲渡する権限を付与する旨の裁判をすることができることとした。この場合、所在等不明共有者は、裁判により権限を付与された権限に基づき持分を譲渡した共有者に対して、不動産の時価相当額を所在等不明共有者の持分に応じて按分して得た額の支払を請求することができる。

（共有の性質を有する入会権）

第二六三条　共有の性質を有する入会権については、各地方の慣習に従うほか、この節の規定を適用する。

（準共有）

第二六四条　この節（第二百六十二条の二及び第二百六十二条の三を除く。）の規定は、数人で所有権以外の財産権を有する場合について準用する。ただし、法令に特別の定めがあるときは、この限りでない。

第二六四条〔「この節（第二百六十二条の二及び第二百六十二条の三を除く。）」は令三法二四施行日前までは「この節」〕

〔令三法二四本条改正〕

解説

二六二条の二及び二六二条の三は、共有不動産につき所在等不明共有者がいる場合についての特別規定であるから、準共有については、原則として準用されないとしたものである。

☆第四節　所有者不明土地管理命令及び所有者不明建物管理命令〔令三法二四本節追加〕〔本節の施行は、令三法二四施行日〕

☆**（所有者不明土地管理命令）**

第二六四条の二　裁判所は、所有者を知ることができず、又はその所在を知ることができない土地（土地が数人の共有に属する場合にあっては、共有者を知ることができず、又はその所在を知ることができない土地の共有持分）について、必要があると認めるときは、利害関係人の請求により、その請求に係る土地又は共有持分を対象として、所有者不明土地管理人（第四項に規定する所有者不明土地管理人をいう。以下同じ。）による管理を命ずる処分（以下「所有者不明土地管理命令」という。）をすることができる。

2　所有者不明土地管理命令の効力は、当該所有者不明土地管理命令の対象とされた土地（共有持分を対象として所有者不明土地管理命令が発せられた場合にあっては、共有物である土地）にある動産（当該所有者不明土地管理命令の対象とされた土地の所有者又は共有持分を有する者が所有するものに限る。）に及ぶ。

3　所有者不明土地管理命令は、所有者不明土地管理命令が発せられた後に当該所有者不明土地管理命令が取り消された場合において、当該所有者不明土地管理命令の対象とされた土地又は共有持分及び当該所有者不明土地管理命令の効力が及ぶ動産の管理、処分その他の事由により所有者不明土地管理人が得た財産について、必要があると認めるときも、することができる。

4　裁判所は、所有者不明土地管理命令をする場合には、当該所有者不明土地管理命令において、所有者不明土地管理人を選任しなければならない。

解説

所有者不明土地管理人による管理を命ずる処分（「所有者不明土地管理命令」という）の制度を創設した。

要件は、所有者を知ることができず、又はその所在を知ることができない土地（共有持分権者につき同様のことがある共有土地の共有持分の場合も同様）であること、②利害関係人の請求があること、③裁判所が、所有者不明土地管理命令を発することが必要であると認める場合であること、である。所有者不明土地管理命令の対象となるのは、請求に係る土地又は共有持分である。

本条はまた、所有者不明土地管理命令の効力の及ぶ目的物の範囲（二項・三項）、及び所有者不明土地管理人の選任（四項）について規定する。

☆（所有者不明土地管理人の権限）

第二六四条の三　前条第四項の規定により所有者不明土地管理人が選任された場合には、所有者不明土地管理命令の対象とされた土地又は共有持分及び所有者不明土地管理命令の効力が及ぶ動産並びにその管理、処分その他の事由により所有者不明土地管理人が得た財産（以下「所有者不明土地等」という。）の管理及び処分をする権利は、所有者不明土地管理人に専属する。

2 所有者不明土地管理人が次に掲げる行為の範囲を超える行為をするには、裁判所の許可を得なければならない。ただし、この許可がないことをもって善意の第三者に対抗することはできない。

一　保存行為

二　所有者不明土地等の性質を変えない範囲内において、その利用又は改良を目的とする行為

解説

所有者不明土地管理人が選任されたときは、①所有者不明土地管理命令の対象とされた土地又は共有持分、及び所有者不明土地管理命令の効力が及ぶ動産、ならびにその管理、処分その他の事由により所有者不明土地管理人が得た財産の管理及び処分をする権利は、所有者不明土地管理人に専属すること、②所有者不明土地管理人は、保存行為及び所有者不明土地等の性質を変えない範囲内においてその利用又は改良を目的とする行為については、裁判所の許可なしに行うことができるが、③これを超える行為をするときは、裁判所の許可を必要とすること、④ただし許可なしに行った行為について、善意の第三者に対抗することができないことを定める。

☆（所有者不明土地等に関する訴えの取扱い）

第二六四条の四　所有者不明土地管理命令が発せられた場合には、所有者不明土地等に関する訴えについては、所有者不明土地管理人を原告又は被告とする。

解説

所有者不明土地等に関する訴えについては、所有者不明土地管理人が原告又は被告となることを定める。

☆（所有者不明土地管理人の義務）

第二六四条の五　所有者不明土地管理人は、所有者不明土地等の所有者（その共有持分を有する者を含む。）のために、善良な管理者の注意をもって、その権限を行使しなければならない。

2 数人の者の共有持分を対象として所有者不明土地管理命令が発せられたときは、所有者不明土地管理人は、当該所有者不明土地管理命令の対象とされた共有持分を有する者全員のために、誠実かつ公平にその権限を行使しなければならない。

解説

所有者不明土地管理人は、所有者不明土地等の所有者（共有持分権者を含む）のために、善管注意義務をもって、権限を行使しなければならない旨、及び数人の者の共有持分を対象として所有者不明土地管理命令が発せられたときは、それらの者全員のために、誠実かつ公平にその権限を行使しなければならない旨を定める。

☆（所有者不明土地管理人の解任及び辞任）

第二六四条の六　所有者不明土地管理人がその任務に違反して所有者不明土地等に著しい損害を与えたことその他重要な事由があるときは、裁判所は、利害関係人の請求により、所有者不明土地管理人を解任することができる。

2 所有者不明土地管理人は、正当な事由があるときは、裁判所の許可を得て、辞任することができる。

解説

所有者不明土地管理人がその任務に違反して対象土地等に著しい損害を与えたことその他重要な事由があるときは、裁判所は、利害関係人の請求により、所有者不明土地管理人を解任できること（一項）、及び、所有者不明土地管理人は、正当な事由があるときは、裁判所の許可を得て、辞任することができること（二項）を定める。

☆（所有者不明土地管理人の報酬等）

第二六四条の七 所有者不明土地管理人は、所有者不明土地等から裁判所が定める額の費用の前払及び報酬を受けることができる。

2 所有者不明土地管理人による所有者不明土地等の管理に必要な費用及び報酬は、所有者不明土地等の所有者（その共有持分を有する者を含む。）の負担とする。

解説

所有者不明土地管理人は、所有者不明土地等から、裁判所が定める額の費用の前払及び報酬を受けることができること、所有者不明土地等の管理に必要な費用及び報酬は、所有者不明土地等の所有者（共有持分権者を含む）が負担することを定める。

☆（所有者不明建物管理命令）

第二六四条の八 裁判所は、所有者を知ることができず、又はその所在を知ることができない建物（建物が数人の共有に属する場合にあっては、共有者を知ることができず、又はその所在を知ることができない建物の共有持分）について、必要があると認めるときは、利害関係人の請求により、その請求に係る建物又は共有持分を対象として、所有者不明建物管理人（第四項に規定する所有者不明建物管理人をいう。以下この条において同じ。）による管理を命ずる処分（以下この条において「所有者不明建物管理命令」という。）をすることができる。

2 所有者不明建物管理命令の効力は、当該所有者不明建物管理命令の対象とされた建物（共有持分を対象として所有者不明建物管理命令が発せられた場合にあっては、共有物である建物）にある動産（当該所有者不明建物管理命令の対象とされた建物の所有者又は共有持分を有する者が所有するものに限る。）及び当該建物を所有し、又は当該建物の共有持分を有するための建物の敷地に関する権利（賃借権その他の使用及び収益を目的とする権利（所有権を除く。）であって、当該所有者不明建物管理命令の対象とされた建物の所有者又は共有持分を有する者が有するものに限る。）に及ぶ。

3 所有者不明建物管理命令は、所有者不明建物管理命令が発せられた後に当該所有者不明建物管理命令が取り消された場合において、当該所有者不明建物管理命令の対象とされた建物又は共有持分並びに当該所有者不明建物管理命令の効力が及ぶ動産及び建物の敷地に関する権利の管理、処分その他の事由により所有者不明建物管理人が得た財産について、必要があると認めるときも、することができる。

4 裁判所は、所有者不明建物管理命令をする場合には、当該所有者不明建物管理命令において、所有者不明建物管理人を選任しなければならない。

5 第二百六十四条の三から前条までの規定は、所有者不明建物管理命令及び所有者不明建物管理人について準用する。

解説

所有者不明土地管理命令の制度に準じて、所有者不明建物管理人による管理を命ずる処分（「所有者不明建物管理命令」という）の制度を創設した。

要件は、①所有者を知ることができず、又はその所在を知ることができない建物（共有持分権者につき同様のことがある共有建物の共有持分の場合も同様）であること、②利害関係人の請求があること、③裁判所が、所有者不明建物管理命令を発することが必要であると認める場合であること、である。

所有者不明建物管理命令の対象となるのは、請求に係る建物又は共有持分である。

本条はまた、所有者不明建物管理命令の効力の及ぶ目的物の範囲（二項・三項）、及び所有者不明建物管理人の選任（四項）について規定する。

また、所有者不明土地管理命令及び所有者不明土地管理人についての二六四条の三から前条までの規定は、所有者不明建物管理命令及び所有者不明建物管理人について準用される（五項）。

☆第五節　管理不全土地管理命令及び管理不全建物管理命令〔令三法二四本節追加〕〔本節の施行は、令三法二四施行日〕

☆**（管理不全土地管理命令）**

第二六四条の九　裁判所は、所有者による土地の管理が不適当であることによって他人の権利又は法律上保護される利益が侵害され、又は侵害されるおそれがある場合において、必要があると認めるときは、利害関係人の請求により、当該土地を対象として、管理不全土地管理人（第三項に規定する管理不全土地管理人をいう。以下同じ。）による管理を命ずる処分（以下「管理不全土地管理命令」という。）をすることができる。

2　管理不全土地管理命令の効力は、当該管理不全土地管理命令の対象とされた土地にある動産（当該管理不全土地管理命令の対象とされた土地の所有者又はその共有持分を有する者が所有するものに限る。）に及ぶ。

3　裁判所は、管理不全土地管理命令をする場合には、当該管理不全土地管理命令において、管理不全土地管理人を選任しなければならない。

解説　管理不全土地管理命令を発する要件は、①所有者による土地の管理が不適当であることによって、他人の権利又は法律上保護される利益が侵害され、又は侵害されるおそれがある場合であること、②管理不全土地管理命令を発する必要があると裁判所が認めるときであること、及び③利害関係人の裁判所に対する請求があること、である（一項）。管理不全土地管理命令は、当該土地を対象とする管理不全建物管理人による管理を命ずる処分である。二項で、管理不全土地管理命令の効力がその土地上にある土地所有者又は土地の共有持分権者の所有する動産にも及ぶことを規定する。管理不全土地管理命令において管理不全土地管理人が選任される（三項）。

☆**（管理不全土地管理人の権限）**

第二六四条の一〇　管理不全土地管理人は、管理不全土地管理命令の対象とされた土地及び管理不全土地管理命令の効力が及ぶ動産並びにその管理、処分その他の事由により管理不全土地管理人が得た財産（以下「管理不全土地等」という。）の管理及び処分をする権限を有する。

2　管理不全土地管理人が次に掲げる行為の範囲を超える行為をするには、裁判所の許可を得なければならない。ただし、この許可がないことをもって善意でかつ過失がない第三者に対抗することはできない。

一　保存行為

二　管理不全土地等の性質を変えない範囲内において、その利用又は改良を目的とする行為

3　管理不全土地管理命令の対象とされた土地の処分についての前項の許可をするには、その所有者の同意がなければならない。

解説　管理不全土地管理人の権限について定める。管理不全土地管理人は、保存行為及び管理対象土地等の性質を変えない範囲での管理不全土地の利用又は改良を目的とする行為をなし得るが、これらの範囲を超える行為をするには裁判所の許可が必要である（二項）。ただし、許可なしにした行為を善意無過失の第三者に対抗できない。裁判所の許可には、所有者の同意が必要である（三項）。

☆**（管理不全土地管理人の義務）**

第二六四条の一一　管理不全土地管理人は、管理不全土地等の所有者

のために、善良な管理者の注意をもって、その権限を行使しなければならない。

2 管理不全土地等が数人の共有に属する場合には、管理不全土地管理人は、その共有持分を有する者全員のために、誠実かつ公平にその権限を行使しなければならない。

解説　管理不全土地管理人は、対象土地等の所有者のために、善良な管理者の注意をもって権限を行使する義務を負うこと、及び、対象土地が共有土地であるときは、共有持分を有する者全員のために、誠実・公平に権限を行使する義務を負うことを規定する。

☆**（管理不全土地管理人の解任及び辞任）**

第二六四条の一二　管理不全土地管理人がその任務に違反して管理不全土地等に著しい損害を与えたことその他重要な事由があるときは、裁判所は、利害関係人の請求により、管理不全土地管理人を解任することができる。

2 管理不全土地管理人は、正当な事由があるときは、裁判所の許可を得て、辞任することができる。

解説　二六四条の六の所有者不明土地管理人の解任及び辞任と同様である。

☆**（管理不全土地管理人の報酬等）**

第二六四条の一三　管理不全土地管理人は、管理不全土地等から裁判所が定める額の費用の前払及び報酬を受けることができる。

2 管理不全土地管理人による管理不全土地等の管理に必要な費用及び報酬は、管理不全土地等の所有者の負担とする。

解説　管理不全土地管理人は、裁判所が定める額の費用の前払及び報酬を受けることができること、管理不全土地等の管理に必要な費用及び報酬は、管理不全土地等の所有者が負担することを定める。

☆**（管理不全建物管理命令）**

第二六四条の一四　裁判所は、所有者による建物の管理が不適当であることによって他人の権利又は法律上保護される利益が侵害され、又は侵害されるおそれがある場合において、必要があると認めるときは、利害関係人の請求により、当該建物を対象として、管理不全建物管理人（第三項に規定する管理不全建物管理人をいう。第四項において同じ。）による管理を命ずる処分（以下この条において「管理不全建物管理命令」という。）をすることができる。

2 管理不全建物管理命令は、当該管理不全建物管理命令の対象とされた建物にある動産（当該管理不全建物管理命令の対象とされた建物の所有者又はその共有持分を有する者が所有するものに限る。）及び当該建物を所有するための建物の敷地に関する権利（賃借権その他の使用及び収益を目的とする権利（所有権を除く。）であって、当該管理不全建物管理命令の対象とされた建物の所有者又はその共有持分を有する者が有するものに限る。）に及ぶ。

3 裁判所は、管理不全建物管理命令をする場合には、当該管理不全建物管理命令において、管理不全建物管理人を選任しなければならない。

4 第二百六十四条の十から前条までの規定は、管理不全建物管理人について準用する。

解説　管理不全建物管理命令を発する要件は、①所有者による建物の管理が不適当であることによって、他人の権利又は法律上保護される利益が侵害され、又は侵害されるおそれがある場合であること、②管理不全建物管理命令を発する必要があると裁判所が認めるときであること、及び③利害関係人の裁判所に対する請求があること、である（一項）。管理不全建物管理命令は、当該建物を対象とする管理不全建物管理人による管理を命ずる処分である。
二項で、管理不全建物管理命令の効力がその建物にある建物所有者又は建物の共有持分権者の所有する動産、及び管理不全建物管理命令の対象とされた建物の所有者又は建物の共有持分権者が有する当該建物の敷地権（賃借権や地上権など）にも及ぶことを規定する。管理不全建物管理命令において管理不全建物管理人が選任される（三項）。管理不全土地管理命令及び管理不全土地管理人についての二六四条の一〇から前条までの規定は、管理不全建物管理命令及び管理不全建物管理人に準用される。

第四章　地上権

（地上権の内容）
第二六五条　地上権者は、他人の土地において工作物又は竹木を所有するため、その土地を使用する権利を有する。

（地代）
第二六六条　第二百七十四条から第二百七十六条までの規定は、地上権者が土地の所有者に定期の地代を支払わなければならない場合について準用する。
2 地代については、前項に規定するもののほか、その性質に反しない限り、賃貸借に関する規定を準用する。

（相隣関係の規定の準用）
第二六七条　前章第一節第二款（相隣関係）の規定は、地上権者間又は地上権者と土地の所有者との間について準用する。ただし、第二百二十九条の規定は、境界線上の工作物が地上権の設定後に設けられた場合に限り、地上権者について準用する。

（地上権の存続期間）
第二六八条　設定行為で地上権の存続期間を定めなかった場合において、別段の慣習がないときは、地上権者は、いつでもその権利を放棄することができる。ただし、地代を支払うべきときは、一年前に予告をし、又は期限の到来していない一年分の地代を支払わなければならない。
2 地上権者が前項の規定によりその権利を放棄しないときは、裁判所は、当事者の請求により、二十年以上五十年以下の範囲内において、工作物又は竹木の種類及び状況その他地上権の設定当時の事情を考慮して、その存続期間を定める。

（工作物等の収去等）
第二六九条　地上権者は、その権利が消滅した時に、土地を原状に復してその工作物及び竹木を収去することができる。ただし、土地の所有者が時価相当額を提供してこれを買い取る旨を通知したときは、地上権者は、正当な理由がなければ、これを拒むことができない。
2 前項の規定と異なる慣習があるときは、その慣習に従う。

（地下又は空間を目的とする地上権）
第二六九条の二　地下又は空間は、工作物を所有するため、上下の範囲を定めて地上権の目的とすることができる。この場合においては、設定行為で、地上権の行使のためにその土地の使用に制限を加えることができる。
2 前項の地上権は、第三者がその土地の使用又は収益をする権利を有する場合においても、その権利又はこれを目的とする権利を有するすべての者の承諾があるときは、設定することができる。この場合において、土地の使用又は収益をする権利を有する者は、その地上権の行使を妨げることができない。

第五章　永小作権

（永小作権の内容）
第二七〇条　永小作人は、小作料を支払って他人の土地において耕作又は牧畜をする権利を有する。

（永小作人による土地の変更の制限）
第二七一条　永小作人は、土地に対して、回復することのできない損害を生ずべき変更を加えることができない。

（永小作権の譲渡又は土地の賃貸）
第二七二条　永小作人は、その権利を他人に譲り渡し、又はその権利の存続期間内において耕作若しくは牧畜のため土地を賃貸することができる。ただし、設定行為で禁じたときは、この限りでない。

（賃貸借に関する規定の準用）

第二七三条　永小作人の義務については、この章の規定及び設定行為で定めるもののほか、その性質に反しない限り、賃貸借に関する規定を準用する。

（小作料の減免）

第二七四条　永小作人は、不可抗力により収益について損失を受けたときであっても、小作料の免除又は減額を請求することができない。

（永小作権の放棄）

第二七五条　永小作人は、不可抗力によって、引き続き三年以上全く収益を得ず、又は五年以上小作料より少ない収益を得たときは、その権利を放棄することができる。

（永小作権の消滅請求）

第二七六条　永小作人が引き続き二年以上小作料の支払を怠ったときは、土地の所有者は、永小作権の消滅を請求することができる。

（永小作権に関する慣習）

第二七七条　第二百七十一条から前条までの規定と異なる慣習があるときは、その慣習に従う。

（永小作権の存続期間）

第二七八条　永小作権の存続期間は、二十年以上五十年以下とする。設定行為で五十年より長い期間を定めたときであっても、その期間は、五十年とする。

2　永小作権の設定は、更新することができる。ただし、その存続期間は、更新の時から五十年を超えることができない。

3　設定行為で永小作権の存続期間を定めなかったときは、その期間は、別段の慣習がある場合を除き、三十年とする。

（工作物等の収去等）

第二七九条　第二百六十九条の規定は、永小作権について準用する。

第六章　地役権

（地役権の内容）

第二八〇条　地役権者は、設定行為で定めた目的に従い、他人の土地を自己の土地の便益に供する権利を有する。ただし、第三章第一節（所有権の限界）の規定（公の秩序に関するものに限る。）に違反しないものでなければならない。

（地役権の付従性）

第二八一条　地役権は、要役地（地役権者の土地であって、他人の土地から便益を受けるものをいう。以下同じ。）の所有権に従たるものとして、その所有権とともに移転し、又は要役地について存する他の権利の目的となるものとする。ただし、設定行為に別段の定めがあるときは、この限りでない。

2　地役権は、要役地から分離して譲り渡し、又は他の権利の目的とすることができない。

（地役権の不可分性）

第二八二条　土地の共有者の一人は、その持分につき、その土地のために又はその土地について存する地役権を消滅させることができない。

2　土地の分割又はその一部の譲渡の場合には、地役権は、その各部のために又はその各部について存する。ただし、地役権がその性質により土地の一部のみに関するときは、この限りでない。

（地役権の時効取得）

第二八三条　地役権は、継続的に行使され、かつ、外形上認識することができるものに限り、時効によって取得することができる。

第二八四条　土地の共有者の一人が時効によって地役権を取得したときは、他の共有者も、これを取得する。

2　共有者に対する時効の更新は、地役権を行使する各共有者に対してしなければ、その効力を生じない。

3　地役権を行使する共有者が数人ある場合には、その一人について時効の完成猶予の事由があっても、時効は、各共有者のために進行する。〔本条の施行は、令二・四・一〕

第二八四条〔同〕

2　共有者に対する時効の中断は、地役権を行使する各共有者に対してしなければ、その効力を生じない。

3　地役権を行使する共有者が数人ある場合には、その一人について時効

> の停止の原因があっても、時効は、各共有者のために進行する。

〔平二九法四四第二項・三項改正〕

（用水地役権）

第二八五条　用水地役権の承役地（地役権者以外の者の土地であって、要役地の便益に供されるものをいう。以下同じ。）において、水が要役地及び承役地の需要に比して不足するときは、その各土地の需要に応じて、まずこれを生活用に供し、その残余を他の用途に供するものとする。ただし、設定行為に別段の定めがあるときは、この限りでない。

2　同一の承役地について数個の用水地役権を設定したときは、後の地役権者は、前の地役権者の水の使用を妨げてはならない。

（承役地の所有者の工作物の設置義務等）

第二八六条　設定行為又は設定後の契約により、承役地の所有者が自己の費用で地役権の行使のために工作物を設け、又はその修繕をする義務を負担したときは、承役地の所有者の特定承継人も、その義務を負担する。

第二八七条　承役地の所有者は、いつでも、地役権に必要な土地の部分の所有権を放棄して地役権者に移転し、これにより前条の義務を免れることができる。

（承役地の所有者の工作物の使用）

第二八八条　承役地の所有者は、地役権の行使を妨げない範囲内において、その行使のために承役地の上に設けられた工作物を使用することができる。

2　前項の場合には、承役地の所有者は、その利益を受ける割合に応じて、工作物の設置及び保存の費用を分担しなければならない。

（承役地の時効取得による地役権の消滅）

第二八九条　承役地の占有者が取得時効に必要な要件を具備する占有をしたときは、地役権は、これによって消滅する。

第二九〇条　前条の規定による地役権の消滅時効は、地役権者がその権利を行使することによって中断する。

（地役権の消滅時効）

第二九一条　第百六十六条第二項に規定する消滅時効の期間は、継続的でなく行使される地役権については最後の行使の時から起算し、継続的に行使される地役権についてはその行使を妨げる事実が生じた時から起算する。〔本条の施行は、令二・四・一〕

> **第二九一条**　第百六十七条第二項に規定する消滅時効の期間は、継続的でなく行使される地役権については最後の行使の時から起算し、継続的に行使される地役権についてはその行使を妨げる事実が生じた時から起算する。

〔平二九法四四本条改正〕

第二九二条　要役地が数人の共有に属する場合において、その一人のために時効の完成猶予又は更新があるときは、その完成猶予又は更新は、他の共有者のためにも、その効力を生ずる。〔本条の施行は、令二・四・一〕

> **第二九二条**　要役地が数人の共有に属する場合において、その一人のために時効の中断又は停止があるときは、その中断又は停止は、他の共有者のためにも、その効力を生ずる。

〔平二九法四四本条改正〕

第二九三条　地役権者がその権利の一部を行使しないときは、その部分のみが時効によって消滅する。

（共有の性質を有しない入会権）

第二九四条　共有の性質を有しない入会権については、各地方の慣習に従うほか、この章の規定を準用する。

第七章　留置権

（留置権の内容）

第二九五条　他人の物の占有者は、その物に関して生じた債権を有するときは、その債権の弁済を受けるまで、その物を留置することができる。ただし、その債権が弁済期にないときは、この限りでない。

2　前項の規定は、占有が不法行為によって始まった場合には、適用しない。

（留置権の不可分性）

第二九六条　留置権者は、債権の全部の弁済を受けるまでは、留置物の全部についてその権利を行使することができる。

（留置権者による果実の収取）

第二九七条 留置権者は、留置物から生ずる果実を収取し、他の債権者に先立って、これを自己の債権の弁済に充当することができる。

2 前項の果実は、まず債権の利息に充当し、なお残余があるときは元本に充当しなければならない。

（留置権者による留置物の保管等）

第二九八条 留置権者は、善良な管理者の注意をもって、留置物を占有しなければならない。

2 留置権者は、債務者の承諾を得なければ、留置物を使用し、賃貸し、又は担保に供することができない。ただし、その物の保存に必要な使用をすることは、この限りでない。

3 留置権者が前二項の規定に違反したときは、債務者は、留置権の消滅を請求することができる。

（留置権者による費用の償還請求）

第二九九条 留置権者は、留置物について必要費を支出したときは、所有者にその償還をさせることができる。

2 留置権者は、留置物について有益費を支出したときは、これによる価格の増加が現存する場合に限り、所有者の選択に従い、その支出した金額又は増価額を償還させることができる。ただし、裁判所は、所有者の請求により、その償還について相当の期限を許与することができる。

（留置権の行使と債権の消滅時効）

第三〇〇条 留置権の行使は、債権の消滅時効の進行を妨げない。

（担保の供与による留置権の消滅）

第三〇一条 債務者は、相当の担保を供して、留置権の消滅を請求することができる。

（占有の喪失による留置権の消滅）

第三〇二条 留置権は、留置権者が留置物の占有を失うことによって、消滅する。ただし、第二百九十八条第二項の規定により留置物を賃貸し、又は質権の目的としたときは、この限りでない。

第八章 先取特権

第一節 総則

（先取特権の内容）

第三〇三条 先取特権者は、この法律その他の法律の規定に従い、その債務者の財産について、他の債権者に先立って自己の債権の弁済を受ける権利を有する。

（物上代位）

第三〇四条 先取特権は、その目的物の売却、賃貸、滅失又は損傷によって債務者が受けるべき金銭その他の物に対しても、行使することができる。ただし、先取特権者は、その払渡し又は引渡しの前に差押えをしなければならない。

2 債務者が先取特権の目的物につき設定した物権の対価についても、前項と同様とする。

（先取特権の不可分性）

第三〇五条 第二百九十六条の規定は、先取特権について準用する。

第二節 先取特権の種類

第一款 一般の先取特権

（一般の先取特権）

第三〇六条 次に掲げる原因によって生じた債権を有する者は、債務者の総財産について先取特権を有する。

一 共益の費用

二 雇用関係

三 葬式の費用

四 日用品の供給

（共益費用の先取特権）

第三〇七条 共益の費用の先取特権は、各債権者の共同の利益のためにされた債務者の財産の保存、清算又は配当に関する費用について存在する。

2 前項の費用のうちすべての債権者に有益でなかったものについては、先取特権は、その費用によって利益を受けた債権者に対してのみ存在する。

（雇用関係の先取特権）
第三〇八条 雇用関係の先取特権は、給料その他債務者と使用人との間の雇用関係に基づいて生じた債権について存在する。

（葬式費用の先取特権）
第三〇九条 葬式の費用の先取特権は、債務者のためにされた葬式の費用のうち相当な額について存在する。
2 前項の先取特権は、債務者がその扶養すべき親族のためにした葬式の費用のうち相当な額についても存在する。

（日用品供給の先取特権）
第三一〇条 日用品の供給の先取特権は、債務者又はその扶養すべき同居の親族及びその家事使用人の生活に必要な最後の六箇月間の飲食料品、燃料及び電気の供給について存在する。

第二款 動産の先取特権

（動産の先取特権）
第三一一条 次に掲げる原因によって生じた債権を有する者は、債務者の特定の動産について先取特権を有する。
一 不動産の賃貸借
二 旅館の宿泊
三 旅客又は荷物の運輸
四 動産の保存
五 動産の売買
六 種苗又は肥料（蚕種又は蚕の飼養に供した桑葉を含む。以下同じ。）の供給
七 農業の労務
八 工業の労務

（不動産賃貸の先取特権）
第三一二条 不動産の賃貸の先取特権は、その不動産の賃料その他の賃貸借関係から生じた賃借人の債務に関し、賃借人の動産について存在する。

（不動産賃貸の先取特権の目的物の範囲）
第三一三条 土地の賃貸人の先取特権は、その土地又はその利用のための建物に備え付けられた動産、その土地の利用に供された動産及び賃借人が占有するその土地の果実について存在する。
2 建物の賃貸人の先取特権は、賃借人がその建物に備え付けた動産について存在する。

第三一四条 賃借権の譲渡又は転貸の場合には、賃貸人の先取特権は、譲受人又は転借人の動産にも及ぶ。譲渡人又は転貸人が受けるべき金銭についても、同様とする。

（不動産賃貸の先取特権の被担保債権の範囲）
第三一五条 賃借人の財産のすべてを清算する場合には、賃貸人の先取特権は、前期、当期及び次期の賃料その他の債務並びに前期及び当期に生じた損害の賠償債務についてのみ存在する。

第三一六条 賃貸人は、第六百二十二条の二第一項に規定する敷金を受け取っている場合には、その敷金で弁済を受けない債権の部分についてのみ先取特権を有する。〔本条の施行は、令二・四・一〕

> **第三一六条** 賃貸人は、敷金を受け取っている場合には、その敷金で弁済を受けない債権の部分についてのみ先取特権を有する。

〔平二九法四四本条改正〕

（旅館宿泊の先取特権）
第三一七条 旅館の宿泊の先取特権は、宿泊客が負担すべき宿泊料及び飲食料に関し、その旅館に在るその宿泊客の手荷物について存在する。

（運輸の先取特権）
第三一八条 運輸の先取特権は、旅客又は荷物の運送賃及び付随の費用に関し、運送人の占有する荷物について存在する。

（即時取得の規定の準用）
第三一九条 第百九十二条から第百九十五条までの規定は、第三百十二条から前条までの規定による先取特権について準用する。

（動産保存の先取特権）
第三二〇条 動産の保存の先取特権は、動産の保存のために要した費用又は動産に関する権利の保存、承認若しくは実行のために要した費用に関し、その動産について存在する。

（動産売買の先取特権）
第三二一条 動産の売買の先取特権は、動産の代価及びその利息に関

し、その動産について存在する。

（種苗又は肥料の供給の先取特権）

第三二二条　種苗又は肥料の供給の先取特権は、種苗又は肥料の代価及びその利息に関し、その種苗又は肥料を用いた後一年以内にこれを用いた土地から生じた果実（蚕種又は蚕の飼養に供した桑葉の使用によって生じた物を含む。）について存在する。

（農業労務の先取特権）

第三二三条　農業の労務の先取特権は、その労務に従事する者の最後の一年間の賃金に関し、その労務によって生じた果実について存在する。

（工業労務の先取特権）

第三二四条　工業の労務の先取特権は、その労務に従事する者の最後の三箇月間の賃金に関し、その労務によって生じた製作物について存在する。

第三款　不動産の先取特権

（不動産の先取特権）

第三二五条　次に掲げる原因によって生じた債権を有する者は、債務者の特定の不動産について先取特権を有する。

一　不動産の保存

二　不動産の工事

三　不動産の売買

（不動産保存の先取特権）

第三二六条　不動産の保存の先取特権は、不動産の保存のために要した費用又は不動産に関する権利の保存、承認若しくは実行のために要した費用に関し、その不動産について存在する。

（不動産工事の先取特権）

第三二七条　不動産の工事の先取特権は、工事の設計、施工又は監理をする者が債務者の不動産に関してした工事の費用に関し、その不動産について存在する。

2　前項の先取特権は、工事によって生じた不動産の価格の増加が現存する場合に限り、その増価額についてのみ存在する。

（不動産売買の先取特権）

第三二八条　不動産の売買の先取特権は、不動産の代価及びその利息に関し、その不動産について存在する。

第三節　先取特権の順位

（一般の先取特権の順位）

第三二九条　一般の先取特権が互いに競合する場合には、その優先権の順位は、第三百六条各号に掲げる順序に従う。

2　一般の先取特権と特別の先取特権とが競合する場合には、特別の先取特権は、一般の先取特権に優先する。ただし、共益の費用の先取特権は、その利益を受けたすべての債権者に対して優先する効力を有する。

（動産の先取特権の順位）

第三三〇条　同一の動産について特別の先取特権が互いに競合する場合には、その優先権の順位は、次に掲げる順序に従う。この場合において、第二号に掲げる動産の保存の先取特権について数人の保存者があるときは、後の保存者が前の保存者に優先する。

一　不動産の賃貸、旅館の宿泊及び運輸の先取特権

二　動産の保存の先取特権

三　動産の売買、種苗又は肥料の供給、農業の労務及び工業の労務の先取特権

2　前項の場合において、第一順位の先取特権者は、その債権取得の時において第二順位又は第三順位の先取特権者があることを知っていたときは、これらの者に対して優先権を行使することができない。第一順位の先取特権者のために物を保存した者に対しても、同様とする。

3　果実に関しては、第一の順位は農業の労務に従事する者に、第二の順位は種苗又は肥料の供給者に、第三の順位は土地の賃貸人に属する。

（不動産の先取特権の順位）

第三三一条　同一の不動産について特別の先取特権が互いに競合する場合には、その優先権の順位は、第三百二十五条各号に掲げる順序に従う。

2　同一の不動産について売買が順次された場合には、売主相互間にお

ける不動産売買の先取特権の優先権の順位は、売買の前後による。

（同一順位の先取特権）

第三三二条　同一の目的物について同一順位の先取特権者が数人あるときは、各先取特権者は、その債権額の割合に応じて弁済を受ける。

第四節　先取特権の効力

（先取特権と第三取得者）

第三三三条　先取特権は、債務者がその目的である動産をその第三取得者に引き渡した後は、その動産について行使することができない。

（先取特権と動産質権との競合）

第三三四条　先取特権と動産質権とが競合する場合には、動産質権者は、第三百三十条の規定による第一順位の先取特権者と同一の権利を有する。

（一般の先取特権の効力）

第三三五条　一般の先取特権者は、まず不動産以外の財産から弁済を受け、なお不足があるのでなければ、不動産から弁済を受けることができない。

2　一般の先取特権者は、不動産については、まず特別担保の目的とされていないものから弁済を受けなければならない。

3　一般の先取特権者は、前二項の規定に従って配当に加入することを怠ったときは、その配当加入をしたならば弁済を受けることができた額については、登記をした第三者に対してその先取特権を行使することができない。

4　前三項の規定は、不動産以外の財産の代価に先立って不動産の代価を配当し、又は他の不動産の代価に先立って特別担保の目的である不動産の代価を配当する場合には、適用しない。

（一般の先取特権の対抗力）

第三三六条　一般の先取特権は、不動産について登記をしなくても、特別担保を有しない債権者に対抗することができる。ただし、登記をした第三者に対しては、この限りでない。

（不動産保存の先取特権の登記）

第三三七条　不動産の保存の先取特権の効力を保存するためには、保存行為が完了した後直ちに登記をしなければならない。

（不動産工事の先取特権の登記）

第三三八条　不動産の工事の先取特権の効力を保存するためには、工事を始める前にその費用の予算額を登記しなければならない。この場合において、工事の費用が予算額を超えるときは、先取特権は、その超過額については存在しない。

2　工事によって生じた不動産の増価額は、配当加入の時に、裁判所が選任した鑑定人に評価させなければならない。

（登記をした不動産保存又は不動産工事の先取特権）

第三三九条　前二条の規定に従って登記をした先取特権は、抵当権に先立って行使することができる。

（不動産売買の先取特権の登記）

第三四〇条　不動産の売買の先取特権の効力を保存するためには、売買契約と同時に、不動産の代価又はその利息の弁済がされていない旨を登記しなければならない。

（抵当権に関する規定の準用）

第三四一条　先取特権の効力については、この節に定めるもののほか、その性質に反しない限り、抵当権に関する規定を準用する。

第九章　質権

第一節　総則

（質権の内容）

第三四二条　質権者は、その債権の担保として債務者又は第三者から受け取った物を占有し、かつ、その物について他の債権者に先立って自己の債権の弁済を受ける権利を有する。

（質権の目的）

第三四三条　質権は、譲り渡すことができない物をその目的とすることができない。

（質権の設定）

第三四四条　質権の設定は、債権者にその目的物を引き渡すことによって、その効力を生ずる。

(質権設定者による代理占有の禁止)
第三四五条　質権者は、質権設定者に、自己に代わって質物の占有をさせることができない。
(質権の被担保債権の範囲)
第三四六条　質権は、元本、利息、違約金、質権の実行の費用、質物の保存の費用及び債務の不履行又は質物の隠れた瑕疵によって生じた損害の賠償を担保する。ただし、設定行為に別段の定めがあるときは、この限りでない。
(質物の留置)
第三四七条　質権者は、前条に規定する債権の弁済を受けるまでは、質物を留置することができる。ただし、この権利は、自己に対して優先権を有する債権者に対抗することができない。
(転質)
第三四八条　質権者は、その権利の存続期間内において、自己の責任で、質物について、転質をすることができる。この場合において、転質をしたことによって生じた損失については、不可抗力によるものであっても、その責任を負う。
(契約による質物の処分の禁止)
第三四九条　質権設定者は、設定行為又は債務の弁済期前の契約において、質権者に弁済として質物の所有権を取得させ、その他法律に定める方法によらないで質物を処分させることを約することができない。
(留置権及び先取特権の規定の準用)
第三五〇条　第二百九十六条から第三百条まで及び第三百四条の規定は、質権について準用する。
(物上保証人の求償権)
第三五一条　他人の債務を担保するため質権を設定した者は、その債務を弁済し、又は質権の実行によって質物の所有権を失ったときは、保証債務に関する規定に従い、債務者に対して求償権を有する。

第二節　動産質

(動産質の対抗要件)
第三五二条　動産質権者は、継続して質物を占有しなければ、その質権をもって第三者に対抗することができない。
(質物の占有の回復)
第三五三条　動産質権者は、質物の占有を奪われたときは、占有回収の訴えによってのみ、その質物を回復することができる。
(動産質権の実行)
第三五四条　動産質権者は、その債権の弁済を受けないときは、正当な理由がある場合に限り、鑑定人の評価に従い質物をもって直ちに弁済に充てることを裁判所に請求することができる。この場合において、動産質権者は、あらかじめ、その請求をする旨を債務者に通知しなければならない。
(動産質権の順位)
第三五五条　同一の動産について数個の質権が設定されたときは、その質権の順位は、設定の前後による。

第三節　不動産質

(不動産質権者による使用及び収益)
第三五六条　不動産質権者は、質権の目的である不動産の用法に従い、その使用及び収益をすることができる。
(不動産質権者による管理の費用等の負担)
第三五七条　不動産質権者は、管理の費用を支払い、その他不動産に関する負担を負う。
(不動産質権者による利息の請求の禁止)
第三五八条　不動産質権者は、その債権の利息を請求することができない。
(設定行為に別段の定めがある場合等)
第三五九条　前三条の規定は、設定行為に別段の定めがあるとき、又は担保不動産収益執行（民事執行法第百八十条第二号に規定する担保不動産収益執行をいう。以下同じ。）の開始があったときは、適用しない。〔本条の施行は、令二・四・一〕

第三五九条　前三条の規定は、設定行為に別段の定めがあるとき、又は担保不動産収益執行（民事執行法（昭和五十四年法律第四号）第百八十条第二号に規定する担保不動産収益執行をいう。以下同じ。）の開始があったときは、適用しない。

〔平二九法四四本条改正〕

（不動産質権の存続期間）

第三六〇条 不動産質権の存続期間は、十年を超えることができない。設定行為でこれより長い期間を定めたときであっても、その期間は、十年とする。

2 不動産質権の設定は、更新することができる。ただし、その存続期間は、更新の時から十年を超えることができない。

（抵当権の規定の準用）

第三六一条 不動産質権については、この節に定めるもののほか、その性質に反しない限り、次章（抵当権）の規定を準用する。

第四節 権利質

（権利質の目的等）

第三六二条 質権は、財産権をその目的とすることができる。

2 前項の質権については、この節に定めるもののほか、その性質に反しない限り、前三節（総則、動産質及び不動産質）の規定を準用する。

第三六三条 削除〔平二九法四四〕〔本規定の施行は、令二・四・一〕

（債権質の設定）

第三六三条 債権であってこれを譲り渡すにはその証書を交付することを要するものを質権の目的とするときは、質権の設定は、その証書を交付することによって、その効力を生ずる。

（債権を目的とする質権の対抗要件）

第三六四条 債権を目的とする質権の設定（現に発生していない債権を目的とするものを含む。）は、第四百六十七条の規定に従い、第三債務者にその質権の設定を通知し、又は第三債務者がこれを承諾しなければ、これをもって第三債務者その他の第三者に対抗することができない。〔本条の施行は、令二・四・一〕

（指名債権を目的とする質権の対抗要件）

第三六四条 指名債権を質権の目的としたときは、第四百六十七条の規定に従い、第三債務者に質権の設定を通知し、又は第三債務者がこれを承諾しなければ、これをもって第三債務者その他の第三者に対抗することができない。

〔平一七法八七第二項削除、平二九法四四本条改正〕

第三六五条 削除〔平二九法四四〕〔本規定の施行は、令二・四・一〕

（指図債権を目的とする質権の対抗要件）

第三六五条 指図債権を質権の目的としたときは、その証書に質権の設定の裏書をしなければ、これをもって第三者に対抗することができない。

（質権者による債権の取立て等）

第三六六条 質権者は、質権の目的である債権を直接に取り立てることができる。

2 債権の目的物が金銭であるときは、質権者は、自己の債権額に対応する部分に限り、これを取り立てることができる。

3 前項の債権の弁済期が質権者の債権の弁済期前に到来したときは、質権者は、第三債務者にその弁済をすべき金額を供託させることができる。この場合において、質権は、その供託金について存在する。

4 債権の目的物が金銭でないときは、質権者は、弁済として受けた物について質権を有する。

〔平一七法八七条数繰上〕

第三六七条及び第三六八条 削除〔平一七法八七〕

第十章 抵当権

第一節 総則

（抵当権の内容）

第三六九条 抵当権者は、債務者又は第三者が占有を移転しないで債務の担保に供した不動産について、他の債権者に先立って自己の債権の弁済を受ける権利を有する。

2 地上権及び永小作権も、抵当権の目的とすることができる。この場合においては、この章の規定を準用する。

（抵当権の効力の及ぶ範囲）

第三七〇条　抵当権は、抵当地の上に存する建物を除き、その目的である不動産（以下「抵当不動産」という。）に付加して一体となっている物に及ぶ。ただし、設定行為に別段の定めがある場合及び債務者の行為について第四百二十四条第三項に規定する詐害行為取消請求をすることができる場合は、この限りでない。〔本条の施行は、令二・四・一〕

> **第三七〇条**　抵当権は、抵当地の上に存する建物を除き、その目的である不動産（以下「抵当不動産」という。）に付加して一体となっている物に及ぶ。ただし、設定行為に別段の定めがある場合及び第四百二十四条の規定により債権者が債務者の行為を取り消すことができる場合は、この限りでない。

〔平二九法四四本条改正〕

第三七一条　抵当権は、その担保する債権について不履行があったときは、その後に生じた抵当不動産の果実に及ぶ。

（留置権等の規定の準用）

第三七二条　第二百九十六条、第三百四条及び第三百五十一条の規定は、抵当権について準用する。

第二節　抵当権の効力

（抵当権の順位）

第三七三条　同一の不動産について数個の抵当権が設定されたときは、その抵当権の順位は、登記の前後による。

（抵当権の順位の変更）

第三七四条　抵当権の順位は、各抵当権者の合意によって変更することができる。ただし、利害関係を有する者があるときは、その承諾を得なければならない。

2　前項の規定による順位の変更は、その登記をしなければ、その効力を生じない。

（抵当権の被担保債権の範囲）

第三七五条　抵当権者は、利息その他の定期金を請求する権利を有するときは、その満期となった最後の二年分についてのみ、その抵当権を行使することができる。ただし、それ以前の定期金についても、満期後に特別の登記をしたときは、その登記の時からその抵当権を行使することを妨げない。

2　前項の規定は、抵当権者が債務の不履行によって生じた損害の賠償を請求する権利を有する場合におけるその最後の二年分についても適用する。ただし、利息その他の定期金と通算して二年分を超えることができない。

（抵当権の処分）

第三七六条　抵当権者は、その抵当権を他の債権の担保とし、又は同一の債務者に対する他の債権者の利益のためにその抵当権若しくはその順位を譲渡し、若しくは放棄することができる。

2　前項の場合において、抵当権者が数人のためにその抵当権の処分をしたときは、その処分の利益を受ける者の権利の順位は、抵当権の登記にした付記の前後による。

（抵当権の処分の対抗要件）

第三七七条　前条の場合には、第四百六十七条の規定に従い、主たる債務者に抵当権の処分を通知し、又は主たる債務者がこれを承諾しなければ、これをもって主たる債務者、保証人、抵当権設定者及びこれらの者の承継人に対抗することができない。

2　主たる債務者が前項の規定により通知を受け、又は承諾をしたときは、抵当権の処分の利益を受ける者の承諾を得ないでした弁済は、その受益者に対抗することができない。

（代価弁済）

第三七八条　抵当不動産について所有権又は地上権を買い受けた第三者が、抵当権者の請求に応じてその抵当権者にその代価を弁済したときは、抵当権は、その第三者のために消滅する。

（抵当権消滅請求）

第三七九条　抵当不動産の第三取得者は、第三百八十三条の定めるところにより、抵当権消滅請求をすることができる。

第三八〇条　主たる債務者、保証人及びこれらの者の承継人は、抵当権消滅請求をすることができない。

第三八一条　抵当不動産の停止条件付第三取得者は、その停止条件の成否が未定である間は、抵当権消滅請求をすることができない。

（抵当権消滅請求の時期）

第三八二条 抵当不動産の第三取得者は、抵当権の実行としての競売による差押えの効力が発生する前に、抵当権消滅請求をしなければならない。

（抵当権消滅請求の手続）

第三八三条 抵当不動産の第三取得者は、抵当権消滅請求をするときは、登記をした各債権者に対し、次に掲げる書面を送付しなければならない。

一 取得の原因及び年月日、譲渡人及び取得者の氏名及び住所並びに抵当不動産の性質、所在及び代価その他取得者の負担を記載した書面

二 抵当不動産に関する登記事項証明書（現に効力を有する登記事項のすべてを証明したものに限る。）

三 債権者が二箇月以内に抵当権を実行して競売の申立てをしないときは、抵当不動産の第三取得者が第一号に規定する代価又は特に指定した金額を債権の順位に従って弁済し又は供託すべき旨を記載した書面

（債権者のみなし承諾）

第三八四条 次に掲げる場合には、前条各号に掲げる書面の送付を受けた債権者は、抵当不動産の第三取得者が同条第三号に掲げる書面に記載したところにより提供した同号の代価又は金額を承諾したものとみなす。

一 その債権者が前条各号に掲げる書面の送付を受けた後二箇月以内に抵当権を実行して競売の申立てをしないとき。

二 その債権者が前号の申立てを取り下げたとき。

三 第一号の申立てを却下する旨の決定が確定したとき。

四 第一号の申立てに基づく競売の手続を取り消す旨の決定（民事執行法第百八十八条において準用する同法第六十三条第三項若しくは第六十八条の三第三項の規定又は同法第百八十三条第一項第五号の謄本が提出された場合における同条第二項の規定による決定を除く。）が確定したとき。

（競売の申立ての通知）

第三八五条 第三百八十三条各号に掲げる書面の送付を受けた債権者は、前条第一号の申立てをするときは、同号の期間内に、債務者及び抵当不動産の譲渡人にその旨を通知しなければならない。

（抵当権消滅請求の効果）

第三八六条 登記をしたすべての債権者が抵当不動産の第三取得者の提供した代価又は金額を承諾し、かつ、抵当不動産の第三取得者がその承諾を得た代価又は金額を払い渡し又は供託したときは、抵当権は、消滅する。

（抵当権者の同意の登記がある場合の賃貸借の対抗力）

第三八七条 登記をした賃貸借は、その登記前に登記をした抵当権を有するすべての者が同意をし、かつ、その同意の登記があるときは、その同意をした抵当権者に対抗することができる。

2 抵当権者が前項の同意をするには、その抵当権を目的とする権利を有する者その他抵当権者の同意によって不利益を受けるべき者の承諾を得なければならない。

（法定地上権）

第三八八条 土地及びその上に存する建物が同一の所有者に属する場合において、その土地又は建物につき抵当権が設定され、その実行により所有者を異にするに至ったときは、その建物について、地上権が設定されたものとみなす。この場合において、地代は、当事者の請求により、裁判所が定める。

（抵当地の上の建物の競売）

第三八九条 抵当権の設定後に抵当地に建物が築造されたときは、抵当権者は、土地とともにその建物を競売することができる。ただし、その優先権は、土地の代価についてのみ行使することができる。

2 前項の規定は、その建物の所有者が抵当地を占有するについて抵当権者に対抗することができる権利を有する場合には、適用しない。

（抵当不動産の第三取得者による買受け）

第三九〇条 抵当不動産の第三取得者は、その競売において買受人となることができる。

（抵当不動産の第三取得者による費用の償還請求）

第三九一条 抵当不動産の第三取得者は、抵当不動産について必要費又は有益費を支出したときは、第百九十六条の区別に従い、抵当不

動産の代価から、他の債権者より先にその償還を受けることができる。

（共同抵当における代価の配当）

第三九二条　債権者が同一の債権の担保として数個の不動産につき抵当権を有する場合において、同時にその代価を配当すべきときは、その各不動産の価額に応じて、その債権の負担を按分する。

2 債権者が同一の債権の担保として数個の不動産につき抵当権を有する場合において、ある不動産の代価のみを配当すべきときは、抵当権者は、その代価から債権の全部の弁済を受けることができる。この場合において、次順位の抵当権者は、その弁済を受ける抵当権者が前項の規定に従い他の不動産の代価から弁済を受けるべき金額を限度として、その抵当権者に代位して抵当権を行使することができる。〔本条改正の施行は、令三法二四施行日〕

第三九二条〔「負担を按分」は、令三法二四施行日前までは「負担を按《あん》分」〕
2〔同〕

〔令三法二四第一項改正〕

解説
二六二条の二第一項の規定中に用いられた「按分」の語が民法典中の「按分」の初出箇所となったため、振り仮名はそちらに付されることとなった。

（共同抵当における代位の付記登記）

第三九三条　前条第二項後段の規定により代位によって抵当権を行使する者は、その抵当権の登記にその代位を付記することができる。

（抵当不動産以外の財産からの弁済）

第三九四条　抵当権者は、抵当不動産の代価から弁済を受けない債権の部分についてのみ、他の財産から弁済を受けることができる。

2 前項の規定は、抵当不動産の代価に先立って他の財産の代価を配当すべき場合には、適用しない。この場合において、他の各債権者は、抵当権者に同項の規定による弁済を受けさせるため、抵当権者に配当すべき金額の供託を請求することができる。

（抵当建物使用者の引渡しの猶予）

第三九五条　抵当権者に対抗することができない賃貸借により抵当権の目的である建物の使用又は収益をする者であって次に掲げるもの（次項において「抵当建物使用者」という。）は、その建物の競売における買受人の買受けの時から六箇月を経過するまでは、その建物を買受人に引き渡すことを要しない。

一　競売手続の開始前から使用又は収益をする者

二　強制管理又は担保不動産収益執行の管理人が競売手続の開始後にした賃貸借により使用又は収益をする者

2 前項の規定は、買受人の買受けの時より後に同項の建物の使用をしたことの対価について、買受人が抵当建物使用者に対し相当の期間を定めてその一箇月分以上の支払の催告をし、その相当の期間内に履行がない場合には、適用しない。

第三節　抵当権の消滅

（抵当権の消滅時効）

第三九六条　抵当権は、債務者及び抵当権設定者に対しては、その担保する債権と同時でなければ、時効によって消滅しない。

（抵当不動産の時効取得による抵当権の消滅）

第三九七条　債務者又は抵当権設定者でない者が抵当不動産について取得時効に必要な要件を具備する占有をしたときは、抵当権は、これによって消滅する。

（抵当権の目的である地上権等の放棄）

第三九八条　地上権又は永小作権を抵当権の目的とした地上権者又は永小作人は、その権利を放棄しても、これをもって抵当権者に対抗することができない。

第四節　根抵当

（根抵当権）

第三九八条の二　抵当権は、設定行為で定めるところにより、一定の範囲に属する不特定の債権を極度額の限度において担保するためにも設定することができる。

2 前項の規定による抵当権（以下「根抵当権」という。）の担保すべき不特定の債権の範囲は、債務者との特定の継続的取引契約によって生ずるものその他債務者との一定の種類の取引によって生ずるものに限定して、定めなければならない。

3 特定の原因に基づいて債務者との間に継続して生ずる債権、手形上若しくは小切手上の請求権又は電子記録債権（電子記録債権法（平成十九年法律第百二号）第二条第一項に規定する電子記録債権をいう。次条第二項において同じ。）は、前項の規定にかかわらず、根抵当権の担保すべき債権とすることができる。〔本項の施行は、令二・四・一〕

> **第三九八条の二**〔同〕
> 2〔同〕
> 3 特定の原因に基づいて債務者との間に継続して生ずる債権又は手形上若しくは小切手上の請求権は、前項の規定にかかわらず、根抵当権の担保すべき債権とすることができる。

〔平二九法四四第三項改正〕

（根抵当権の被担保債権の範囲）

第三九八条の三　根抵当権者は、確定した元本並びに利息その他の定期金及び債務の不履行によって生じた損害の賠償の全部について、極度額を限度として、その根抵当権を行使することができる。

2 債務者との取引によらないで取得する手形上若しくは小切手上の請求権又は電子記録債権を根抵当権の担保すべき債権とした場合において、次に掲げる事由があったときは、その前に取得したものについてのみ、その根抵当権を行使することができる。ただし、その後に取得したものであっても、その事由を知らないで取得したものについては、これを行使することを妨げない。

一　債務者の支払の停止

二　債務者についての破産手続開始、再生手続開始、更生手続開始又は特別清算開始の申立て

三　抵当不動産に対する競売の申立て又は滞納処分による差押え

〔本項の施行は、令二・四・一〕

> **第三九八条の三**〔同〕
> 2 債務者との取引によらないで取得する手形上又は小切手上の請求権を根抵当権の担保すべき債権とした場合において、次に掲げる事由があったときは、その前に取得したものについてのみ、その根抵当権を行使することができる。ただし、その後に取得したものであっても、その事由を知らないで取得したものについては、これを行使することを妨げない。
> 一から三まで〔同〕

〔平一七法八七・平二九法四四第二項改正〕

（根抵当権の被担保債権の範囲及び債務者の変更）

第三九八条の四　元本の確定前においては、根抵当権の担保すべき債権の範囲の変更をすることができる。債務者の変更についても、同様とする。

2 前項の変更をするには、後順位の抵当権者その他の第三者の承諾を得ることを要しない。

3 第一項の変更について元本の確定前に登記をしなかったときは、その変更をしなかったものとみなす。

（根抵当権の極度額の変更）

第三九八条の五　根抵当権の極度額の変更は、利害関係を有する者の承諾を得なければ、することができない。

（根抵当権の元本確定期日の定め）

第三九八条の六　根抵当権の担保すべき元本については、その確定すべき期日を定め又は変更することができる。

2 第三百九十八条の四第二項の規定は、前項の場合について準用する。

3 第一項の期日は、これを定め又は変更した日から五年以内でなければならない。

4 第一項の期日の変更についてその変更前の期日より前に登記をしなかったときは、担保すべき元本は、その変更前の期日に確定する。

（根抵当権の被担保債権の譲渡等）

第三九八条の七　元本の確定前に根抵当権者から債権を取得した者は、その債権について根抵当権を行使することができない。元本の確定前に債務者のために又は債務者に代わって弁済をした者も、同様とする。

2元本の確定前に債務の引受けがあったときは、根抵当権者は、引受人の債務について、その根抵当権を行使することができない。

3元本の確定前に免責的債務引受があった場合における債権者は、第四百七十二条の四第一項の規定にかかわらず、根抵当権を引受人が負担する債務に移すことができない。

4元本の確定前に債権者の交替による更改があった場合における更改前の債権者は、第五百十八条第一項の規定にかかわらず、根抵当権を更改後の債務に移すことができない。元本の確定前に債務者の交替による更改があった場合における債権者も、同様とする。〔本条の施行は、令二・四・一〕

第三九八条の七〔同〕
2〔同〕
〔三項は新設規定〕
3元本の確定前に債権者又は債務者の交替による更改があったときは、その当事者は、第五百十八条の規定にかかわらず、根抵当権を更改後の債務に移すことができない。〔4に繰下げ〕

〔平二九法四四第三項追加・旧三項改正繰下（四項）〕

（根抵当権者又は債務者の相続）

第三九八条の八　元本の確定前に根抵当権者について相続が開始したときは、根抵当権は、相続開始の時に存する債権のほか、相続人と根抵当権設定者との合意により定めた相続人が相続の開始後に取得する債権を担保する。

2元本の確定前にその債務者について相続が開始したときは、根抵当権は、相続開始の時に存する債務のほか、根抵当権者と根抵当権設定者との合意により定めた相続人が相続の開始後に負担する債務を担保する。

3第三百九十八条の四第二項の規定は、前二項の合意をする場合について準用する。

4第一項及び第二項の合意について相続の開始後六箇月以内に登記をしないときは、担保すべき元本は、相続開始の時に確定したものとみなす。


（根抵当権者又は債務者の合併）

第三九八条の九　元本の確定前に根抵当権者について合併があったときは、根抵当権は、合併の時に存する債権のほか、合併後存続する法人又は合併によって設立された法人が合併後に取得する債権を担保する。

2元本の確定前にその債務者について合併があったときは、根抵当権は、合併の時に存する債務のほか、合併後存続する法人又は合併によって設立された法人が合併後に負担する債務を担保する。

3前二項の場合には、根抵当権設定者は、担保すべき元本の確定を請求することができる。ただし、前項の場合において、その債務者が根抵当権設定者であるときは、この限りでない。

4前項の規定による請求があったときは、担保すべき元本は、合併の時に確定したものとみなす。

5第三項の規定による請求は、根抵当権設定者が合併のあったことを知った日から二週間を経過したときは、することができない。合併の日から一箇月を経過したときも、同様とする。


（根抵当権者又は債務者の会社分割）

第三九八条の一〇　元本の確定前に根抵当権者を分割をする会社とする分割があったときは、根抵当権は、分割の時に存する債権のほか、分割をした会社及び分割により設立された会社又は当該分割をした会社がその事業に関して有する権利義務の全部又は一部を当該会社から承継した会社が分割後に取得する債権を担保する。

2元本の確定前にその債務者を分割をする会社とする分割があったときは、根抵当権は、分割の時に存する債務のほか、分割をした会社及び分割により設立された会社又は当該分割をした会社がその事業に関して有する権利義務の全部又は一部を当該会社から承継した会社が分割後に負担する債務を担保する。

3前条第三項から第五項までの規定は、前二項の場合について準用する。

〔平一七法八七第一項・二項改正〕

（根抵当権の処分）
第三九八条の一一　元本の確定前においては、根抵当権者は、第三百七十六条第一項の規定による根抵当権の処分をすることができない。ただし、その根抵当権を他の債権の担保とすることを妨げない。

2 第三百七十七条第二項の規定は、前項ただし書の場合において元本の確定前にした弁済については、適用しない。

（根抵当権の譲渡）

第三九八条の一二　元本の確定前においては、根抵当権者は、根抵当権設定者の承諾を得て、その根抵当権を譲り渡すことができる。

2 根抵当権者は、その根抵当権を二個の根抵当権に分割して、その一方を前項の規定により譲り渡すことができる。この場合において、その根抵当権を目的とする権利は、譲り渡した根抵当権について消滅する。

3 前項の規定による譲渡をするには、その根抵当権を目的とする権利を有する者の承諾を得なければならない。

（根抵当権の一部譲渡）

第三九八条の一三　元本の確定前においては、根抵当権者は、根抵当権設定者の承諾を得て、その根抵当権の一部譲渡（譲渡人が譲受人と根抵当権を共有するため、これを分割しないで譲り渡すことをいう。以下この節において同じ。）をすることができる。

（根抵当権の共有）

第三九八条の一四　根抵当権の共有者は、それぞれその債権額の割合に応じて弁済を受ける。ただし、元本の確定前に、これと異なる割合を定め、又はある者が他の者に先立って弁済を受けるべきことを定めたときは、その定めに従う。

2 根抵当権の共有者は、他の共有者の同意を得て、第三百九十八条の十二第一項の規定によりその権利を譲り渡すことができる。

（抵当権の順位の譲渡又は放棄と根抵当権の譲渡又は一部譲渡）

第三九八条の一五　抵当権の順位の譲渡又は放棄を受けた根抵当権者が、その根抵当権の譲渡又は一部譲渡をしたときは、譲受人は、その順位の譲渡又は放棄の利益を受ける。

（共同根抵当）

第三九八条の一六　第三百九十二条及び第三百九十三条の規定は、根抵当権については、その設定と同時に同一の債権の担保として数個の不動産につき根抵当権が設定された旨の登記をした場合に限り、適用する。

（共同根抵当の変更等）

第三九八条の一七　前条の登記がされている根抵当権の担保すべき債権の範囲、債務者若しくは極度額の変更又はその譲渡若しくは一部譲渡は、その根抵当権が設定されているすべての不動産について登記をしなければ、その効力を生じない。

2 前条の登記がされている根抵当権の担保すべき元本は、一個の不動産についてのみ確定すべき事由が生じた場合においても、確定する。

（累積根抵当）

第三九八条の一八　数個の不動産につき根抵当権を有する者は、第三百九十八条の十六の場合を除き、各不動産の代価について、各極度額に至るまで優先権を行使することができる。

（根抵当権の元本の確定請求）

第三九八条の一九　根抵当権設定者は、根抵当権の設定の時から三年を経過したときは、担保すべき元本の確定を請求することができる。この場合において、担保すべき元本は、その請求の時から二週間を経過することによって確定する。

2 根抵当権者は、いつでも、担保すべき元本の確定を請求することができる。この場合において、担保すべき元本は、その請求の時に確定する。

3 前二項の規定は、担保すべき元本の確定すべき期日の定めがあるときは、適用しない。

（根抵当権の元本の確定事由）

第三九八条の二〇　次に掲げる場合には、根抵当権の担保すべき元本は、確定する。

一　根抵当権者が抵当不動産について競売若しくは担保不動産収益執行又は第三百七十二条において準用する第三百四条の規定による差押えを申し立てたとき。ただし、競売手続若しくは担保不動産収益執行手続の開始又は差押えがあったときに限る。

二　根抵当権者が抵当不動産に対して滞納処分による差押えをしたとき。

三　根抵当権者が抵当不動産に対する競売手続の開始又は滞納処分による差押えがあったことを知った時から二週間を経過したと

き。

四　債務者又は根抵当権設定者が破産手続開始の決定を受けたとき。

2　前項第三号の競売手続の開始若しくは差押え又は同項第四号の破産手続開始の決定の効力が消滅したときは、担保すべき元本は、確定しなかったものとみなす。ただし、元本が確定したものとしてその根抵当権又はこれを目的とする権利を取得した者があるときは、この限りでない。

（根抵当権の極度額の減額請求）

第三百九十八条の二十一　元本の確定後においては、根抵当権設定者は、その根抵当権の極度額を、現に存する債務の額と以後二年間に生ずべき利息その他の定期金及び債務の不履行による損害賠償の額とを加えた額に減額することを請求することができる。

2　第三百九十八条の十六の登記がされている根抵当権の極度額の減額については、前項の規定による請求は、そのうちの一個の不動産についてすれば足りる。

（根抵当権の消滅請求）

第三百九十八条の二十二　元本の確定後において現に存する債務の額が根抵当権の極度額を超えるときは、他人の債務を担保するためその根抵当権を設定した者又は抵当不動産について所有権、地上権、永小作権若しくは第三者に対抗することができる賃借権を取得した第三者は、その極度額に相当する金額を払い渡し又は供託して、その根抵当権の消滅請求をすることができる。この場合において、その払渡し又は供託は、弁済の効力を有する。

2　第三百九十八条の十六の登記がされている根抵当権は、一個の不動産について前項の消滅請求があったときは、消滅する。

3　第三百八十条及び第三百八十一条の規定は、第一項の消滅請求について準用する。

第三編　債権〔平一六法一四七全部改正〕

第一章　総則

第一節　債権の目的

（債権の目的）

第三百九十九条　債権は、金銭に見積もることができないものであっても、その目的とすることができる。

（特定物の引渡しの場合の注意義務）

第四百条　債権の目的が特定物の引渡しであるときは、債務者は、その引渡しをするまで、契約その他の債権の発生原因及び取引上の社会通念に照らして定まる善良な管理者の注意をもって、その物を保存しなければならない。〔本条の施行は、令二・四・一〕

> **第四〇〇条**　債権の目的が特定物の引渡しであるときは、債務者は、その引渡しをするまで、善良な管理者の注意をもって、その物を保存しなければならない。

〔平二九法四四本条改正〕

（種類債権）

第四百一条　債権の目的物を種類のみで指定した場合において、法律行為の性質又は当事者の意思によってその品質を定めることができないときは、債務者は、中等の品質を有する物を給付しなければならない。

2　前項の場合において、債務者が物の給付をするのに必要な行為を完了し、又は債権者の同意を得てその給付すべき物を指定したときは、以後その物を債権の目的物とする。

（金銭債権）

第四百二条　債権の目的物が金銭であるときは、債務者は、その選択に従い、各種の通貨で弁済をすることができる。ただし、特定の種類の通貨の給付を債権の目的としたときは、この限りでない。

2　債権の目的物である特定の種類の通貨が弁済期に強制通用の効力を失っているときは、債務者は、他の通貨で弁済をしなければならない。

3　前二項の規定は、外国の通貨の給付を債権の目的とした場合について準用する。

第四百三条　外国の通貨で債権額を指定したときは、債務者は、履行地における為替相場により、日本の通貨で弁済をすることができる。

（法定利率）

第四〇四条　利息を生ずべき債権について別段の意思表示がないときは、その利率は、その利息が生じた最初の時点における法定利率による。

2 法定利率は、年三パーセントとする。

3 前項の規定にかかわらず、法定利率は、法務省令で定めるところにより、三年を一期とし、一期ごとに、次項の規定により変動するものとする。

4 各期における法定利率は、この項の規定により法定利率に変動があった期のうち直近のもの（以下この項において「直近変動期」という。）における基準割合と当期における基準割合との差に相当する割合（その割合に一パーセント未満の端数があるときは、これを切り捨てる。）を直近変動期における法定利率に加算し、又は減算した割合とする。

5 前項に規定する「基準割合」とは、法務省令で定めるところにより、各期の初日の属する年の六年前の年の一月から前々年の十二月までの各月における短期貸付けの平均利率（当該各月において銀行が新たに行った貸付け（貸付期間が一年未満のものに限る。）に係る利率の平均をいう。）の合計を六十で除して計算した割合（その割合に〇・一パーセント未満の端数があるときは、これを切り捨てる。）として法務大臣が告示するものをいう。〔本条の施行は、令二・四・一〕

> **第四〇四条**　利息を生ずべき債権について別段の意思表示がないときは、その利率は、年五分とする。
> 〔二項～五項は新設規定〕

〔平二九法四四第一項改正・二項～五項追加〕

（利息の元本への組入れ）

第四〇五条　利息の支払が一年分以上延滞した場合において、債権者が催告をしても、債務者がその利息を支払わないときは、債権者は、これを元本に組み入れることができる。

（選択債権における選択権の帰属）

第四〇六条　債権の目的が数個の給付の中から選択によって定まるときは、その選択権は、債務者に属する。

（選択権の行使）

第四〇七条　前条の選択権は、相手方に対する意思表示によって行使する。

2 前項の意思表示は、相手方の承諾を得なければ、撤回することができない。

（選択権の移転）

第四〇八条　債権が弁済期にある場合において、相手方から相当の期間を定めて催告をしても、選択権を有する当事者がその期間内に選択をしないときは、その選択権は、相手方に移転する。

（第三者の選択権）

第四〇九条　第三者が選択をすべき場合には、その選択は、債権者又は債務者に対する意思表示によってする。

2 前項に規定する場合において、第三者が選択をすることができず、又は選択をする意思を有しないときは、選択権は、債務者に移転する。

（不能による選択債権の特定）

第四一〇条　債権の目的である給付の中に不能のものがある場合において、その不能が選択権を有する者の過失によるものであるときは、債権は、その残存するものについて存在する。〔本条の施行は、令二・四・一〕

> **第四一〇条**　債権の目的である給付の中に、初めから不能であるもの又は後に至って不能となったものがあるときは、債権は、その残存するものについて存在する。
> 2 選択権を有しない当事者の過失によって給付が不能となったときは、前項の規定は、適用しない。

〔平二九法四四第一項改正・二項削除〕

（選択の効力）

第四一一条　選択は、債権の発生の時にさかのぼってその効力を生ずる。ただし、第三者の権利を害することはできない。

第二節　債権の効力

第一款　債務不履行の責任等

（履行期と履行遅滞）

第四一二条　債務の履行について確定期限があるときは、債務者は、その期限の到来した時から遅滞の責任を負う。

2　債務の履行について不確定期限があるときは、債務者は、その期限の到来した後に履行の請求を受けた時又はその期限の到来したことを知った時のいずれか早い時から遅滞の責任を負う。〔本項の施行は、令二・四・一〕

3　債務の履行について期限を定めなかったときは、債務者は、履行の請求を受けた時から遅滞の責任を負う。

> **第四一二条**〔同〕
> 2　債務の履行について不確定期限があるときは、債務者は、その期限の到来したことを知った時から遅滞の責任を負う。
> 3〔同〕

〔平二九法四四第二項改正〕

☆**（履行不能）**

第四一二条の二　債務の履行が契約その他の債務の発生原因及び取引上の社会通念に照らして不能であるときは、債権者は、その債務の履行を請求することができない。

2　契約に基づく債務の履行がその契約の成立の時に不能であったことは、第四百十五条の規定によりその履行の不能によって生じた損害の賠償を請求することを妨げない。〔本条の施行は、令二・四・一〕

〔平二九法四四本条追加〕

（受領遅滞）

第四一三条　債権者が債務の履行を受けることを拒み、又は受けることができない場合において、その債務の目的が特定物の引渡しであるときは、債務者は、履行の提供をした時からその引渡しをするまで、自己の財産に対するのと同一の注意をもって、その物を保存すれば足りる。

2　債権者が債務の履行を受けることを拒み、又は受けることができないことによって、その履行の費用が増加したときは、その増加額は、債権者の負担とする。〔本条の施行は、令二・四・一〕

> **第四一三条**　債権者が債務の履行を受けることを拒み、又は受けることができないときは、その債権者は、履行の提供があった時から遅滞の責任を負う。

〔平二九法四四本条改正〕

☆**（履行遅滞中又は受領遅滞中の履行不能と帰責事由）**

第四一三条の二　債務者がその債務について遅滞の責任を負っている間に当事者双方の責めに帰することができない事由によってその債務の履行が不能となったときは、その履行の不能は、債務者の責めに帰すべき事由によるものとみなす。

2　債権者が債務の履行を受けることを拒み、又は受けることができない場合において、履行の提供があった時以後に当事者双方の責めに帰することができない事由によってその債務の履行が不能となったときは、その履行の不能は、債権者の責めに帰すべき事由によるものとみなす。〔本条の施行は、令二・四・一〕

〔平二九法四四本条追加〕

（履行の強制）

第四一四条　債務者が任意に債務の履行をしないときは、債権者は、民事執行法その他強制執行の手続に関する法令の規定に従い、直接強制、代替執行、間接強制その他の方法による履行の強制を裁判所に請求することができる。ただし、債務の性質がこれを許さないときは、この限りでない。

2　前項の規定は、損害賠償の請求を妨げない。〔本条の施行は、令二・四・一〕

> **第四一四条**　債務者が任意に債務の履行をしないときは、債権者は、その強制履行を裁判所に請求することができる。ただし、債務の性質がこれを許さないときは、この限りでない。
> 2　債務の性質が強制履行を許さない場合において、その債務が作為を目的とするときは、債権者は、債務者の費用で第三者にこれをさせることを裁判所に請求することができる。ただし、法律行為を目的とする

債務については、裁判をもって債務者の意思表示に代えることができる。
3 不作為を目的とする債務については、債務者の費用で、債務者がした行為の結果を除去し、又は将来のため適当な処分をすることを裁判所に請求することができる。
4 前三項の規定は、損害賠償の請求を妨げない。〔2に繰上げ〕

〔平二九法四四第一項改正・二項・三項削除・旧四項改正繰上（二項）〕

（債務不履行による損害賠償）

第四一五条　債務者がその債務の本旨に従った履行をしないとき又は債務の履行が不能であるときは、債権者は、これによって生じた損害の賠償を請求することができる。ただし、その債務の不履行が契約その他の債務の発生原因及び取引上の社会通念に照らして債務者の責めに帰することができない事由によるものであるときは、この限りでない。

2 前項の規定により損害賠償の請求をすることができる場合において、債権者は、次に掲げるときは、債務の履行に代わる損害賠償の請求をすることができる。

一 債務の履行が不能であるとき。

二 債務者がその債務の履行を拒絶する意思を明確に表示したとき。

三 債務が契約によって生じたものである場合において、その契約が解除され、又は債務の不履行による契約の解除権が発生したとき。〔本条の施行は、令二・四・一〕

第四一五条　債務者がその債務の本旨に従った履行をしないときは、債権者は、これによって生じた損害の賠償を請求することができる。債務者の責めに帰すべき事由によって履行をすることができなくなったときも、同様とする。

〔平二九法四四本条改正〕

（損害賠償の範囲）

第四一六条　債務の不履行に対する損害賠償の請求は、これによって通常生ずべき損害の賠償をさせることをその目的とする。

2 特別の事情によって生じた損害であっても、当事者がその事情を予見すべきであったときは、債権者は、その賠償を請求することができる。〔本項の施行は、令二・四・一〕

第四一六条〔同〕
2 特別の事情によって生じた損害であっても、当事者がその事情を予見し、又は予見することができたときは、債権者は、その賠償を請求することができる。

〔平二九法四四第二項改正〕

（損害賠償の方法）

第四一七条　損害賠償は、別段の意思表示がないときは、金銭をもってその額を定める。

☆**（中間利息の控除）**

第四一七条の二　将来において取得すべき利益についての損害賠償の額を定める場合において、その利益を取得すべき時までの利息相当額を控除するときは、その損害賠償の請求権が生じた時点における法定利率により、これをする。

2 将来において負担すべき費用についての損害賠償の額を定める場合において、その費用を負担すべき時までの利息相当額を控除するときも、前項と同様とする。〔本条の施行は、令二・四・一〕

〔平二九法四四本条追加〕

（過失相殺）

第四一八条　債務の不履行又はこれによる損害の発生若しくは拡大に関して債権者に過失があったときは、裁判所は、これを考慮して、損害賠償の責任及びその額を定める。〔本条の施行は、令二・四・一〕

第四一八条　債務の不履行に関して債権者に過失があったときは、裁判所は、これを考慮して、損害賠償の責任及びその額を定める。

〔平二九法四四本条改正〕

（金銭債務の特則）

第四一九条　金銭の給付を目的とする債務の不履行については、その損害賠償の額は、債務者が遅滞の責任を負った最初の時点における法定利率によって定める。ただし、約定利率が法定利率を超えるときは、約定利率による。〔本項の施行は、令二・四・一〕

2 前項の損害賠償については、債権者は、損害の証明をすることを要しない。

3 第一項の損害賠償については、債務者は、不可抗力をもって抗弁とすることができない。

> **第四一九条**　金銭の給付を目的とする債務の不履行については、その損害賠償の額は、法定利率によって定める。ただし、約定利率が法定利率を超えるときは、約定利率による。
> 2・3〔同〕

〔平二九法四四第一項改正〕

（賠償額の予定）

第四二〇条　当事者は、債務の不履行について損害賠償の額を予定することができる。〔本項の施行は、令二・四・一〕

2 賠償額の予定は、履行の請求又は解除権の行使を妨げない。

3 違約金は、賠償額の予定と推定する。

> **第四二〇条**　当事者は、債務の不履行について損害賠償の額を予定することができる。この場合において、裁判所は、その額を増減することができない。
> 2・3〔同〕

〔平二九法四四第一項改正〕

第四二一条　前条の規定は、当事者が金銭でないものを損害の賠償に充てるべき旨を予定した場合について準用する。

（損害賠償による代位）

第四二二条　債権者が、損害賠償として、その債権の目的である物又は権利の価額の全部の支払を受けたときは、債務者は、その物又は権利について当然に債権者に代位する。

☆**（代償請求権）**

第四二二条の二　債務者が、その債務の履行が不能となったのと同一の原因により債務の目的物の代償である権利又は利益を取得したときは、債権者は、その受けた損害の額の限度において、債務者に対し、その権利の移転又はその利益の償還を請求することができる。

〔本条の施行は、令二・四・一〕

〔平二九法四四本条追加〕

第二款　債権者代位権〔平二九法四四款名改正〕〔本款名の施行は、令二・四・一〕

> **第二款**　債権者代位権及び詐害行為取消権

（債権者代位権の要件）

第四二三条　債権者は、自己の債権を保全するため必要があるときは、債務者に属する権利（以下「被代位権利」という。）を行使することができる。ただし、債務者の一身に専属する権利及び差押えを禁じられた権利は、この限りでない。

2 債権者は、その債権の期限が到来しない間は、被代位権利を行使することができない。ただし、保存行為は、この限りでない。

3 債権者は、その債権が強制執行により実現することのできないものであるときは、被代位権利を行使することができない。〔本条の施行は、令二・四・一〕

> **（債権者代位権）**
> **第四二三条**　債権者は、自己の債権を保全するため、債務者に属する権利を行使することができる。ただし、債務者の一身に専属する権利は、この限りでない。
> 2 債権者は、その債権の期限が到来しない間は、裁判上の代位によらなければ、前項の権利を行使することができない。ただし、保存行為は、この限りでない。
> 〔三項は新設規定〕

〔平二九法四四見出し・一項・二項改正・三項追加〕

☆**（代位行使の範囲）**

第四二三条の二　債権者は、被代位権利を行使する場合において、被代位権利の目的が可分であるときは、自己の債権の額の限度においてのみ、被代位権利を行使することができる。〔本条の施行は、令二・四・一〕

〔平二九法四四本条追加〕

☆**（債権者への支払又は引渡し）**

第四二三条の三　債権者は、被代位権利を行使する場合において、被代位権利が金銭の支払又は動産の引渡しを目的とするものであるときは、相手方に対し、その支払又は引渡しを自己に対してすることを求めることができる。この場合において、相手方が債権者に対してその支払又は引渡しをしたときは、被代位権利は、これによって消滅する。〔本条の施行は、令二・四・一〕

〔平二九法四四本条追加〕

☆（相手方の抗弁）

第四二三条の四　債権者が被代位権利を行使したときは、相手方は、債務者に対して主張することができる抗弁をもって、債権者に対抗することができる。〔本条の施行は、令二・四・一〕

〔平二九法四四本条追加〕

☆（債務者の取立てその他の処分の権限等）

第四二三条の五　債権者が被代位権利を行使した場合であっても、債務者は、被代位権利について、自ら取立てその他の処分をすることを妨げられない。この場合においては、相手方も、被代位権利について、債務者に対して履行をすることを妨げられない。〔本条の施行は、令二・四・一〕

〔平二九法四四本条追加〕

☆（被代位権利の行使に係る訴えを提起した場合の訴訟告知）

第四二三条の六　債権者は、被代位権利の行使に係る訴えを提起したときは、遅滞なく、債務者に対し、訴訟告知をしなければならない。〔本条の施行は、令二・四・一〕

〔平二九法四四本条追加〕

☆（登記又は登録の請求権を保全するための債権者代位権）

第四二三条の七　登記又は登録をしなければ権利の得喪及び変更を第三者に対抗することができない財産を譲り受けた者は、その譲渡人が第三者に対して有する登記手続又は登録手続をすべきことを請求する権利を行使しないときは、その権利を行使することができる。この場合においては、前三条の規定を準用する。〔本条の施行は、令二・四・一〕

〔平二九法四四本条追加〕

☆第三款　詐害行為取消権〔平二九法四四款名追加〕〔本款名の施行は、令二・四・一〕

☆第一目　詐害行為取消権の要件〔平二九法四四目名追加〕〔本目名の施行は、令二・四・一〕

（詐害行為取消請求）

第四二四条　債権者は、債務者が債権者を害することを知ってした行為の取消しを裁判所に請求することができる。ただし、その行為によって利益を受けた者（以下この款において「受益者」という。）がその行為の時において債権者を害することを知らなかったときは、この限りでない。

2　前項の規定は、財産権を目的としない行為については、適用しない。

3　債権者は、その債権が第一項に規定する行為の前の原因に基づいて生じたものである場合に限り、同項の規定による請求（以下「詐害行為取消請求」という。）をすることができる。

4　債権者は、その債権が強制執行により実現することのできないものであるときは、詐害行為取消請求をすることができない。〔本条の施行は、令二・四・一〕

> （詐害行為取消権）
>
> **第四二四条**　債権者は、債務者が債権者を害することを知ってした法律行為の取消しを裁判所に請求することができる。ただし、その行為によって利益を受けた者又は転得者がその行為又は転得の時において債権者を害すべき事実を知らなかったときは、この限りでない。
>
> 2　前項の規定は、財産権を目的としない法律行為については、適用しない。
>
> 〔三項・四項は新設規定〕

〔平二九法四四見出し・一項・二項改正・三項・四項追加〕

☆（相当の対価を得てした財産の処分行為の特則）

第四二四条の二　債務者が、その有する財産を処分する行為をした場合において、受益者から相当の対価を取得しているときは、債権者は、次に掲げる要件のいずれにも該当する場合に限り、その行為について、詐害行為取消請求をすることができる。

一　その行為が、不動産の金銭への換価その他の当該処分による財産の種類の変更により、債務者において隠匿、無償の供与その他の債権者を害することとなる処分（以下この条において「隠匿等の処分」という。）をするおそれを現に生じさせるものであること。

二　債務者が、その行為の当時、対価として取得した金銭その他の財産について、隠匿等の処分をする意思を有していたこと。

三　受益者が、その行為の当時、債務者が隠匿等の処分をする意思を有していたことを知っていたこと。〔本条の施行は、令二・四・一〕

〔平二九法四四本条追加〕

☆**（特定の債権者に対する担保の供与等の特則）**

第四二四条の三　債務者がした既存の債務についての担保の供与又は債務の消滅に関する行為について、債権者は、次に掲げる要件のいずれにも該当する場合に限り、詐害行為取消請求をすることができる。

一　その行為が、債務者が支払不能（債務者が、支払能力を欠くために、その債務のうち弁済期にあるものにつき、一般的かつ継続的に弁済することができない状態をいう。次項第一号において同じ。）の時に行われたものであること。

二　その行為が、債務者と受益者とが通謀して他の債権者を害する意図をもって行われたものであること。

2　前項に規定する行為が、債務者の義務に属せず、又はその時期が債務者の義務に属しないものである場合において、次に掲げる要件のいずれにも該当するときは、債権者は、同項の規定にかかわらず、その行為について、詐害行為取消請求をすることができる。

一　その行為が、債務者が支払不能になる前三十日以内に行われたものであること。

二　その行為が、債務者と受益者とが通謀して他の債権者を害する意図をもって行われたものであること。〔本条の施行は、令二・四・一〕

〔平二九法四四本条追加〕

☆**（過大な代物弁済等の特則）**

第四二四条の四　債務者がした債務の消滅に関する行為であって、受益者の受けた給付の価額がその行為によって消滅した債務の額より過大であるものについて、第四百二十四条に規定する要件に該当するときは、債権者は、前条第一項の規定にかかわらず、その消滅した債務の額に相当する部分以外の部分については、詐害行為取消請求をすることができる。〔本条の施行は、令二・四・一〕

〔平二九法四四本条追加〕

☆**（転得者に対する詐害行為取消請求）**

第四二四条の五　債権者は、受益者に対して詐害行為取消請求をすることができる場合において、受益者に移転した財産を転得した者があるときは、次の各号に掲げる区分に応じ、それぞれ当該各号に定める場合に限り、その転得者に対しても、詐害行為取消請求をすることができる。

一　その転得者が受益者から転得した者である場合　その転得者が、転得の当時、債務者がした行為が債権者を害することを知っていたとき。

二　その転得者が他の転得者から転得した者である場合　その転得者及びその前に転得した全ての転得者が、それぞれの転得の当時、債務者がした行為が債権者を害することを知っていたとき。〔本条の施行は、令二・四・一〕

〔平二九法四四本条追加〕

☆第二目　詐害行為取消権の行使の方法等〔平二九法四四本目追加〕〔本目の施行は、令二・四・一〕

☆**（財産の返還又は価額の償還の請求）**

第四二四条の六　債権者は、受益者に対する詐害行為取消請求において、債務者がした行為の取消しとともに、その行為によって受益者に移転した財産の返還を請求することができる。受益者がその財産の返還をすることが困難であるときは、債権者は、その価額の償還を請求することができる。

2債権者は、転得者に対する詐害行為取消請求において、債務者がした行為の取消しとともに、転得者が転得した財産の返還を請求することができる。転得者がその財産の返還をすることが困難であるときは、債権者は、その価額の償還を請求することができる。

☆**（被告及び訴訟告知）**

第四二四条の七　詐害行為取消請求に係る訴えについては、次の各号に掲げる区分に応じ、それぞれ当該各号に定める者を被告とする。

一　受益者に対する詐害行為取消請求に係る訴え　受益者

二　転得者に対する詐害行為取消請求に係る訴え　その詐害行為取消請求の相手方である転得者

2債権者は、詐害行為取消請求に係る訴えを提起したときは、遅滞なく、債務者に対し、訴訟告知をしなければならない。

☆**（詐害行為の取消しの範囲）**

第四二四条の八　債権者は、詐害行為取消請求をする場合において、債務者がした行為の目的が可分であるときは、自己の債権の額の限度においてのみ、その行為の取消しを請求することができる。

2債権者が第四百二十四条の六第一項後段又は第二項後段の規定により価額の償還を請求する場合についても、前項と同様とする。

☆**（債権者への支払又は引渡し）**

第四二四条の九　債権者は、第四百二十四条の六第一項前段又は第二項前段の規定により受益者又は転得者に対して財産の返還を請求する場合において、その返還の請求が金銭の支払又は動産の引渡しを求めるものであるときは、受益者に対してその支払又は引渡しを、転得者に対してその引渡しを、自己に対してすることを求めることができる。この場合において、受益者又は転得者は、債権者に対してその支払又は引渡しをしたときは、債務者に対してその支払又は引渡しをすることを要しない。

2債権者が第四百二十四条の六第一項後段又は第二項後段の規定により受益者又は転得者に対して価額の償還を請求する場合についても、前項と同様とする。

☆第三目　詐害行為取消権の行使の効果　〔平二九法四四目名追加〕〔本目名の施行は、令二・四・一〕

（認容判決の効力が及ぶ者の範囲）

第四二五条　詐害行為取消請求を認容する確定判決は、債務者及びその全ての債権者に対してもその効力を有する。〔本条の施行は、令二・四・一〕

> **（詐害行為の取消しの効果）**
>
> **第四二五条**　前条の規定による取消しは、すべての債権者の利益のためにその効力を生ずる。

〔平二九法四四本条改正〕

☆**（債務者の受けた反対給付に関する受益者の権利）**

第四二五条の二　債務者がした財産の処分に関する行為（債務の消滅に関する行為を除く。）が取り消されたときは、受益者は、債務者に対し、その財産を取得するためにした反対給付の返還を請求することができる。債務者がその反対給付の返還をすることが困難であるときは、受益者は、その価額の償還を請求することができる。〔本条の施行は、令二・四・一〕

〔平二九法四四本条追加〕

☆**（受益者の債権の回復）**

第四二五条の三　債務者がした債務の消滅に関する行為が取り消された場合（第四百二十四条の四の規定により取り消された場合を除く。）において、受益者が債務者から受けた給付を返還し、又はその価額を償還したときは、受益者の債務者に対する債権は、これによって原状に復する。〔本条の施行は、令二・四・一〕

〔平二九法四四本条追加〕

☆**（詐害行為取消請求を受けた転得者の権利）**

第四二五条の四　債務者がした行為が転得者に対する詐害行為取消請求によって取り消されたときは、その転得者は、次の各号に掲げる区分に応じ、それぞれ当該各号に定める権利を行使することができる。ただし、その前者から財産を取得するためにした反対給付又はその前者から財産を取得することによって消滅した債権の価額を限度とする。

一　第四百二十五条の二に規定する行為が取り消された場合　その行為が受益者に対する詐害行為取消請求によって取り消されたとすれば同条の規定により生ずべき受益者の債務者に対する反対給付の返還請求権又はその価額の償還請求権

二　前条に規定する行為が取り消された場合（第四百二十四条の四の規定により取り消された場合を除く。）　その行為が受益者に対する詐害行為取消請求によって取り消されたとすれば前条の規定により回復すべき受益者の債務者に対する債権〔本条の施行は、令二・四・一〕

〔平二九法四四本条追加〕

☆ **第四目　詐害行為取消権の期間の制限**〔平二九法四四目名追加〕〔本目名の施行は、令二・四・一〕

第四二六条　詐害行為取消請求に係る訴えは、債務者が債権者を害することを知って行為をしたことを債権者が知った時から二年を経過したときは、提起することができない。行為の時から十年を経過したときも、同様とする。〔本条の施行は、令二・四・一〕

> **（詐害行為取消権の期間の制限）**
> **第四二六条**　第四百二十四条の規定による取消権は、債権者が取消しの原因を知った時から二年間行使しないときは、時効によって消滅する。行為の時から二十年を経過したときも、同様とする。

〔平二九法四四本条改正〕

第三節　多数当事者の債権及び債務

第一款　総則

（分割債権及び分割債務）
第四二七条　数人の債権者又は債務者がある場合において、別段の意思表示がないときは、各債権者又は各債務者は、それぞれ等しい割合で権利を有し、又は義務を負う。

第二款　不可分債権及び不可分債務

（不可分債権）
第四二八条　次款（連帯債権）の規定（第四百三十三条及び第四百三十五条の規定を除く。）は、債権の目的がその性質上不可分である場合において、数人の債権者があるときについて準用する。〔本条の施行は、令二・四・一〕

> **第四二八条**　債権の目的がその性質上又は当事者の意思表示によって不可分である場合において、数人の債権者があるときは、各債権者はすべての債権者のために履行を請求し、債務者はすべての債権者のために各債権者に対して履行をすることができる。

〔平二九法四四本条改正〕

（不可分債権者の一人との間の更改又は免除）
第四二九条　不可分債権者の一人と債務者との間に更改又は免除があった場合においても、他の不可分債権者は、債務の全部の履行を請求することができる。この場合においては、その一人の不可分債権者がその権利を失わなければ分与されるべき利益を債務者に償還しなければならない。〔本条の施行は、令二・四・一〕

> **（不可分債権者の一人について生じた事由等の効力）**
> **第四二九条**　不可分債権者の一人と債務者との間に更改又は免除があった場合においても、他の不可分債権者は、債務の全部の履行を請求することができる。この場合においては、その一人の不可分債権者がその権利を失わなければ分与される利益を債務者に償還しなければならない。
> 2　前項に規定する場合のほか、不可分債権者の一人の行為又は一人について生じた事由は、他の不可分債権者に対してその効力を生じない。

〔平二九法四四見出し・一項改正・二項削除〕

（不可分債務）
第四三〇条　第四款（連帯債務）の規定（第四百四十条の規定を除く。）は、債務の目的がその性質上不可分である場合において、数人の債務者があるときについて準用する。〔本条の施行は、令二・四・一〕

第四三〇条　前条の規定及び次款（連帯債務）の規定（第四百三十四条から第四百四十条までの規定を除く。）は、数人が不可分債務を負担する場合について準用する。

〔平二九法四四本条改正〕

（可分債権又は可分債務への変更）

第四三一条　不可分債権が可分債権となったときは、各債権者は自己が権利を有する部分についてのみ履行を請求することができ、不可分債務が可分債務となったときは、各債務者はその負担部分についてのみ履行の責任を負う。

☆第三款　連帯債権　〔平二九法四四本款追加〕〔本款の施行は、令二・四・一〕

☆（連帯債権者による履行の請求等）

第四三二条　債権の目的がその性質上可分である場合において、法令の規定又は当事者の意思表示によって数人が連帯して債権を有するときは、各債権者は、全ての債権者のために全部又は一部の履行を請求することができ、債務者は、全ての債権者のために各債権者に対して履行をすることができる。

☆（連帯債権者の一人との間の更改又は免除）

第四三三条　連帯債権者の一人と債務者との間に更改又は免除があったときは、その連帯債権者がその権利を失わなければ分与されるべき利益に係る部分については、他の連帯債権者は、履行を請求することができない。

☆（連帯債権者の一人との間の相殺）

第四三四条　債務者が連帯債権者の一人に対して債権を有する場合において、その債務者が相殺を援用したときは、その相殺は、他の連帯債権者に対しても、その効力を生ずる。

☆（連帯債権者の一人との間の混同）

第四三五条　連帯債権者の一人と債務者との間に混同があったときは、債務者は、弁済をしたものとみなす。

☆（相対的効力の原則）

第四三五条の二　第四百三十二条から前条までに規定する場合を除き、連帯債権者の一人の行為又は一人について生じた事由は、他の連帯債権者に対してその効力を生じない。ただし、他の連帯債権者の一人及び債務者が別段の意思を表示したときは、当該他の連帯債権者に対する効力は、その意思に従う。

第四款　連帯債務　〔平二九法四四本款繰下〕〔本款繰下げの施行は、令二・四・一〕

第三款　〔第四款に繰下げ〕

（連帯債務者に対する履行の請求）

第四三六条　債務の目的がその性質上可分である場合において、法令の規定又は当事者の意思表示によって数人が連帯して債務を負担するときは、債権者は、その連帯債務者の一人に対し、又は同時に若しくは順次に全ての連帯債務者に対し、全部又は一部の履行を請求することができる。〔本条の施行は、令二・四・一〕

（履行の請求）
第四三二条　数人が連帯債務を負担するときは、債権者は、その連帯債務者の一人に対し、又は同時に若しくは順次にすべての連帯債務者に対し、全部又は一部の履行を請求することができる。〔第四三六条に繰下げ〕

〔平二九法四四本条改正・条数繰下〕

（連帯債務者の一人についての法律行為の無効等）

第四三七条　連帯債務者の一人について法律行為の無効又は取消しの原因があっても、他の連帯債務者の債務は、その効力を妨げられない。〔本条の施行は、令二・四・一〕

第四三三条　〔第四三七条に繰下げ〕

〔平二九法四四条数繰下〕

★（連帯債務者の一人に対する履行の請求）
第四三四条　連帯債務者の一人に対する履行の請求は、他の連帯債務者に対しても、その効力を生ずる。〔本条の削除は、令二・四・一〕

（連帯債務者の一人との間の更改）

第四三八条　連帯債務者の一人と債権者との間に更改があったときは、債権は、全ての連帯債務者の利益のために消滅する。〔本条の施行は、令二・四・一〕

> *第四三五条*　連帯債務者の一人と債権者との間に更改があったときは、債権は、すべての連帯債務者の利益のために消滅する。〔第四三八条に繰下げ〕

〔平二九法四四本条改正・条数繰下〕

（連帯債務者の一人による相殺等）

第四三九条　連帯債務者の一人が債権者に対して債権を有する場合において、その連帯債務者が相殺を援用したときは、債権は、全ての連帯債務者の利益のために消滅する。

2　前項の債権を有する連帯債務者が相殺を援用しない間は、その連帯債務者の負担部分の限度において、他の連帯債務者は、債権者に対して債務の履行を拒むことができる。〔本条の施行は、令二・四・一〕

> *第四三六条*　連帯債務者の一人が債権者に対して債権を有する場合において、その連帯債務者が相殺を援用したときは、債権は、すべての連帯債務者の利益のために消滅する。〔第四三九条に繰下げ〕
>
> 2　前項の債権を有する連帯債務者が相殺を援用しない間は、その連帯債務者の負担部分についてのみ他の連帯債務者が相殺を援用することができる。

〔平二九法四四本条改正・条数繰下〕

> *★（連帯債務者の一人に対する免除）*
>
> *第四三七条*　連帯債務者の一人に対してした債務の免除は、その連帯債務者の負担部分についてのみ、他の連帯債務者の利益のためにも、その効力を生ずる。〔本条の削除は、令二・四・一〕

（連帯債務者の一人との間の混同）

第四四〇条　連帯債務者の一人と債権者との間に混同があったときは、その連帯債務者は、弁済をしたものとみなす。〔本条の施行は、令二・四・一〕

> *第四三八条*〔第四四〇条に繰下げ〕

〔平二九法四四条数繰下〕

> *★（連帯債務者の一人についての時効の完成）*
>
> *第四三九条*　連帯債務者の一人のために時効が完成したときは、その連帯債務者の負担部分については、他の連帯債務者も、その義務を免れる。〔本条の削除は、令二・四・一〕

（相対的効力の原則）

第四四一条　第四百三十八条、第四百三十九条第一項及び前条に規定する場合を除き、連帯債務者の一人について生じた事由は、他の連帯債務者に対してその効力を生じない。ただし、債権者及び他の連帯債務者の一人が別段の意思を表示したときは、当該他の連帯債務者に対する効力は、その意思に従う。〔本条の施行は、令二・四・一〕

> *第四四〇条*　第四百三十四条から前条までに規定する場合を除き、連帯債務者の一人について生じた事由は、他の連帯債務者に対してその効力を生じない。〔第四四一条に繰下げ〕

〔平二九法四四本条改正・条数繰下〕

> *★（連帯債務者についての破産手続の開始）*
>
> *第四四一条*　連帯債務者の全員又はそのうちの数人が破産手続開始の決定を受けたときは、債権者は、その債権の全額について各破産財団の配当に加入することができる。〔本条の削除は、令二・四・一〕

（連帯債務者間の求償権）

第四四二条　連帯債務者の一人が弁済をし、その他自己の財産をもって共同の免責を得たときは、その連帯債務者は、その免責を得た額が自己の負担部分を超えるかどうかにかかわらず、他の連帯債務者に対し、その免責を得るために支出した財産の額（その財産の額が共同の免責を得た額を超える場合にあっては、その免責を得た額）のうち各自の負担部分に応じた額の求償権を有する。〔本項の施行は、令二・四・一〕

2　前項の規定による求償は、弁済その他免責があった日以後の法定利息及び避けることができなかった費用その他の損害の賠償を包含する。

> *第四四二条*　連帯債務者の一人が弁済をし、その他自己の財産をもって共同の免責を得たときは、その連帯債務者は、他の連帯債務者に対し、各自の負担部分について求償権を有する。

> 2〔同〕

〔平二九法四四第一項改正〕

（通知を怠った連帯債務者の求償の制限）

第四四三条　他の連帯債務者があることを知りながら、連帯債務者の一人が共同の免責を得ることを他の連帯債務者に通知しないで弁済をし、その他自己の財産をもって共同の免責を得た場合において、他の連帯債務者は、債権者に対抗することができる事由を有していたときは、その負担部分について、その事由をもってその免責を得た連帯債務者に対抗することができる。この場合において、相殺をもってその免責を得た連帯債務者に対抗したときは、その連帯債務者は、債権者に対し、相殺によって消滅すべきであった債務の履行を請求することができる。

2 弁済をし、その他自己の財産をもって共同の免責を得た連帯債務者が、他の連帯債務者があることを知りながらその免責を得たことを他の連帯債務者に通知することを怠ったため、他の連帯債務者が善意で弁済その他自己の財産をもって免責を得るための行為をしたときは、当該他の連帯債務者は、その免責を得るための行為を有効であったものとみなすことができる。〔本条の施行は、令二・四・一〕

> **第四四三条**　連帯債務者の一人が債権者から履行の請求を受けたことを他の連帯債務者に通知しないで弁済をし、その他自己の財産をもって共同の免責を得た場合において、他の連帯債務者は、債権者に対抗することができる事由を有していたときは、その負担部分について、その事由をもってその免責を得た連帯債務者に対抗することができる。この場合において、相殺をもってその免責を得た連帯債務者に対抗したときは、過失のある連帯債務者は、債権者に対し、相殺によって消滅すべきであった債務の履行を請求することができる。
>
> 2 連帯債務者の一人が弁済をし、その他自己の財産をもって共同の免責を得たことを他の連帯債務者に通知することを怠ったため、他の連帯債務者が善意で弁済をし、その他有償の行為をもって免責を得たときは、その免責を得た連帯債務者は、自己の弁済その他免責のためにした行為を有効であったものとみなすことができる。

〔平二九法四四本条改正〕

（償還をする資力のない者の負担部分の分担）

第四四四条　連帯債務者の中に償還をする資力のない者があるときは、その償還をすることができない部分は、求償者及び他の資力のある者の間で、各自の負担部分に応じて分割して負担する。

2 前項に規定する場合において、求償者及び他の資力のある者がいずれも負担部分を有しない者であるときは、その償還をすることができない部分は、求償者及び他の資力のある者の間で、等しい割合で分割して負担する。

3 前二項の規定にかかわらず、償還を受けることができないことについて求償者に過失があるときは、他の連帯債務者に対して分担を請求することができない。〔本条の施行は、令二・四・一〕

> **第四四四条**　連帯債務者の中に償還をする資力のない者があるときは、その償還をすることができない部分は、求償者及び他の資力のある者の間で、各自の負担部分に応じて分割して負担する。ただし、求償者に過失があるときは、他の連帯債務者に対して分担を請求することができない。
>
> 〔二項・三項は新設規定〕

〔平二九法四四第一項改正・二項・三項追加〕

（連帯債務者の一人との間の免除等と求償権）

第四四五条　連帯債務者の一人に対して債務の免除がされ、又は連帯債務者の一人のために時効が完成した場合においても、他の連帯債務者は、その一人の連帯債務者に対し、第四百四十二条第一項の求償権を行使することができる。〔本条の施行は、令二・四・一〕

> **（連帯の免除と弁済をする資力のない者の負担部分の分担）**
>
> **第四四五条**　連帯債務者の一人が連帯の免除を得た場合において、他の連帯債務者の中に弁済をする資力のない者があるときは、債権者は、その資力のない者が弁済をすることができない部分のうち連帯の免除を得た者が負担すべき部分を負担する。

〔平二九法四四本条改正〕

第五款　保証債務

〔平二九法四四本款繰下〕〔本款繰下げの施行は、令二・四・一〕

> **第四款**〔第五款に繰下げ〕

第一目 総則

(保証人の責任等)

第四四六条 保証人は、主たる債務者がその債務を履行しないときに、その履行をする責任を負う。

2 保証契約は、書面でしなければ、その効力を生じない。

3 保証契約がその内容を記録した電磁的記録によってされたときは、その保証契約は、書面によってされたものとみなして、前項の規定を適用する。〔本項の施行は、令二・四・一〕

> **第四四六条**〔同〕
>
> 2〔同〕
>
> 3 保証契約がその内容を記録した電磁的記録(電子的方式、磁気的方式その他人の知覚によっては認識することができない方式で作られる記録であって、電子計算機による情報処理の用に供されるものをいう。)によってされたときは、その保証契約は、書面によってされたものとみなして、前項の規定を適用する。
>
> 〔平二九法四四第三項改正〕

(保証債務の範囲)

第四四七条 保証債務は、主たる債務に関する利息、違約金、損害賠償その他その債務に従たるすべてのものを包含する。

2 保証人は、その保証債務についてのみ、違約金又は損害賠償の額を約定することができる。

(保証人の負担と主たる債務の目的又は態様)

第四四八条 保証人の負担が債務の目的又は態様において主たる債務より重いときは、これを主たる債務の限度に減縮する。

2 主たる債務の目的又は態様が保証契約の締結後に加重されたときであっても、保証人の負担は加重されない。〔本条の施行は、令二・四・一〕

> **(保証人の負担が主たる債務より重い場合)**
>
> **第四四八条**〔同〕
>
> 〔二項は新設規定〕

〔平二九法四四見出し改正・二項追加〕

(取り消すことができる債務の保証)

第四四九条 行為能力の制限によって取り消すことができる債務を保証した者は、保証契約の時においてその取消しの原因を知っていたときは、主たる債務の不履行の場合又はその債務の取消しの場合においてこれと同一の目的を有する独立の債務を負担したものと推定する。

(保証人の要件)

第四五〇条 債務者が保証人を立てる義務を負う場合には、その保証人は、次に掲げる要件を具備する者でなければならない。

一 行為能力者であること。

二 弁済をする資力を有すること。

2 保証人が前項第二号に掲げる要件を欠くに至ったときは、債権者は、同項各号に掲げる要件を具備する者をもってこれに代えることを請求することができる。

3 前二項の規定は、債権者が保証人を指名した場合には、適用しない。

(他の担保の供与)

第四五一条 債務者は、前条第一項各号に掲げる要件を具備する保証人を立てることができないときは、他の担保を供してこれに代えることができる。

(催告の抗弁)

第四五二条 債権者が保証人に債務の履行を請求したときは、保証人は、まず主たる債務者に催告をすべき旨を請求することができる。ただし、主たる債務者が破産手続開始の決定を受けたとき、又はその行方が知れないときは、この限りでない。

(検索の抗弁)

第四五三条 債権者が前条の規定に従い主たる債務者に催告をした後であっても、保証人が主たる債務者に弁済をする資力があり、かつ、執行が容易であることを証明したときは、債権者は、まず主たる債務者の財産について執行をしなければならない。

(連帯保証の場合の特則)

第四五四条 保証人は、主たる債務者と連帯して債務を負担したときは、前二条の権利を有しない。

（催告の抗弁及び検索の抗弁の効果）

第四五五条　第四百五十二条又は第四百五十三条の規定により保証人の請求又は証明があったにもかかわらず、債権者が催告又は執行をすることを怠ったために主たる債務者から全部の弁済を得られなかったときは、保証人は、債権者が直ちに催告又は執行をすれば弁済を得ることができた限度において、その義務を免れる。

（数人の保証人がある場合）

第四五六条　数人の保証人がある場合には、それらの保証人が各別の行為により債務を負担したときであっても、第四百二十七条の規定を適用する。

（主たる債務者について生じた事由の効力）

第四五七条　主たる債務者に対する履行の請求その他の事由による時効の完成猶予及び更新は、保証人に対しても、その効力を生ずる。

2　保証人は、主たる債務者が主張することができる抗弁をもって債権者に対抗することができる。

3　主たる債務者が債権者に対して相殺権、取消権又は解除権を有するときは、これらの権利の行使によって主たる債務者がその債務を免れるべき限度において、保証人は、債権者に対して債務の履行を拒むことができる。〔本条の施行は、令二・四・一〕

> **第四五七条**　主たる債務者に対する履行の請求その他の事由による時効の中断は、保証人に対しても、その効力を生ずる。
>
> 2　保証人は、主たる債務者の債権による相殺をもって債権者に対抗することができる。
>
> 〔三項は新設規定〕

〔平二九法四四第一項・二項改正・三項追加〕

（連帯保証人について生じた事由の効力）

第四五八条　第四百三十八条、第四百三十九条第一項、第四百四十条及び第四百四十一条の規定は、主たる債務者と連帯して債務を負担する保証人について生じた事由について準用する。〔本条の施行は、令二・四・一〕

> **第四五八条**　第四百三十四条から第四百四十条までの規定は、主たる債務者が保証人と連帯して債務を負担する場合について準用する。

〔平二九法四四本条改正〕

☆（主たる債務の履行状況に関する情報の提供義務）

第四五八条の二　保証人が主たる債務者の委託を受けて保証をした場合において、保証人の請求があったときは、債権者は、保証人に対し、遅滞なく、主たる債務の元本及び主たる債務に関する利息、違約金、損害賠償その他その債務に従たる全てのものについての不履行の有無並びにこれらの残額及びそのうち弁済期が到来しているものの額に関する情報を提供しなければならない。〔本条の施行は、令二・四・一〕

〔平二九法四四本条追加〕

☆（主たる債務者が期限の利益を喪失した場合における情報の提供義務）

第四五八条の三　主たる債務者が期限の利益を有する場合において、その利益を喪失したときは、債権者は、保証人に対し、その利益の喪失を知った時から二箇月以内に、その旨を通知しなければならない。

2　前項の期間内に同項の通知をしなかったときは、債権者は、保証人に対し、主たる債務者が期限の利益を喪失した時から同項の通知を現にするまでに生じた遅延損害金（期限の利益を喪失しなかったとしても生ずべきものを除く。）に係る保証債務の履行を請求することができない。

3　前二項の規定は、保証人が法人である場合には、適用しない。〔本条の施行は、令二・四・一〕

〔平二九法四四本条追加〕

（委託を受けた保証人の求償権）

第四五九条　保証人が主たる債務者の委託を受けて保証をした場合において、主たる債務者に代わって弁済その他自己の財産をもって債務を消滅させる行為（以下「債務の消滅行為」という。）をしたときは、その保証人は、主たる債務者に対し、そのために支出した財産の額（その財産の額がその債務の消滅行為によって消滅した主たる債務の額を超える場合にあっては、その消滅した額）の求償権を有する。〔本条の施行は、令二・四・一〕

2　第四百四十二条第二項の規定は、前項の場合について準用する。

> **第四五九条**　保証人が主たる債務者の委託を受けて保証をした場合において、過失なく債権者に弁済をすべき旨の裁判の言渡しを受け、又は主たる債務者に代わって弁済をし、その他自己の財産をもって債務を消滅させるべき行為をしたときは、その保証人は、主たる債務者に対して求償権を有する。
> 2　〔同〕

〔平二九法四四第一項改正〕

☆**（委託を受けた保証人が弁済期前に弁済等をした場合の求償権）**

第四五九条の二　保証人が主たる債務者の委託を受けて保証をした場合において、主たる債務の弁済期前に債務の消滅行為をしたときは、その保証人は、主たる債務者に対し、主たる債務者がその当時利益を受けた限度において求償権を有する。この場合において、主たる債務者が債務の消滅行為の日以前に相殺の原因を有していたことを主張するときは、保証人は、債権者に対し、その相殺によって消滅すべきであった債務の履行を請求することができる。

2 前項の規定による求償は、主たる債務の弁済期以後の法定利息及びその弁済期以後に債務の消滅行為をしたとしても避けることができなかった費用その他の損害の賠償を包含する。

3 第一項の求償権は、主たる債務の弁済期以後でなければ、これを行使することができない。〔本条の施行は、令二・四・一〕

〔平二九法四四本条追加〕

（委託を受けた保証人の事前の求償権）

第四六〇条　保証人は、主たる債務者の委託を受けて保証をした場合において、次に掲げるときは、主たる債務者に対して、あらかじめ、求償権を行使することができる。

一　主たる債務者が破産手続開始の決定を受け、かつ、債権者がその破産財団の配当に加入しないとき。

二　債務が弁済期にあるとき。ただし、保証契約の後に債権者が主たる債務者に許与した期限は、保証人に対抗することができない。

三　保証人が過失なく債権者に弁済をすべき旨の裁判の言渡しを受けたとき。〔本号の施行は、令二・四・一〕

〔対応条項＝三号（民前四五九1前段）〕

> **第四六〇条**　〔同〕
> 一・二　〔同〕
> 三　債務の弁済期が不確定で、かつ、その最長期をも確定することができない場合において、保証契約の後十年を経過したとき。

〔平二九法四四本条改正〕

（主たる債務者が保証人に対して償還をする場合）

第四六一条　前条の規定により主たる債務者が保証人に対して償還をする場合において、債権者が全部の弁済を受けない間は、主たる債務者は、保証人に担保を供させ、又は保証人に対して自己に免責を得させることを請求することができる。〔本項の施行は、令二・四・一〕

2 前項に規定する場合において、主たる債務者は、供託をし、担保を供し、又は保証人に免責を得させて、その償還の義務を免れることができる。

> **第四六一条**　前二条の規定により主たる債務者が保証人に対して償還をする場合において、債権者が全部の弁済を受けない間は、主たる債務者は、保証人に担保を供させ、又は保証人に対して自己に免責を得させることを請求することができる。
> 2　〔同〕

〔平二九法四四第一項改正〕

（委託を受けない保証人の求償権）

第四六二条　第四百五十九条の二第一項の規定は、主たる債務者の委託を受けないで保証をした者が債務の消滅行為をした場合について準用する。

2 主たる債務者の意思に反して保証をした者は、主たる債務者が現に利益を受けている限度においてのみ求償権を有する。この場合において、主たる債務者が求償の日以前に相殺の原因を有していたことを主張するときは、保証人は、債権者に対し、その相殺によって消滅すべきであった債務の履行を請求することができる。

3 第四百五十九条の二第三項の規定は、前二項に規定する保証人が主たる債務の弁済期前に債務の消滅行為をした場合における求償権の

行使について準用する。〔本条の施行は、令二・四・一〕

> 第四六二条　主たる債務者の委託を受けないで保証をした者が弁済をし、その他自己の財産をもって主たる債務者にその債務を免れさせたときは、主たる債務者は、その当時利益を受けた限度において償還をしなければならない。
> 2　〔同〕
> 〔三項は新設規定〕

〔平二九法四四第一項改正・三項追加〕

（通知を怠った保証人の求償の制限等）

第四六三条　保証人が主たる債務者の委託を受けて保証をした場合において、主たる債務者にあらかじめ通知しないで債務の消滅行為をしたときは、主たる債務者は、債権者に対抗することができた事由をもってその保証人に対抗することができる。この場合において、相殺をもってその保証人に対抗したときは、その保証人は、債権者に対し、相殺によって消滅すべきであった債務の履行を請求することができる。

2　保証人が主たる債務者の委託を受けて保証をした場合において、主たる債務者が債務の消滅行為をしたことを保証人に通知することを怠ったため、その保証人が善意で債務の消滅行為をしたときは、その保証人は、その債務の消滅行為を有効であったものとみなすことができる。

3　保証人が債務の消滅行為をした後に主たる債務者が債務の消滅行為をした場合においては、保証人が主たる債務者の意思に反して保証をしたときのほか、保証人が債務の消滅行為をしたことを主たる債務者に通知することを怠ったため、主たる債務者が善意で債務の消滅行為をしたときも、主たる債務者は、その債務の消滅行為を有効であったものとみなすことができる。〔本条の施行は、令二・四・一〕

> **（通知を怠った保証人の求償の制限）**
> **第四六三条**　第四百四十三条の規定は、保証人について準用する。
> 2　保証人が主たる債務者の委託を受けて保証をした場合において、善意で弁済をし、その他自己の財産をもって債務を消滅させるべき行為をしたときは、第四百四十三条の規定は、主たる債務者についても準用する。

〔平二九法四四本条改正〕

（連帯債務又は不可分債務の保証人の求償権）

第四六四条　連帯債務者又は不可分債務者の一人のために保証をした者は、他の債務者に対し、その負担部分のみについて求償権を有する。

（共同保証人間の求償権）

第四六五条　第四百四十二条から第四百四十四条までの規定は、数人の保証人がある場合において、そのうちの一人の保証人が、主たる債務が不可分であるため又は各保証人が全額を弁済すべき旨の特約があるため、その全額又は自己の負担部分を超える額を弁済したときについて準用する。

2　第四百六十二条の規定は、前項に規定する場合を除き、互いに連帯しない保証人の一人が全額又は自己の負担部分を超える額を弁済したときについて準用する。

第二目　個人根保証契約　〔平二九法四四目名改正〕〔本目名の施行は、令二・四・一〕

> 第二目　貸金等根保証契約

（個人根保証契約の保証人の責任等）

第四六五条の二　一定の範囲に属する不特定の債務を主たる債務とする保証契約（以下「根保証契約」という。）であって保証人が法人でないもの（以下「個人根保証契約」という。）の保証人は、主たる債務の元本、主たる債務に関する利息、違約金、損害賠償その他その債務に従たる全てのもの及びその保証債務について約定された違約金又は損害賠償の額について、その全部に係る極度額を限度として、その履行をする責任を負う。

2　個人根保証契約は、前項に規定する極度額を定めなければ、その効力を生じない。

3　第四百四十六条第二項及び第三項の規定は、個人根保証契約における第一項に規定する極度額の定めについて準用する。〔本条の施行は、令二・四・一〕

（貸金等根保証契約の保証人の責任等）

第四六五条の二　一定の範囲に属する不特定の債務を主たる債務とする保証契約（以下「根保証契約」という。）であってその債務の範囲に金銭の貸渡し又は手形の割引を受けることによって負担する債務（以下「貸金等債務」という。）が含まれるもの（保証人が法人であるものを除く。以下「貸金等根保証契約」という。）の保証人は、主たる債務の元本、主たる債務に関する利息、違約金、損害賠償その他その債務に従たるすべてのもの及びその保証債務について約定された違約金又は損害賠償の額について、その全部に係る極度額を限度として、その履行をする責任を負う。

2貸金等根保証契約は、前項に規定する極度額を定めなければ、その効力を生じない。

3第四百四十六条第二項及び第三項の規定は、貸金等根保証契約における第一項に規定する極度額の定めについて準用する。

〔平二九法四四本条改正〕

（個人貸金等根保証契約の元本確定期日）

第四六五条の三　個人根保証契約であってその主たる債務の範囲に金銭の貸渡し又は手形の割引を受けることによって負担する債務（以下「貸金等債務」という。）が含まれるもの（以下「個人貸金等根保証契約」という。）において主たる債務の元本の確定すべき期日（以下「元本確定期日」という。）の定めがある場合において、その元本確定期日がその個人貸金等根保証契約の締結の日から五年を経過する日より後の日と定められているときは、その元本確定期日の定めは、その効力を生じない。

2個人貸金等根保証契約において元本確定期日の定めがない場合（前項の規定により元本確定期日の定めがその効力を生じない場合を含む。）には、その元本確定期日は、その個人貸金等根保証契約の締結の日から三年を経過する日とする。

3個人貸金等根保証契約における元本確定期日の変更をする場合において、変更後の元本確定期日がその変更をした日から五年を経過する日より後の日となるときは、その元本確定期日の変更は、その効力を生じない。ただし、元本確定期日の前二箇月以内に元本確定期日の変更をする場合において、変更後の元本確定期日が変更前の元本確定期日から五年以内の日となるときは、この限りでない。

4第四百四十六条第二項及び第三項の規定は、個人貸金等根保証契約における元本確定期日の定め及びその変更（その個人貸金等根保証契約の締結の日から三年以内の日を元本確定期日とする旨の定め及び元本確定期日より前の日を変更後の元本確定期日とする変更を除く。）について準用する。〔本条の施行は、令二・四・一〕

（貸金等根保証契約の元本確定期日）

第四六五条の三　貸金等根保証契約において主たる債務の元本の確定すべき期日（以下「元本確定期日」という。）の定めがある場合において、その元本確定期日がその貸金等根保証契約の締結の日から五年を経過する日より後の日と定められているときは、その元本確定期日の定めは、その効力を生じない。

2貸金等根保証契約において元本確定期日の定めがない場合（前項の規定により元本確定期日の定めがその効力を生じない場合を含む。）には、その元本確定期日は、その貸金等根保証契約の締結の日から三年を経過する日とする。

3貸金等根保証契約における元本確定期日の変更をする場合において、変更後の元本確定期日がその変更をした日から五年を経過する日より後の日となるときは、その元本確定期日の変更は、その効力を生じない。ただし、元本確定期日の前二箇月以内に元本確定期日の変更をする場合において、変更後の元本確定期日が変更前の元本確定期日から五年以内の日となるときは、この限りでない。

4第四百四十六条第二項及び第三項の規定は、貸金等根保証契約における元本確定期日の定め及びその変更（その貸金等根保証契約の締結の日から三年以内の日を元本確定期日とする旨の定め及び元本確定期日より前の日を変更後の元本確定期日とする変更を除く。）について準用する。

〔平二九法四四本条改正〕

（個人根保証契約の元本の確定事由）
第四六五条の四　次に掲げる場合には、個人根保証契約における主たる債務の元本は、確定する。ただし、第一号に掲げる場合にあっては、強制執行又は担保権の実行の手続の開始があったときに限る。
一　債権者が、保証人の財産について、金銭の支払を目的とする債権についての強制執行又は担保権の実行を申し立てたとき。

二　保証人が破産手続開始の決定を受けたとき。

三　主たる債務者又は保証人が死亡したとき。

2 前項に規定する場合のほか、個人貸金等根保証契約における主たる債務の元本は、次に掲げる場合にも確定する。ただし、第一号に掲げる場合にあっては、強制執行又は担保権の実行の手続の開始があったときに限る。

一　債権者が、主たる債務者の財産について、金銭の支払を目的とする債権についての強制執行又は担保権の実行を申し立てたとき。

二　主たる債務者が破産手続開始の決定を受けたとき。〔本条の施行は、令二・四・一〕

> **（貸金等根保証契約の元本の確定事由）**
>
> **第四六五条の四**　次に掲げる場合には、貸金等根保証契約における主たる債務の元本は、確定する。
>
> 一　債権者が、主たる債務者又は保証人の財産について、金銭の支払を目的とする債権についての強制執行又は担保権の実行を申し立てたとき。ただし、強制執行又は担保権の実行の手続の開始があったときに限る。
>
> 二　主たる債務者又は保証人が破産手続開始の決定を受けたとき。
>
> 三〔同〕
>
> 〔二項は新設規定〕

〔平二九法四四見出し・一項改正・二項追加〕

（保証人が法人である根保証契約の求償権）

第四六五条の五　保証人が法人である根保証契約において、第四百六十五条の二第一項に規定する極度額の定めがないときは、その根保証契約の保証人の主たる債務者に対する求償権に係る債務を主たる債務とする保証契約は、その効力を生じない。

2 保証人が法人である根保証契約であってその主たる債務の範囲に貸金等債務が含まれるものにおいて、元本確定期日の定めがないとき、又は元本確定期日の定め若しくはその変更が第四百六十五条の三第一項若しくは第三項の規定を適用するとすればその効力を生じないものであるときは、その根保証契約の保証人の主たる債務者に対する求償権に係る債務を主たる債務とする保証契約は、その効力を生じない。主たる債務の範囲にその求償権に係る債務が含まれる根保証契約も、同様とする。

3 前二項の規定は、求償権に係る債務を主たる債務とする保証契約又は主たる債務の範囲に求償権に係る債務が含まれる根保証契約の保証人が法人である場合には、適用しない。〔本条の施行は、令二・四・一〕

> **（保証人が法人である貸金等債務の根保証契約の求償権）**
>
> **第四六五条の五**　保証人が法人である根保証契約であってその主たる債務の範囲に貸金等債務が含まれるものにおいて、第四百六十五条の二第一項に規定する極度額の定めがないとき、元本確定期日の定めがないとき、又は元本確定期日の定め若しくはその変更が第四百六十五条の三第一項若しくは第三項の規定を適用するとすればその効力を生じないものであるときは、その根保証契約の保証人の主たる債務者に対する求償権についての保証契約（保証人が法人であるものを除く。）は、その効力を生じない。

〔平二九法四四本条改正〕

☆第三目　事業に係る債務についての保証契約の特則〔平二九法四四本目追加〕〔本目の施行は、令二・四・一〕

☆**（公正証書の作成と保証の効力）**

第四六五条の六　事業のために負担した貸金等債務を主たる債務とする保証契約又は主たる債務の範囲に事業のために負担する貸金等債務が含まれる根保証契約は、その契約の締結に先立ち、その締結の日前一箇月以内に作成された公正証書で保証人になろうとする者が保証債務を履行する意思を表示していなければ、その効力を生じない。

2 前項の公正証書を作成するには、次に掲げる方式に従わなければならない。

一　保証人になろうとする者が、次のイ又はロに掲げる契約の区分に応じ、それぞれ当該イ又はロに定める事項を公証人に口授すること。

イ　保証契約（ロに掲げるものを除く。）　主たる債務の債権者及び債務者、主たる債務の元本、主たる債務に関する利息、違約金、損害賠償その他その債務に従たる全てのものの定めの有無及びその内容並びに主たる債務者がその債務を履行しないときには、その債務の全額について履行する意思（保証人になろうとする者が主たる債務者と連帯して債務を負担しようとするものである場合には、債権者が主たる債務者に対して催告をしたかどうか、主たる債務者がその債務を履行することができるかどうか、又は他に保証人があるかどうかにかかわらず、その全額について履行する意思）を有していること。

ロ　根保証契約　主たる債務の債権者及び債務者、主たる債務の範囲、根保証契約における極度額、元本確定期日の定めの有無及びその内容並びに主たる債務者がその債務を履行しないときには、極度額の限度において元本確定期日又は第四百六十五条の四第一項各号若しくは第二項各号に掲げる事由その他の元本を確定すべき事由が生ずる時までに生ずべき主たる債務の元本及び主たる債務に関する利息、違約金、損害賠償その他その債務に従たる全てのものの全額について履行する意思（保証人になろうとする者が主たる債務者と連帯して債務を負担しようとするものである場合には、債権者が主たる債務者に対して催告をしたかどうか、主たる債務者がその債務を履行することができるかどうか、又は他に保証人があるかどうかにかかわらず、その全額について履行する意思）を有していること。

二　公証人が、保証人になろうとする者の口述を筆記し、これを保証人になろうとする者に読み聞かせ、又は閲覧させること。

三　保証人になろうとする者が、筆記の正確なことを承認した後、署名し、印を押すこと。ただし、保証人になろうとする者が署名することができない場合は、公証人がその事由を付記して、署名に代えることができる。

四　公証人が、その証書は前三号に掲げる方式に従って作ったものである旨を付記して、これに署名し、印を押すこと。

3 前二項の規定は、保証人になろうとする者が法人である場合には、適用しない。

☆**（保証に係る公正証書の方式の特則）**

第四六五条の七　前条第一項の保証契約又は根保証契約の保証人になろうとする者が口がきけない者である場合には、公証人の前で、同条第二項第一号イ又はロに掲げる契約の区分に応じ、それぞれ当該イ又はロに定める事項を通訳人の通訳により申述し、又は自書して、同号の口授に代えなければならない。この場合における同項第二号の規定の適用については、同号中「口述」とあるのは、「通訳人の通訳による申述又は自書」とする。

2 前条第一項の保証契約又は根保証契約の保証人になろうとする者が耳が聞こえない者である場合には、公証人は、同条第二項第二号に規定する筆記した内容を通訳人の通訳により保証人になろうとする者に伝えて、同号の読み聞かせに代えることができる。

3 公証人は、前二項に定める方式に従って公正証書を作ったときは、その旨をその証書に付記しなければならない。

☆**（公正証書の作成と求償権についての保証の効力）**

第四六五条の八　第四百六十五条の六第一項及び第二項並びに前条の規定は、事業のために負担した貸金等債務を主たる債務とする保証契約又は主たる債務の範囲に事業のために負担する貸金等債務が含まれる根保証契約の保証人の主たる債務者に対する求償権に係る債務を主たる債務とする保証契約について準用する。主たる債務の範囲にその求償権に係る債務が含まれる根保証契約も、同様とする。

2 前項の規定は、保証人になろうとする者が法人である場合には、適用しない。

☆**（公正証書の作成と保証の効力に関する規定の適用除外）**

第四六五条の九　前三条の規定は、保証人になろうとする者が次に掲げる者である保証契約については、適用しない。

一　主たる債務者が法人である場合のその理事、取締役、執行役又はこれらに準ずる者

二　主たる債務者が法人である場合の次に掲げる者

イ　主たる債務者の総株主の議決権（株主総会において決議をすることができる事項の全部につき議決権を行使することができない株式についての議決権を除く。以下この号において同じ。）の過半数を有する者

ロ　主たる債務者の総株主の議決権の過半数を他の株式会社が有

する場合における当該他の株式会社の総株主の議決権の過半数を有する者

ハ　主たる債務者の総株主の議決権の過半数を他の株式会社及び当該他の株式会社の総株主の議決権の過半数を有する者が有する場合における当該他の株式会社の総株主の議決権の過半数を有する者

ニ　株式会社以外の法人が主たる債務者である場合におけるイ、ロ又はハに掲げる者に準ずる者

三　主たる債務者（法人であるものを除く。以下この号において同じ。）と共同して事業を行う者又は主たる債務者が行う事業に現に従事している主たる債務者の配偶者

☆**（契約締結時の情報の提供義務）**

第四六五条の一〇　主たる債務者は、事業のために負担する債務を主たる債務とする保証又は主たる債務の範囲に事業のために負担する債務が含まれる根保証の委託をするときは、委託を受ける者に対し、次に掲げる事項に関する情報を提供しなければならない。

一　財産及び収支の状況

二　主たる債務以外に負担している債務の有無並びにその額及び履行状況

三　主たる債務の担保として他に提供し、又は提供しようとするものがあるときは、その旨及びその内容

2主たる債務者が前項各号に掲げる事項に関して情報を提供せず、又は事実と異なる情報を提供したために委託を受けた者がその事項について誤認をし、それによって保証契約の申込み又はその承諾の意思表示をした場合において、主たる債務者がその事項に関して情報を提供せず又は事実と異なる情報を提供したことを債権者が知り又は知ることができたときは、保証人は、保証契約を取り消すことができる。

3前二項の規定は、保証をする者が法人である場合には、適用しない。

第四節　債権の譲渡

（債権の譲渡性）

第四六六条　債権は、譲り渡すことができる。ただし、その性質がこれを許さないときは、この限りでない。

2当事者が債権の譲渡を禁止し、又は制限する旨の意思表示（以下「譲渡制限の意思表示」という。）をしたときであっても、債権の譲渡は、その効力を妨げられない。

3前項に規定する場合には、譲渡制限の意思表示がされたことを知り、又は重大な過失によって知らなかった譲受人その他の第三者に対しては、債務者は、その債務の履行を拒むことができ、かつ、譲渡人に対する弁済その他の債務を消滅させる事由をもってその第三者に対抗することができる。

4前項の規定は、債務者が債務を履行しない場合において、同項に規定する第三者が相当の期間を定めて譲渡人への履行の催告をし、その期間内に履行がないときは、その債務者については、適用しない。〔本条の施行は、令二・四・一〕

第四六六条〔同〕

2前項の規定は、当事者が反対の意思を表示した場合には、適用しない。ただし、その意思表示は、善意の第三者に対抗することができない。

〔三項・四項は新設規定〕

〔平二九法四四第二項改正・三項・四項追加〕

☆**（譲渡制限の意思表示がされた債権に係る債務者の供託）**

第四六六条の二　債務者は、譲渡制限の意思表示がされた金銭の給付を目的とする債権が譲渡されたときは、その債権の全額に相当する金銭を債務の履行地（債務の履行地が債権者の現在の住所により定まる場合にあっては、譲渡人の現在の住所を含む。次条において同じ。）の供託所に供託することができる。

2前項の規定により供託をした債務者は、遅滞なく、譲渡人及び譲受人に供託の通知をしなければならない。

3第一項の規定により供託をした金銭は、譲受人に限り、還付を請求することができる。〔本条の施行は、令二・四・一〕

〔平二九法四四本条追加〕

☆**第四六六条の三**　前条第一項に規定する場合において、譲渡人について破産手続開始の決定があったときは、譲受人（同項の債権の全額を譲り受けた者であって、その債権の譲渡を債務者その他の第三者に対抗することができるものに限る。）は、譲渡制限の意思表示がされたことを知り、又は重大な過失によって知らなかったときであっても、債務者にその債権の全額に相当する金銭を債務の履行地の供託所に供託させることができる。この場合においては、同条第二項及び第三項の規定を準用する。〔本条の施行は、令二・四・一〕

〔平二九法四四本条追加〕

☆**（譲渡制限の意思表示がされた債権の差押え）**

第四六六条の四　第四百六十六条第三項の規定は、譲渡制限の意思表示がされた債権に対する強制執行をした差押債権者に対しては、適用しない。

2　前項の規定にかかわらず、譲受人その他の第三者が譲渡制限の意思表示がされたことを知り、又は重大な過失によって知らなかった場合において、その債権者が同項の債権に対する強制執行をしたときは、債務者は、その債務の履行を拒むことができ、かつ、譲渡人に対する弁済その他の債務を消滅させる事由をもって差押債権者に対抗することができる。〔本条の施行は、令二・四・一〕

〔平二九法四四本条追加〕

☆**（預金債権又は貯金債権に係る譲渡制限の意思表示の効力）**

第四六六条の五　預金口座又は貯金口座に係る預金又は貯金に係る債権（以下「預貯金債権」という。）について当事者がした譲渡制限の意思表示は、第四百六十六条第二項の規定にかかわらず、その譲渡制限の意思表示がされたことを知り、又は重大な過失によって知らなかった譲受人その他の第三者に対抗することができる。

2　前項の規定は、譲渡制限の意思表示がされた預貯金債権に対する強制執行をした差押債権者に対しては、適用しない。〔本条の施行は、令二・四・一〕

〔平二九法四四本条追加〕

☆**（将来債権の譲渡性）**

第四六六条の六　債権の譲渡は、その意思表示の時に債権が現に発生していることを要しない。

2　債権が譲渡された場合において、その意思表示の時に債権が現に発生していないときは、譲受人は、発生した債権を当然に取得する。

3　前項に規定する場合において、譲渡人が次条の規定による通知をし、又は債務者が同条の規定による承諾をした時（以下「対抗要件具備時」という。）までに譲渡制限の意思表示がされたときは、譲受人その他の第三者がそのことを知っていたものとみなして、第四百六十六条第三項（譲渡制限の意思表示がされた債権が預貯金債権の場合にあっては、前条第一項）の規定を適用する。〔本条の施行は、令二・四・一〕

〔平二九法四四本条追加〕

（債権の譲渡の対抗要件）

第四六七条　債権の譲渡（現に発生していない債権の譲渡を含む。）は、譲渡人が債務者に通知をし、又は債務者が承諾をしなければ、債務者その他の第三者に対抗することができない。

2　前項の通知又は承諾は、確定日付のある証書によってしなければ、債務者以外の第三者に対抗することができない。〔本条の施行は、令二・四・一〕

> **（指名債権の譲渡の対抗要件）**
>
> **第四六七条**　指名債権の譲渡は、譲渡人が債務者に通知をし、又は債務者が承諾をしなければ、債務者その他の第三者に対抗することができない。
>
> 2　〔同〕

〔平二九法四四見出し・一項改正〕

（債権の譲渡における債務者の抗弁）

第四六八条　債務者は、対抗要件具備時までに譲渡人に対して生じた事由をもって譲受人に対抗することができる。

2　第四百六十六条第四項の場合における前項の規定の適用については、同項中「対抗要件具備時」とあるのは、「第四百六十六条第四項の相当の期間を経過した時」とし、第四百六十六条の三の場合における同項の規定の適用については、同項中「対抗要件具備時」とあるのは、「第四百六十六条の三の規定により同条の譲受人から供

託の請求を受けた時」とする。〔本条の施行は、令二・四・一〕

（指名債権の譲渡における債務者の抗弁）
第四六八条　債務者が異議をとどめないで前条の承諾をしたときは、譲渡人に対抗することができた事由があっても、これをもって譲受人に対抗することができない。この場合において、債務者がその債務を消滅させるために譲渡人に払い渡したものがあるときはこれを取り戻し、譲渡人に対して負担した債務があるときはこれを成立しないものとみなすことができる。
2　譲渡人が譲渡の通知をしたにとどまるときは、債務者は、その通知を受けるまでに譲渡人に対して生じた事由をもって譲受人に対抗することができる。

〔平二九法四四本条改正〕

（債権の譲渡における相殺権）
第四六九条　債務者は、対抗要件具備時より前に取得した譲渡人に対する債権による相殺をもって譲受人に対抗することができる。
2　債務者が対抗要件具備時より後に取得した譲渡人に対する債権であっても、その債権が次に掲げるものであるときは、前項と同様とする。ただし、債務者が対抗要件具備時より後に他人の債権を取得したときは、この限りでない。
一　対抗要件具備時より前の原因に基づいて生じた債権
二　前号に掲げるもののほか、譲受人の取得した債権の発生原因である契約に基づいて生じた債権
3　第四百六十六条第四項の場合における前二項の規定の適用については、これらの規定中「対抗要件具備時」とあるのは、「第四百六十六条第四項の相当の期間を経過した時」とし、第四百六十六条の三の場合におけるこれらの規定の適用については、これらの規定中「対抗要件具備時」とあるのは、「第四百六十六条の三の規定により同条の譲受人から供託の請求を受けた時」とする。〔本条の施行は、令二・四・一〕

（指図債権の譲渡の対抗要件）
第四六九条　指図債権の譲渡は、その証書に譲渡の裏書をして譲受人に交付しなければ、債務者その他の第三者に対抗することができない。

〔平二九法四四本条改正〕

★（指図債権の債務者の調査の権利等）
第四七〇条　指図債権の債務者は、その証書の所持人並びにその署名及び押印の真偽を調査する権利を有するが、その義務を負わない。ただし、債務者に悪意又は重大な過失があるときは、その弁済は、無効とする。〔本条の削除は、令二・四・一〕

★（記名式所持人払債権の債務者の調査の権利等）
第四七一条　前条の規定は、債権に関する証書に債権者を指名する記載がされているが、その証書の所持人に弁済をすべき旨が付記されている場合について準用する。〔本条の削除は、令二・四・一〕

★（指図債権の譲渡における債務者の抗弁の制限）
第四七二条　指図債権の債務者は、その証書に記載した事項及びその証書の性質から当然に生ずる結果を除き、その指図債権の譲渡前の債権者に対抗することができた事由をもって善意の譲受人に対抗することができない。〔本条の削除は、令二・四・一〕

★（無記名債権の譲渡における債務者の抗弁の制限）
第四七三条　前条の規定は、無記名債権について準用する。〔本条の削除は、令二・四・一〕

☆第五節　債務の引受け〔平二九法四四本節追加〕〔本節の施行は、令二・四・一〕

☆第一款　併存的債務引受

☆**（併存的債務引受の要件及び効果）**
第四七〇条　併存的債務引受の引受人は、債務者と連帯して、債務者が債権者に対して負担する債務と同一の内容の債務を負担する。
2　併存的債務引受は、債権者と引受人となる者との契約によってすることができる。
3　併存的債務引受は、債務者と引受人となる者との契約によってもすることができる。この場合において、併存的債務引受は、債権者が引受人となる者に対して承諾をした時に、その効力を生ずる。

4　前項の規定によってする併存的債務引受は、第三者のためにする契約に関する規定に従う。

☆**（併存的債務引受における引受人の抗弁等）**

第四七一条　引受人は、併存的債務引受により負担した自己の債務について、その効力が生じた時に債務者が主張することができた抗弁をもって債権者に対抗することができる。

2　債務者が債権者に対して取消権又は解除権を有するときは、引受人は、これらの権利の行使によって債務者がその債務を免れるべき限度において、債権者に対して債務の履行を拒むことができる。

☆**第二款**　免責的債務引受

☆**（免責的債務引受の要件及び効果）**

第四七二条　免責的債務引受の引受人は債務者が債権者に対して負担する債務と同一の内容の債務を負担し、債務者は自己の債務を免れる。

2　免責的債務引受は、債権者と引受人となる者との契約によってすることができる。この場合において、免責的債務引受は、債権者が債務者に対してその契約をした旨を通知した時に、その効力を生ずる。

3　免責的債務引受は、債務者と引受人となる者が契約をし、債権者が引受人となる者に対して承諾をすることによってもすることができる。

☆**（免責的債務引受における引受人の抗弁等）**

第四七二条の二　引受人は、免責的債務引受により負担した自己の債務について、その効力が生じた時に債務者が主張することができた抗弁をもって債権者に対抗することができる。

2　債務者が債権者に対して取消権又は解除権を有するときは、引受人は、免責的債務引受がなければこれらの権利の行使によって債務者がその債務を免れることができた限度において、債権者に対して債務の履行を拒むことができる。

☆**（免責的債務引受における引受人の求償権）**

第四七二条の三　免責的債務引受の引受人は、債務者に対して求償権を取得しない。

☆**（免責的債務引受による担保の移転）**

第四七二条の四　債権者は、第四百七十二条第一項の規定により債務者が免れる債務の担保として設定された担保権を引受人が負担する債務に移すことができる。ただし、引受人以外の者がこれを設定した場合には、その承諾を得なければならない。

2　前項の規定による担保権の移転は、あらかじめ又は同時に引受人に対してする意思表示によってしなければならない。

3　前二項の規定は、第四百七十二条第一項の規定により債務者が免れる債務の保証をした者があるときについて準用する。

4　前項の場合において、同項において準用する第一項の承諾は、書面でしなければ、その効力を生じない。

5　前項の承諾がその内容を記録した電磁的記録によってされたときは、その承諾は、書面によってされたものとみなして、同項の規定を適用する。

第六節　債権の消滅

〔平二九法四四本節繰下〕〔本節繰下げの施行は、令二・四・一〕

第五節〔第六節に繰下げ〕

第一款　弁済

第一目　総則

☆**（弁済）**

第四七三条　債務者が債権者に対して債務の弁済をしたときは、その債権は、消滅する。〔本条の施行は、令二・四・一〕

〔平二九法四四本条追加〕

（第三者の弁済）

第四七四条　債務の弁済は、第三者もすることができる。

2　弁済をするについて正当な利益を有する者でない第三者は、債務者の意思に反して弁済をすることができない。ただし、債務者の意思に反することを債権者が知らなかったときは、この限りでない。

3前項に規定する第三者は、債権者の意思に反して弁済をすることができない。ただし、その第三者が債務者の委託を受けて弁済をする場合において、そのことを債権者が知っていたときは、この限りでない。

4前三項の規定は、その債務の性質が第三者の弁済を許さないとき、又は当事者が第三者の弁済を禁止し、若しくは制限する旨の意思表示をしたときは、適用しない。〔本条の施行は、令二・四・一〕

> **第四七四条**　債務の弁済は、第三者もすることができる。ただし、その債務の性質がこれを許さないとき、又は当事者が反対の意思を表示したときは、この限りでない。
>
> 2利害関係を有しない第三者は、債務者の意思に反して弁済をすることができない。
>
> 〔三項・四項は新設規定〕

〔平二九法四四第一項・二項改正・三項・四項追加〕

（弁済として引き渡した物の取戻し）

第四七五条　弁済をした者が弁済として他人の物を引き渡したときは、その弁済をした者は、更に有効な弁済をしなければ、その物を取り戻すことができない。

> ★**第四七六条**　譲渡につき行為能力の制限を受けた所有者が弁済として物の引渡しをした場合において、その弁済を取り消したときは、その所有者は、更に有効な弁済をしなければ、その物を取り戻すことができない。〔本条の削除は、令二・四・一〕

（弁済として引き渡した物の消費又は譲渡がされた場合の弁済の効力等）

第四七六条　前条の場合において、債権者が弁済として受領した物を善意で消費し、又は譲り渡したときは、その弁済は、有効とする。この場合において、債権者が第三者から賠償の請求を受けたときは、弁済をした者に対して求償をすることを妨げない。〔本条の施行は、令二・四・一〕

> **第四七七条**　前二条の場合において、債権者が弁済として受領した物を善意で消費し、又は譲り渡したときは、その弁済は、有効とする。この場合において、債権者が第三者から賠償の請求を受けたときは、弁済をした者に対して求償をすることを妨げない。〔第四七六条に繰上げ〕

〔平二九法四四本条改正・条数繰上げ〕

☆**（預金又は貯金の口座に対する払込みによる弁済）**

第四七七条　債権者の預金又は貯金の口座に対する払込みによってする弁済は、債権者がその預金又は貯金に係る債権の債務者に対してその払込みに係る金額の払戻しを請求する権利を取得した時に、その効力を生ずる。〔本条の施行は、令二・四・一〕

〔平二九法四四本条追加〕

（受領権者としての外観を有する者に対する弁済）

第四七八条　受領権者（債権者及び法令の規定又は当事者の意思表示によって弁済を受領する権限を付与された第三者をいう。以下同じ。）以外の者であって取引上の社会通念に照らして受領権者としての外観を有するものに対してした弁済は、その弁済をした者が善意であり、かつ、過失がなかったときに限り、その効力を有する。〔本条の施行は、令二・四・一〕

> **（債権の準占有者に対する弁済）**
>
> **第四七八条**　債権の準占有者に対してした弁済は、その弁済をした者が善意であり、かつ、過失がなかったときに限り、その効力を有する。

〔平二九法四四本条改正〕

（受領権者以外の者に対する弁済）

第四七九条　前条の場合を除き、受領権者以外の者に対してした弁済は、債権者がこれによって利益を受けた限度においてのみ、その効力を有する。〔本条の施行は、令二・四・一〕

> **（受領する権限のない者に対する弁済）**
>
> **第四七九条**　前条の場合を除き、弁済を受領する権限を有しない者に対してした弁済は、債権者がこれによって利益を受けた限度においてのみ、その効力を有する。

〔平二九法四四本条改正〕

第四八〇条　削除〔平二九法四四〕〔本規定の施行は、令二・四・一〕

> **（受取証書の持参人に対する弁済）**

第四八〇条　受取証書の持参人は、弁済を受領する権限があるものとみなす。ただし、弁済をした者がその権限がないことを知っていたとき、又は過失によって知らなかったときは、この限りでない。

（差押えを受けた債権の第三債務者の弁済）

第四八一条　差押えを受けた債権の第三債務者が自己の債権者に弁済をしたときは、差押債権者は、その受けた損害の限度において更に弁済をすべき旨を第三債務者に請求することができる。

2　前項の規定は、第三債務者からその債権者に対する求償権の行使を妨げない。〔本条の施行は、令二・四・一〕

（支払の差止めを受けた第三債務者の弁済）

第四八一条　支払の差止めを受けた第三債務者が自己の債権者に弁済をしたときは、差押債権者は、その受けた損害の限度において更に弁済をすべき旨を第三債務者に請求することができる。

2　〔同〕

〔平二九法四四見出し・一項改正〕

（代物弁済）

第四八二条　弁済をすることができる者（以下「弁済者」という。）が、債権者との間で、債務者の負担した給付に代えて他の給付をすることにより債務を消滅させる旨の契約をした場合において、その弁済者が当該他の給付をしたときは、その給付は、弁済と同一の効力を有する。〔本条の施行は、令二・四・一〕

第四八二条　債務者が、債権者の承諾を得て、その負担した給付に代えて他の給付をしたときは、その給付は、弁済と同一の効力を有する。

〔平二九法四四本条改正〕

（特定物の現状による引渡し）

第四八三条　債権の目的が特定物の引渡しである場合において、契約その他の債権の発生原因及び取引上の社会通念に照らしてその引渡しをすべき時の品質を定めることができないときは、弁済をする者は、その引渡しをすべき時の現状でその物を引き渡さなければならない。〔本条の施行は、令二・四・一〕

第四八三条　債権の目的が特定物の引渡しであるときは、弁済をする者は、その引渡しをすべき時の現状でその物を引き渡さなければならない。

〔平二九法四四本条改正〕

（弁済の場所及び時間）

第四八四条　弁済をすべき場所について別段の意思表示がないときは、特定物の引渡しは債権発生の時にその物が存在した場所において、その他の弁済は債権者の現在の住所において、それぞれしなければならない。

2　法令又は慣習により取引時間の定めがあるときは、その取引時間内に限り、弁済をし、又は弁済の請求をすることができる。〔本条の施行は、令二・四・一〕

（弁済の場所）

第四八四条　〔同〕

〔二項は新設規定〕

〔平二九法四四見出し改正・二項追加〕

（弁済の費用）

第四八五条　弁済の費用について別段の意思表示がないときは、その費用は、債務者の負担とする。ただし、債権者が住所の移転その他の行為によって弁済の費用を増加させたときは、その増加額は、債権者の負担とする。

（受取証書の交付請求等）

第四八六条　弁済をする者は、弁済と引換えに、弁済を受領する者に対して受取証書の交付を請求することができる。

2　弁済をする者は、前項の受取証書の交付に代えて、その内容を記録した電磁的記録の提供を請求することができる。ただし、弁済を受領する者に不相当な負担を課するものであるときは、この限りでない。〔本条の施行は、令三・九・一〕

【令三法三七改正前】

（受取証書の交付請求）

第四八六条　〔同〕〔本条の施行は、令二・四・一〕

〔二項は新設規定〕

【平二九法四四改正前】

> **第四八六条**　弁済をした者は、弁済を受領した者に対して受取証書の交付を請求することができる。

〔平二九法四四本条改正、令三法三七見出し改正・二項追加〕

解説

令和三年法律第三七号による改正である。弁済者は弁済受領者に対して、受取証書の交付に代えて、その内容を記録した電磁的記録の提供を請求できることを定めた。ただし、それが弁済受領者に不相当な負担となる場合は請求できない。

（債権証書の返還請求）

第四八七条　債権に関する証書がある場合において、弁済をした者が全部の弁済をしたときは、その証書の返還を請求することができる。

（同種の給付を目的とする数個の債務がある場合の充当）

第四八八条　債務者が同一の債権者に対して同種の給付を目的とする数個の債務を負担する場合において、弁済として提供した給付が全ての債務を消滅させるのに足りないとき（次条第一項に規定する場合を除く。）は、弁済をする者は、給付の時に、その弁済を充当すべき債務を指定することができる。

2　弁済をする者が前項の規定による指定をしないときは、弁済を受領する者は、その受領の時に、その弁済を充当すべき債務を指定することができる。ただし、弁済をする者がその充当に対して直ちに異議を述べたときは、この限りでない。

3　前二項の場合における弁済の充当の指定は、相手方に対する意思表示によってする。

4　弁済をする者及び弁済を受領する者がいずれも第一項又は第二項の規定による指定をしないときは、次の各号の定めるところに従い、その弁済を充当する。

一　債務の中に弁済期にあるものと弁済期にないものとがあるときは、弁済期にあるものに先に充当する。

二　全ての債務が弁済期にあるとき、又は弁済期にないときは、債務者のために弁済の利益が多いものに先に充当する。

三　債務者のために弁済の利益が相等しいときは、弁済期が先に到来したもの又は先に到来すべきものに先に充当する。

四　前二号に掲げる事項が相等しい債務の弁済は、各債務の額に応じて充当する。〔本条の施行は、令二・四・一〕

〔対応条項＝四項（民前四八九）〕

> **（弁済の充当の指定）**
>
> **第四八八条**　債務者が同一の債権者に対して同種の給付を目的とする数個の債務を負担する場合において、弁済として提供した給付がすべての債務を消滅させるのに足りないときは、弁済をする者は、給付の時に、その弁済を充当すべき債務を指定することができる。
>
> 2・3　〔同〕
>
> 〔四項は新設規定〕

〔平二九法四四見出し・一項改正・四項追加〕

（元本、利息及び費用を支払うべき場合の充当）

第四八九条　債務者が一個又は数個の債務について元本のほか利息及び費用を支払うべき場合（債務者が数個の債務を負担する場合にあっては、同一の債権者に対して同種の給付を目的とする数個の債務を負担するときに限る。）において、弁済をする者がその債務の全部を消滅させるのに足りない給付をしたときは、これを順次に費用、利息及び元本に充当しなければならない。

2　前条の規定は、前項の場合において、費用、利息又は元本のいずれかの全てを消滅させるのに足りない給付をしたときについて準用する。〔本条の施行は、令二・四・一〕

〔対応条項＝（民前四九一）〕

> **（法定充当）**
>
> **第四八九条**　弁済をする者及び弁済を受領する者がいずれも前条の規定による弁済の充当の指定をしないときは、次の各号の定めるところに従い、その弁済を充当する。
>
> 一　債務の中に弁済期にあるものと弁済期にないものとがあるときは、弁済期にあるものに先に充当する。
>
> 二　すべての債務が弁済期にあるとき、又は弁済期にないときは、債

> 務者のために弁済の利益が多いものに先に充当する。
>
> 三　債務者のために弁済の利益が相等しいときは、弁済期が先に到来したもの又は先に到来すべきものに先に充当する。
>
> 四　前二号に掲げる事項が相等しい債務の弁済は、各債務の額に応じて充当する。

〔平二九法四四本条改正〕

☆**（合意による弁済の充当）**

第四九〇条　前二条の規定にかかわらず、弁済をする者と弁済を受領する者との間に弁済の充当の順序に関する合意があるときは、その順序に従い、その弁済を充当する。〔本条の施行は、令二・四・一〕

〔平二九法四四本条追加〕

（数個の給付をすべき場合の充当）

第四九一条　一個の債務の弁済として数個の給付をすべき場合において、弁済をする者がその債務の全部を消滅させるのに足りない給付をしたときは、前三条の規定を準用する。〔本条の施行は、令二・四・一〕

> **第四九〇条**　一個の債務の弁済として数個の給付をすべき場合において、弁済をする者がその債務の全部を消滅させるのに足りない給付をしたときは、前二条の規定を準用する。〔第四九一条に繰下げ〕

〔平二九法四四本条改正・条数繰下〕

> ★**（元本、利息及び費用を支払うべき場合の充当）**
>
> **第四九一条**　債務者が一個又は数個の債務について元本のほか利息及び費用を支払うべき場合において、弁済をする者がその債務の全部を消滅させるのに足りない給付をしたときは、これを順次に費用、利息及び元本に充当しなければならない。
>
> 2　第四百八十九条の規定は、前項の場合について準用する。〔本条の削除は、令二・四・一〕

（弁済の提供の効果）

第四九二条　債務者は、弁済の提供の時から、債務を履行しないことによって生ずべき責任を免れる。〔本条の施行は、令二・四・一〕

> **第四九二条**　債務者は、弁済の提供の時から、債務の不履行によって生ずべき一切の責任を免れる。

〔平二九法四四本条改正〕

（弁済の提供の方法）

第四九三条　弁済の提供は、債務の本旨に従って現実にしなければならない。ただし、債権者があらかじめその受領を拒み、又は債務の履行について債権者の行為を要するときは、弁済の準備をしたことを通知してその受領の催告をすれば足りる。

第二目　弁済の目的物の供託

（供託）

第四九四条　弁済者は、次に掲げる場合には、債権者のために弁済の目的物を供託することができる。この場合においては、弁済者が供託をした時に、その債権は、消滅する。

一　弁済の提供をした場合において、債権者がその受領を拒んだとき。

二　債権者が弁済を受領することができないとき。

2　弁済者が債権者を確知することができないときも、前項と同様とする。ただし、弁済者に過失があるときは、この限りでない。〔本条の施行は、令二・四・一〕

> **第四九四条**　債権者が弁済の受領を拒み、又はこれを受領することができないときは、弁済をすることができる者（以下この目において「弁済者」という。）は、債権者のために弁済の目的物を供託してその債務を免れることができる。弁済者が過失なく債権者を確知することができないときも、同様とする。

〔平二九法四四本条改正〕

（供託の方法）

第四九五条　前条の規定による供託は、債務の履行地の供託所にしなければならない。

2　供託所について法令に特別の定めがない場合には、裁判所は、弁済者の請求により、供託所の指定及び供託物の保管者の選任をしなければならない。

3　前条の規定により供託をした者は、遅滞なく、債権者に供託の通知をしなければならない。

（供託物の取戻し）

第四九六条　債権者が供託を受諾せず、又は供託を有効と宣告した判決が確定しない間は、弁済者は、供託物を取り戻すことができる。この場合においては、供託をしなかったものとみなす。

2 前項の規定は、供託によって質権又は抵当権が消滅した場合には、適用しない。

（供託に適しない物等）

第四九七条　弁済者は、次に掲げる場合には、裁判所の許可を得て、弁済の目的物を競売に付し、その代金を供託することができる。

一　その物が供託に適しないとき。

二　その物について滅失、損傷その他の事由による価格の低落のおそれがあるとき。

三　その物の保存について過分の費用を要するとき。

四　前三号に掲げる場合のほか、その物を供託することが困難な事情があるとき。〔本条の施行は、令二・四・一〕

> **第四九七条**　弁済の目的物が供託に適しないとき、又はその物について滅失若しくは損傷のおそれがあるときは、弁済者は、裁判所の許可を得て、これを競売に付し、その代金を供託することができる。その物の保存について過分の費用を要するときも、同様とする。

〔平二九法四四本条改正〕

（供託物の還付請求等）

第四九八条　弁済の目的物又は前条の代金が供託された場合には、債権者は、供託物の還付を請求することができる。

2 債務者が債権者の給付に対して弁済をすべき場合には、債権者は、その給付をしなければ、供託物を受け取ることができない。〔本条の施行は、令二・四・一〕

> （供託物の受領の要件）
> **第四九八条**〔2に繰下げ〈一項は新設規定〉〕

〔平二九法四四見出し改正・一項追加・旧一項繰下（二項）〕

第三目　弁済による代位

（弁済による代位の要件）

第四九九条　債務者のために弁済をした者は、債権者に代位する。

〔本条の施行は、令二・四・一〕

> （任意代位）
> **第四九九条**　債務者のために弁済をした者は、その弁済と同時に債権者の承諾を得て、債権者に代位することができる。
> 2 第四百六十七条の規定は、前項の場合について準用する。

〔平二九法四四見出し・一項改正・二項削除〕

第五〇〇条　第四百六十七条の規定は、前条の場合（弁済をするについて正当な利益を有する者が債権者に代位する場合を除く。）について準用する。〔本条の施行は、令二・四・一〕

〔対応条項＝〔民前四九九2〕〕

> （法定代位）
> **第五〇〇条**　弁済をするについて正当な利益を有する者は、弁済によって当然に債権者に代位する。

〔平二九法四四本条改正〕

（弁済による代位の効果）

第五〇一条　前二条の規定により債権者に代位した者は、債権の効力及び担保としてその債権者が有していた一切の権利を行使することができる。

2 前項の規定による権利の行使は、債権者に代位した者が自己の権利に基づいて債務者に対して求償をすることができる範囲内（保証人の一人が他の保証人に対して債権者に代位する場合には、自己の権利に基づいて当該他の保証人に対して求償をすることができる範囲内）に限り、することができる。

3 第一項の場合には、前項の規定によるほか、次に掲げるところによる。

一　第三取得者（債務者から担保の目的となっている財産を譲り受けた者をいう。以下この項において同じ。）は、保証人及び物上保証人に対して債権者に代位しない。

二　第三取得者の一人は、各財産の価格に応じて、他の第三取得者に対して債権者に代位する。

三　前号の規定は、物上保証人の一人が他の物上保証人に対して債権者に代位する場合について準用する。

四　保証人と物上保証人との間においては、その数に応じて、債権者に代位する。ただし、物上保証人が数人あるときは、保証人の負担部分を除いた残額について、各財産の価格に応じて、債権者に代位する。

五　第三取得者から担保の目的となっている財産を譲り受けた者は、第三取得者とみなして第一号及び第二号の規定を適用し、物上保証人から担保の目的となっている財産を譲り受けた者は、物上保証人とみなして第一号、第三号及び前号の規定を適用する。

〔本条の施行は、令二・四・一〕

> **第五〇一条**　前二条の規定により債権者に代位した者は、自己の権利に基づいて求償をすることができる範囲内において、債権の効力及び担保としてその債権者が有していた一切の権利を行使することができる。この場合においては、次の各号の定めるところに従わなければならない。
>
> 一　保証人は、あらかじめ先取特権、不動産質権又は抵当権の登記にその代位を付記しなければ、その先取特権、不動産質権又は抵当権の目的である不動産の第三取得者に対して債権者に代位することができない。
>
> 二　第三取得者は、保証人に対して債権者に代位しない。
>
> 三　第三取得者の一人は、各不動産の価格に応じて、他の第三取得者に対して債権者に代位する。
>
> 四　物上保証人の一人は、各財産の価格に応じて、他の物上保証人に対して債権者に代位する。
>
> 五　保証人と物上保証人との間においては、その数に応じて、債権者に代位する。ただし、物上保証人が数人あるときは、保証人の負担部分を除いた残額について、各財産の価格に応じて、債権者に代位する。
>
> 六　前号の場合において、その財産が不動産であるときは、第一号の規定を準用する。
>
> 〔二項・三項は新設規定〕

〔平二九法四四第一項改正・二項・三項追加〕

（一部弁済による代位）

第五〇二条　債権の一部について代位弁済があったときは、代位者は、債権者の同意を得て、その弁済をした価額に応じて、債権者とともにその権利を行使することができる。

2　前項の場合であっても、債権者は、単独でその権利を行使することができる。

3　前二項の場合に債権者が行使する権利は、その債権の担保の目的となっている財産の売却代金その他の当該権利の行使によって得られる金銭について、代位者が行使する権利に優先する。

4　第一項の場合において、債務の不履行による契約の解除は、債権者のみがすることができる。この場合においては、代位者に対し、その弁済をした価額及びその利息を償還しなければならない。〔本条の施行は、令二・四・一〕

> **第五〇二条**　債権の一部について代位弁済があったときは、代位者は、その弁済をした価額に応じて、債権者とともにその権利を行使する。
>
> 〔二項・三項は新設規定〕
>
> 2　前項の場合において、債務の不履行による契約の解除は、債権者のみがすることができる。この場合においては、代位者に対し、その弁済をした価額及びその利息を償還しなければならない。〔4に繰下げ〕

〔平二九法四四第一項改正・二項・三項追加・旧二項改正繰下（四項）〕

（債権者による債権証書の交付等）

第五〇三条　代位弁済によって全部の弁済を受けた債権者は、債権に関する証書及び自己の占有する担保物を代位者に交付しなければならない。

2　債権の一部について代位弁済があった場合には、債権者は、債権に関する証書にその代位を記入し、かつ、自己の占有する担保物の保存を代位者に監督させなければならない。

（債権者による担保の喪失等）

第五〇四条　弁済をするについて正当な利益を有する者（以下この項において「代位権者」という。）がある場合において、債権者が故意又は過失によってその担保を喪失し、又は減少させたときは、その代位権者は、代位をするに当たって担保の喪失又は減少によって償還を受けることができなくなる限度において、その責任を免れる。その代位権者が物上保証人である場合において、その代位権者から担保の目的となっている財産を譲り受けた第三者及びその特定承継人についても、同様とする。

2　前項の規定は、債権者が担保を喪失し、又は減少させたことについて取引上の社会通念に照らして合理的な理由があると認められるときは、適用しない。〔本条の施行は、令二・四・一〕

> **第五〇四条**　第五百条の規定により代位をすることができる者がある場合において、債権者が故意又は過失によってその担保を喪失し、又は減少させたときは、その代位をすることができる者は、その喪失又は減少によって償還を受けることができなくなった限度において、その責任を免れる。
> 〔二項は新設規定〕

〔平二九法四四第一項改正・二項追加〕

第二款　相殺

（相殺の要件等）

第五〇五条　二人が互いに同種の目的を有する債務を負担する場合において、双方の債務が弁済期にあるときは、各債務者は、その対当額について相殺によってその債務を免れることができる。ただし、債務の性質がこれを許さないときは、この限りでない。

2　前項の規定にかかわらず、当事者が相殺を禁止し、又は制限する旨の意思表示をした場合には、その意思表示は、第三者がこれを知り、又は重大な過失によって知らなかったときに限り、その第三者に対抗することができる。〔本項の施行は、令二・四・一〕

> **第五〇五条**〔同〕
> 2　前項の規定は、当事者が反対の意思を表示した場合には、適用しない。ただし、その意思表示は、善意の第三者に対抗することができない。

〔平二九法四四第二項改正〕

（相殺の方法及び効力）

第五〇六条　相殺は、当事者の一方から相手方に対する意思表示によってする。この場合において、その意思表示には、条件又は期限を付することができない。

2　前項の意思表示は、双方の債務が互いに相殺に適するようになった時にさかのぼってその効力を生ずる。

（履行地の異なる債務の相殺）

第五〇七条　相殺は、双方の債務の履行地が異なるときであっても、することができる。この場合において、相殺をする当事者は、相手方に対し、これによって生じた損害を賠償しなければならない。

（時効により消滅した債権を自働債権とする相殺）

第五〇八条　時効によって消滅した債権がその消滅以前に相殺に適するようになっていた場合には、その債権者は、相殺をすることができる。

（不法行為等により生じた債権を受働債権とする相殺の禁止）

第五〇九条　次に掲げる債務の債務者は、相殺をもって債権者に対抗することができない。ただし、その債権者がその債務に係る債権を他人から譲り受けたときは、この限りでない。

一　悪意による不法行為に基づく損害賠償の債務

二　人の生命又は身体の侵害による損害賠償の債務（前号に掲げるものを除く。）〔本条の施行は、令二・四・一〕

> **（不法行為により生じた債権を受働債権とする相殺の禁止）**
> **第五〇九条**　債務が不法行為によって生じたときは、その債務者は、相殺をもって債権者に対抗することができない。

〔平二九法四四本条改正〕

（差押禁止債権を受働債権とする相殺の禁止）

第五一〇条　債権が差押えを禁じたものであるときは、その債務者は、相殺をもって債権者に対抗することができない。

（差押えを受けた債権を受働債権とする相殺の禁止）

第五一一条　差押えを受けた債権の第三債務者は、差押え後に取得した債権による相殺をもって差押債権者に対抗することはできないが、差押え前に取得した債権による相殺をもって対抗することができる。

2　前項の規定にかかわらず、差押え後に取得した債権が差押え前の原因に基づいて生じたものであるときは、その第三債務者は、その債権による相殺をもって差押債権者に対抗することができる。ただ

し、第三債務者が差押え後に他人の債権を取得したときは、この限りでない。〔本条の施行は、令二・四・一〕

> **（支払の差止めを受けた債権を受働債権とする相殺の禁止）**
> **第五一一条**　支払の差止めを受けた第三債務者は、その後に取得した債権による相殺をもって差押債権者に対抗することができない。
> 〔二項は新設規定〕

〔平二九法四四見出し・一項改正・二項追加〕

（相殺の充当）

第五一二条　債権者が債務者に対して有する一個又は数個の債権と、債権者が債務者に対して負担する一個又は数個の債務について、債権者が相殺の意思表示をした場合において、当事者が別段の合意をしなかったときは、債権者の有する債権とその負担する債務は、相殺に適するようになった時期の順序に従って、その対当額について相殺によって消滅する。

2　前項の場合において、相殺をする債権者の有する債権がその負担する債務の全部を消滅させるのに足りないときであって、当事者が別段の合意をしなかったときは、次に掲げるところによる。

一　債権者が数個の債務を負担するとき（次号に規定する場合を除く。）は、第四百八十八条第四項第二号から第四号までの規定を準用する。

二　債権者が負担する一個又は数個の債務について元本のほか利息及び費用を支払うべきときは、第四百八十九条の規定を準用する。この場合において、同条第二項中「前条」とあるのは、「前条第四項第二号から第四号まで」と読み替えるものとする。

3　第一項の場合において、相殺をする債権者の負担する債務がその有する債権の全部を消滅させるのに足りないときは、前項の規定を準用する。〔本条の施行は、令二・四・一〕

> **第五一二条**　第四百八十八条から第四百九十一条までの規定は、相殺について準用する。
> 〔平二九法四四本条改正〕

☆**第五一二条の二**　債権者が債務者に対して有する債権に、一個の債権の弁済として数個の給付をすべきものがある場合における相殺については、前条の規定を準用する。債権者が債務者に対して負担する債務に、一個の債務の弁済として数個の給付をすべきものがある場合における相殺についても、同様とする。〔本条の施行は、令二・四・一〕

〔平二九法四四本条追加〕

第三款　更改

（更改）

第五一三条　当事者が従前の債務に代えて、新たな債務であって次に掲げるものを発生させる契約をしたときは、従前の債務は、更改によって消滅する。

一　従前の給付の内容について重要な変更をするもの

二　従前の債務者が第三者と交替するもの

三　従前の債権者が第三者と交替するもの〔本条の施行は、令二・四・一〕

> **第五一三条**　当事者が債務の要素を変更する契約をしたときは、その債務は、更改によって消滅する。
> 2　条件付債務を無条件債務としたとき、無条件債務に条件を付したとき、又は債務の条件を変更したときは、いずれも債務の要素を変更したものとみなす。

〔平二九法四四第一項改正・二項削除〕

（債務者の交替による更改）

第五一四条　債務者の交替による更改は、債権者と更改後に債務者となる者との契約によってすることができる。この場合において、更改は、債権者が更改前の債務者に対してその契約をした旨を通知した時に、その効力を生ずる。

2　債務者の交替による更改後の債務者は、更改前の債務者に対して求償権を取得しない。〔本条の施行は、令二・四・一〕

> **第五一四条**　債務者の交替による更改は、債権者と更改後に債務者となる者との契約によってすることができる。ただし、更改前の債務者の意思に反するときは、この限りでない。

〔二項は新設規定〕

〔平二九法四四第一項改正・二項追加〕

(債権者の交替による更改)

第五一五条　債権者の交替による更改は、更改前の債権者、更改後に債権者となる者及び債務者の契約によってすることができる。

2債権者の交替による更改は、確定日付のある証書によってしなければ、第三者に対抗することができない。〔本条の施行は、令二・四・一〕

> **第五一五条**〔2に繰下げ〔一項は新設規定〕〕

〔平二九法四四第一項追加・旧一項繰下〔二項〕〕

第五一六条及び第五一七条　削除〔平二九法四四〕〔本規定の施行は、令二・四・一〕

> **第五一六条**　第四百六十八条第一項の規定は、債権者の交替による更改について準用する。
>
> **(更改前の債務が消滅しない場合)**
>
> **第五一七条**　更改によって生じた債務が、不法な原因のため又は当事者の知らない事由によって成立せず又は取り消されたときは、更改前の債務は、消滅しない。

(更改後の債務への担保の移転)

第五一八条　債権者（債権者の交替による更改にあっては、更改前の債権者）は、更改前の債務の目的の限度において、その債務の担保として設定された質権又は抵当権を更改後の債務に移すことができる。ただし、第三者がこれを設定した場合には、その承諾を得なければならない。

2前項の質権又は抵当権の移転は、あらかじめ又は同時に更改の相手方（債権者の交替による更改にあっては、債務者）に対してする意思表示によってしなければならない。〔本条の施行は、令二・四・一〕

> **第五一八条**　更改の当事者は、更改前の債務の目的の限度において、その債務の担保として設定された質権又は抵当権を更改後の債務に移すことができる。ただし、第三者がこれを設定した場合には、その承諾を得なければならない。
>
> 〔二項は新設規定〕

〔平二九法四四第一項改正・二項追加〕

第四款　免除

第五一九条　債権者が債務者に対して債務を免除する意思を表示したときは、その債権は、消滅する。

第五款　混同

第五二〇条　債権及び債務が同一人に帰属したときは、その債権は、消滅する。ただし、その債権が第三者の権利の目的であるときは、この限りでない。

☆第七節　有価証券〔平二九法四四本節追加〕〔本節の施行は、令二・四・一〕

☆第一款　指図証券

☆**(指図証券の譲渡)**

第五二〇条の二　指図証券の譲渡は、その証券に譲渡の裏書をして譲受人に交付しなければ、その効力を生じない。

〔対応条項＝〔民前四六九〕〕

☆**(指図証券の裏書の方式)**

第五二〇条の三　指図証券の譲渡については、その指図証券の性質に応じ、手形法（昭和七年法律第二十号）中裏書の方式に関する規定を準用する。

☆**(指図証券の所持人の権利の推定)**

第五二〇条の四　指図証券の所持人が裏書の連続によりその権利を証明するときは、その所持人は、証券上の権利を適法に有するものと推定する。

☆**(指図証券の善意取得)**

第五二〇条の五　何らかの事由により指図証券の占有を失った者がある場合において、その所持人が前条の規定によりその権利を証明するときは、その所持人は、その証券を返還する義務を負わない。ただし、その所持人が悪意又は重大な過失によりその証券を取得したときは、この限りでない。

☆**（指図証券の譲渡における債務者の抗弁の制限）**

第五二〇条の六　指図証券の債務者は、その証券に記載した事項及びその証券の性質から当然に生ずる結果を除き、その証券の譲渡前の債権者に対抗することができた事由をもって善意の譲受人に対抗することができない。

〔対応条項＝（民前四七二・四七三）〕

☆**（指図証券の質入れ）**

第五二〇条の七　第五百二十条の二から前条までの規定は、指図証券を目的とする質権の設定について準用する。

〔対応条項＝（民前三六五）〕

☆**（指図証券の弁済の場所）**

第五二〇条の八　指図証券の弁済は、債務者の現在の住所においてしなければならない。

☆**（指図証券の提示と履行遅滞）**

第五二〇条の九　指図証券の債務者は、その債務の履行について期限の定めがあるときであっても、その期限が到来した後に所持人がその証券を提示してその履行の請求をした時から遅滞の責任を負う。

☆**（指図証券の債務者の調査の権利等）**

第五二〇条の一〇　指図証券の債務者は、その証券の所持人並びにその署名及び押印の真偽を調査する権利を有するが、その義務を負わない。ただし、債務者に悪意又は重大な過失があるときは、その弁済は、無効とする。

〔対応条項＝（民前四七〇・四七一）〕

☆**（指図証券の喪失）**

第五二〇条の一一　指図証券は、非訟事件手続法（平成二十三年法律第五十一号）第百条に規定する公示催告手続によって無効とすることができる。

☆**（指図証券喪失の場合の権利行使方法）**

第五二〇条の一二　金銭その他の物又は有価証券の給付を目的とする指図証券の所持人がその指図証券を喪失した場合において、非訟事件手続法第百十四条に規定する公示催告の申立てをしたときは、その債務者に、その債務の目的物を供託させ、又は相当の担保を供してその指図証券の趣旨に従い履行をさせることができる。

☆第二款　記名式所持人払証券

☆**（記名式所持人払証券の譲渡）**

第五二〇条の一三　記名式所持人払証券（債権者を指名する記載がされている証券であって、その所持人に弁済をすべき旨が付記されているものをいう。以下同じ。）の譲渡は、その証券を交付しなければ、その効力を生じない。

〔対応条項＝（民前四七一）〕

☆**（記名式所持人払証券の所持人の権利の推定）**

第五二〇条の一四　記名式所持人払証券の所持人は、証券上の権利を適法に有するものと推定する。

☆**（記名式所持人払証券の善意取得）**

第五二〇条の一五　何らかの事由により記名式所持人払証券の占有を失った者がある場合において、その所持人が前条の規定によりその権利を証明するときは、その所持人は、その証券を返還する義務を負わない。ただし、その所持人が悪意又は重大な過失によりその証券を取得したときは、この限りでない。

☆**（記名式所持人払証券の譲渡における債務者の抗弁の制限）**

第五二〇条の一六　記名式所持人払証券の債務者は、その証券に記載した事項及びその証券の性質から当然に生ずる結果を除き、その証券の譲渡前の債権者に対抗することができた事由をもって善意の譲受人に対抗することができない。

☆**（記名式所持人払証券の質入れ）**

第五二〇条の一七　第五百二十条の十三から前条までの規定は、記名式所持人払証券を目的とする質権の設定について準用する。

〔対応条項＝（民前三六三）〕

☆**（指図証券の規定の準用）**

第五二〇条の一八　第五百二十条の八から第五百二十条の十二までの規定は、記名式所持人払証券について準用する。

〔対応条項＝（民前四七一）〕

☆
第三款 その他の記名証券

☆
第五二〇条の一九 債権者を指名する記載がされている証券であって指図証券及び記名式所持人払証券以外のものは、債権の譲渡又はこれを目的とする質権の設定に関する方式に従い、かつ、その効力をもってのみ、譲渡し、又は質権の目的とすることができる。

2 第五百二十条の十一及び第五百二十条の十二の規定は、前項の証券について準用する。

☆
第四款 無記名証券

☆
第五二〇条の二〇 第二款（記名式所持人払証券）の規定は、無記名証券について準用する。

〔対応条項＝（民前八六3・三六三・四七三）〕

第二章 契約

第一節 総則

第一款 契約の成立

☆**（契約の締結及び内容の自由）**

第五二一条 何人も、法令に特別の定めがある場合を除き、契約をするかどうかを自由に決定することができる。

2 契約の当事者は、法令の制限内において、契約の内容を自由に決定することができる。〔本条の施行は、令二・四・一〕

〔平二九法四四本条追加〕

☆**（契約の成立と方式）**

第五二二条 契約は、契約の内容を示してその締結を申し入れる意思表示（以下「申込み」という。）に対して相手方が承諾をしたときに成立する。

2 契約の成立には、法令に特別の定めがある場合を除き、書面の作成その他の方式を具備することを要しない。〔本条の施行は、令二・四・一〕

〔対応条項＝一項（民前五二六1）〕

〔平二九法四四本条追加〕

（承諾の期間の定めのある申込み）

第五二三条 承諾の期間を定めてした申込みは、撤回することができない。ただし、申込者が撤回をする権利を留保したときは、この限りでない。

2 申込者が前項の申込みに対して同項の期間内に承諾の通知を受けなかったときは、その申込みは、その効力を失う。〔本条の施行は、令二・四・一〕

> **第五二一条** 承諾の期間を定めてした契約の申込みは、撤回することができない。〔第五二三条に繰下げ〕
>
> 2 〔同〕

〔平二九法四四第一項改正・条数繰下〕

> ★**（承諾の通知の延着）**
>
> **第五二二条** 前条第一項の申込みに対する承諾の通知が同項の期間の経過後に到達した場合であっても、通常の場合にはその期間内に到達すべき時に発送したものであることを知ることができるときは、申込者は、遅滞なく、相手方に対してその延着の通知を発しなければならない。ただし、その到達前に遅延の通知を発したときは、この限りでない。
>
> 2 申込者が前項本文の延着の通知を怠ったときは、承諾の通知は、前条第一項の期間内に到達したものとみなす。〔本条の削除は、令二・四・一〕

（遅延した承諾の効力）

第五二四条 申込者は、遅延した承諾を新たな申込みとみなすことができる。〔本条の施行は、令二・四・一〕

> **第五二三条** 〔第五二四条に繰下げ〕

〔平二九法四四条数繰下〕

☆**（承諾の期間の定めのない申込み）**

第五二五条　承諾の期間を定めないでした申込みは、申込者が承諾の通知を受けるのに相当な期間を経過するまでは、撤回することができない。ただし、申込者が撤回をする権利を留保したときは、この限りでない。

2 対話者に対してした前項の申込みは、同項の規定にかかわらず、その対話が継続している間は、いつでも撤回することができる。

3 対話者に対してした第一項の申込みに対して対話が継続している間に申込者が承諾の通知を受けなかったときは、その申込みは、その効力を失う。ただし、申込者が対話の終了後もその申込みが効力を失わない旨を表示したときは、この限りでない。〔本条の施行は、令二・四・一〕

> **第五二四条**　承諾の期間を定めないで隔地者に対してした申込みは、申込者が承諾の通知を受けるのに相当な期間を経過するまでは、撤回することができない。〔第五二五条に繰下げ〕
>
> 〔二項・三項は新設規定〕

〔平二九法四四第一項改正・二項・三項追加・条数繰下〕

> ★**（申込者の死亡又は行為能力の喪失）**
>
> **第五二五条**　第九十七条第二項の規定は、申込者が反対の意思を表示した場合又はその相手方が申込者の死亡若しくは行為能力の喪失の事実を知っていた場合には、適用しない。〔本条の削除は、令二・四・一〕

（申込者の死亡等）

第五二六条　申込者が申込みの通知を発した後に死亡し、意思能力を有しない常況にある者となり、又は行為能力の制限を受けた場合において、申込者がその事実が生じたとすればその申込みは効力を有しない旨の意思を表示していたとき、又はその相手方が承諾の通知を発するまでにその事実が生じたことを知ったときは、その申込みは、その効力を有しない。〔本条の施行は、令二・四・一〕

> **（隔地者間の契約の成立時期）**
>
> **第五二六条**　隔地者間の契約は、承諾の通知を発した時に成立する。
>
> 2 申込者の意思表示又は取引上の慣習により承諾の通知を必要としない場合には、契約は、承諾の意思表示と認めるべき事実があった時に成立する。

〔平二九法四四本条改正〕

（承諾の通知を必要としない場合における契約の成立時期）

第五二七条　申込者の意思表示又は取引上の慣習により承諾の通知を必要としない場合には、契約は、承諾の意思表示と認めるべき事実があった時に成立する。〔本条の施行は、令二・四・一〕

> **（申込みの撤回の通知の延着）**
>
> **第五二七条**　申込みの撤回の通知が承諾の通知を発した後に到達した場合であっても、通常の場合にはその前に到達すべき時に発送したものであることを知ることができるときは、承諾者は、遅滞なく、申込者に対してその延着の通知を発しなければならない。
>
> 2 承諾者が前項の延着の通知を怠ったときは、契約は、成立しなかったものとみなす。

〔平二九法四四本条改正〕

（申込みに変更を加えた承諾）

第五二八条　承諾者が、申込みに条件を付し、その他変更を加えてこれを承諾したときは、その申込みの拒絶とともに新たな申込みをしたものとみなす。

（懸賞広告）

第五二九条　ある行為をした者に一定の報酬を与える旨を広告した者（以下「懸賞広告者」という。）は、その行為をした者がその広告を知っていたかどうかにかかわらず、その者に対してその報酬を与える義務を負う。〔本条の施行は、令二・四・一〕

> **第五二九条**　ある行為をした者に一定の報酬を与える旨を広告した者（以下この款において「懸賞広告者」という。）は、その行為をした者に対してその報酬を与える義務を負う。

〔平二九法四四本条改正〕

☆**（指定した行為をする期間の定めのある懸賞広告）**

第五二九条の二　懸賞広告者は、その指定した行為をする期間を定めてした広告を撤回することができない。ただし、その広告において撤回をする権利を留保したときは、この限りでない。

2 前項の広告は、その期間内に指定した行為を完了する者がないときは、その効力を失う。〔本条の施行は、令二・四・一〕

〔平二九法四四本条追加〕

☆**（指定した行為をする期間の定めのない懸賞広告）**

第五二九条の三　懸賞広告者は、その指定した行為を完了する者がない間は、その指定した行為をする期間を定めないでした広告を撤回することができる。ただし、その広告中に撤回をしない旨を表示したときは、この限りでない。〔本条の施行は、令二・四・一〕

〔対応条項＝（民前五三〇1 2）〕

〔平二九法四四本条追加〕

（懸賞広告の撤回の方法）

第五三〇条　前の広告と同一の方法による広告の撤回は、これを知らない者に対しても、その効力を有する。

2 広告の撤回は、前の広告と異なる方法によっても、することができる。ただし、その撤回は、これを知った者に対してのみ、その効力を有する。〔本条の施行は、令二・四・一〕

〔五二九条の二から五三〇条までは、民前五三〇条と対応〕

> **（懸賞広告の撤回）**
>
> **第五三〇条**　前条の場合において、懸賞広告者は、その指定した行為を完了する者がない間は、前の広告と同一の方法によってその広告を撤回することができる。ただし、その広告中に撤回をしない旨を表示したときは、この限りでない。
>
> 2 前項本文に規定する方法によって撤回をすることができない場合には、他の方法によって撤回をすることができる。この場合において、その撤回は、これを知った者に対してのみ、その効力を有する。
>
> 3 懸賞広告者がその指定した行為をする期間を定めたときは、その撤回をする権利を放棄したものと推定する。

〔平二九法四四本条改正〕

（懸賞広告の報酬を受ける権利）

第五三一条　広告に定めた行為をした者が数人あるときは、最初にその行為をした者のみが報酬を受ける権利を有する。

2 数人が同時に前項の行為をした場合には、各自が等しい割合で報酬を受ける権利を有する。ただし、報酬がその性質上分割に適しないとき、又は広告において一人のみがこれを受けるものとしたときは、抽選でこれを受ける者を定める。

3 前二項の規定は、広告中にこれと異なる意思を表示したときは、適用しない。

（優等懸賞広告）

第五三二条　広告に定めた行為をした者が数人ある場合において、その優等者のみに報酬を与えるべきときは、その広告は、応募の期間を定めたときに限り、その効力を有する。

2 前項の場合において、応募者中いずれの者の行為が優等であるかは、広告中に定めた者が判定し、広告中に判定をする者を定めなかったときは懸賞広告者が判定する。

3 応募者は、前項の判定に対して異議を述べることができない。

4 前条第二項の規定は、数人の行為が同等と判定された場合について準用する。

第二款　契約の効力

（同時履行の抗弁）

第五三三条　双務契約の当事者の一方は、相手方がその債務の履行（債務の履行に代わる損害賠償の債務の履行を含む。）を提供するまでは、自己の債務の履行を拒むことができる。ただし、相手方の債務が弁済期にないときは、この限りでない。〔本条の施行は、令二・四・一〕

〔対応条項＝括弧書き（民前五七一・六三四2）〕

> **第五三三条**　双務契約の当事者の一方は、相手方がその債務の履行を提供するまでは、自己の債務の履行を拒むことができる。ただし、相手方の債務が弁済期にないときは、この限りでない。

〔平二九法四四本条改正〕

第五三四条及び第五三五条　削除〔平二九法四四〕〔本規定の施行は、令二・四・一〕

> **（債権者の危険負担）**
>
> **第五三四条**　特定物に関する物権の設定又は移転を双務契約の目的とした場合において、その物が債務者の責めに帰することができない事由によって滅失し、又は損傷したときは、その滅失又は損傷は、債権者の負担に帰する。

2不特定物に関する契約については、第四百一条第二項の規定によりその物が確定した時から、前項の規定を適用する。

> **（停止条件付双務契約における危険負担）**
> **第五三五条**　前条の規定は、停止条件付双務契約の目的物が条件の成否が未定である間に滅失した場合には、適用しない。
> 2停止条件付双務契約の目的物が債務者の責めに帰することができない事由によって損傷したときは、その損傷は、債権者の負担に帰する。
> 3停止条件付双務契約の目的物が債務者の責めに帰すべき事由によって損傷した場合において、条件が成就したときは、債権者は、その選択に従い、契約の履行の請求又は解除権の行使をすることができる。この場合においては、損害賠償の請求を妨げない。

（債務者の危険負担等）

第五三六条　当事者双方の責めに帰することができない事由によって債務を履行することができなくなったときは、債権者は、反対給付の履行を拒むことができる。

2債権者の責めに帰すべき事由によって債務を履行することができなくなったときは、債権者は、反対給付の履行を拒むことができない。この場合において、債務者は、自己の債務を免れたことによって利益を得たときは、これを債権者に償還しなければならない。

〔本条の施行は、令二・四・一〕

> **第五三六条**　前二条に規定する場合を除き、当事者双方の責めに帰することができない事由によって債務を履行することができなくなったときは、債務者は、反対給付を受ける権利を有しない。
> 2債権者の責めに帰すべき事由によって債務を履行することができなくなったときは、債務者は、反対給付を受ける権利を失わない。この場合において、自己の債務を免れたことによって利益を得たときは、これを債権者に償還しなければならない。
> 〔平二九法四四本条改正〕

（第三者のためにする契約）

第五三七条　契約により当事者の一方が第三者に対してある給付をすることを約したときは、その第三者は、債務者に対して直接にその給付を請求する権利を有する。

2前項の契約は、その成立の時に第三者が現に存しない場合又は第三者が特定していない場合であっても、そのためにその効力を妨げられない。

3第一項の場合において、第三者の権利は、その第三者が債務者に対して同項の契約の利益を享受する意思を表示した時に発生する。

〔本条の施行は、令二・四・一〕

> **第五三七条**〔同〕
> 〔一項は新設規定〕
> 2前項の場合において、第三者の権利は、その第三者が債務者に対して同項の契約の利益を享受する意思を表示した時に発生する。〔3に繰下げ〕

〔平二九法四四第二項追加・旧二項改正繰下（三項）〕

（第三者の権利の確定）

第五三八条　前条の規定により第三者の権利が発生した後は、当事者は、これを変更し、又は消滅させることができない。

2前条の規定により第三者の権利が発生した後に、債務者がその第三者に対する債務を履行しない場合には、同条第一項の契約の相手方は、その第三者の承諾を得なければ、契約を解除することができない。〔本項の施行は、令二・四・一〕

> **第五三八条**〔二項は新設規定〕

〔平二九法四四第二項追加〕

（債務者の抗弁）

第五三九条　債務者は、第五百三十七条第一項の契約に基づく抗弁をもって、その契約の利益を受ける第三者に対抗することができる。

☆

第三款　契約上の地位の移転

〔平二九法四四本款追加〕〔本款の施行は、令二・四・一〕

☆

第五三九条の二　契約の当事者の一方が第三者との間で契約上の地位を譲渡する旨の合意をした場合において、その契約の相手方がその譲渡を承諾したときは、契約上の地位は、その第三者に移転する。

第四款　契約の解除〔平二九法四四本款繰下〕〔本款繰下げの施行は、令二・四・一〕

> 第三款〔第四款に繰下げ〕

（解除権の行使）

第五四〇条　契約又は法律の規定により当事者の一方が解除権を有するときは、その解除は、相手方に対する意思表示によってする。

2 前項の意思表示は、撤回することができない。

（催告による解除）

第五四一条　当事者の一方がその債務を履行しない場合において、相手方が相当の期間を定めてその履行の催告をし、その期間内に履行がないときは、相手方は、契約の解除をすることができる。ただし、その期間を経過した時における債務の不履行がその契約及び取引上の社会通念に照らして軽微であるときは、この限りでない。〔本条の施行は、令二・四・一〕

> **（履行遅滞等による解除権）**
> **第五四一条**　当事者の一方がその債務を履行しない場合において、相手方が相当の期間を定めてその履行の催告をし、その期間内に履行がないときは、相手方は、契約の解除をすることができる。

〔平二九法四四本条改正〕

（催告によらない解除）

第五四二条　次に掲げる場合には、債権者は、前条の催告をすることなく、直ちに契約の解除をすることができる。

一　債務の全部の履行が不能であるとき。

二　債務者がその債務の全部の履行を拒絶する意思を明確に表示したとき。

三　債務の一部の履行が不能である場合又は債務者がその債務の一部の履行を拒絶する意思を明確に表示した場合において、残存する部分のみでは契約をした目的を達することができないとき。

四　契約の性質又は当事者の意思表示により、特定の日時又は一定の期間内に履行をしなければ契約をした目的を達することができない場合において、債務者が履行をしないでその時期を経過したとき。

五　前各号に掲げる場合のほか、債務者がその債務の履行をせず、債権者が前条の催告をしても契約をした目的を達するのに足りる履行がされる見込みがないことが明らかであるとき。

2 次に掲げる場合には、債権者は、前条の催告をすることなく、直ちに契約の一部の解除をすることができる。

一　債務の一部の履行が不能であるとき。

二　債務者がその債務の一部の履行を拒絶する意思を明確に表示したとき。〔本条の施行は、令二・四・一〕

〔対応条項＝一項一号・二項一号（民前五四三）、一項四号（民前五四二）〕

> **（定期行為の履行遅滞による解除権）**
> **第五四二条**　契約の性質又は当事者の意思表示により、特定の日時又は一定の期間内に履行をしなければ契約をした目的を達することができない場合において、当事者の一方が履行をしないでその時期を経過したときは、相手方は、前条の催告をすることなく、直ちにその契約の解除をすることができる。

〔平二九法四四本条改正〕

（債権者の責めに帰すべき事由による場合）

第五四三条　債務の不履行が債権者の責めに帰すべき事由によるものであるときは、債権者は、前二条の規定による契約の解除をすることができない。〔本条の施行は、令二・四・一〕

> **（履行不能による解除権）**
> **第五四三条**　履行の全部又は一部が不能となったときは、債権者は、契約の解除をすることができる。ただし、その債務の不履行が債務者の責めに帰することができない事由によるものであるときは、この限りでない。

〔平二九法四四本条改正〕

（解除権の不可分性）

第五四四条　当事者の一方が数人ある場合には、契約の解除は、その全員から又はその全員に対してのみ、することができる。

2 前項の場合において、解除権が当事者のうちの一人について消滅したときは、他の者についても消滅する。

（解除の効果）

第五四五条　当事者の一方がその解除権を行使したときは、各当事者は、その相手方を原状に復させる義務を負う。ただし、第三者の権利を害することはできない。

2 前項本文の場合において、金銭を返還するときは、その受領の時から利息を付さなければならない。

3 第一項本文の場合において、金銭以外の物を返還するときは、その受領の時以後に生じた果実をも返還しなければならない。

4 解除権の行使は、損害賠償の請求を妨げない。〔本条の施行は、令二・四・一〕

> **第五四五条**〔同〕
> 2〔同〕
> 〔三項は新設規定〕
> 3〔4に繰下げ〕

〔平二九法四四第三項追加・旧三項繰下（四項）〕

（契約の解除と同時履行）

第五四六条　第五百三十三条の規定は、前条の場合について準用する。

（催告による解除権の消滅）

第五四七条　解除権の行使について期間の定めがないときは、相手方は、解除権を有する者に対し、相当の期間を定めて、その期間内に解除をするかどうかを確答すべき旨の催告をすることができる。この場合において、その期間内に解除の通知を受けないときは、解除権は、消滅する。

（解除権者の故意による目的物の損傷等による解除権の消滅）

第五四八条　解除権を有する者が故意若しくは過失によって契約の目的物を著しく損傷し、若しくは返還することができなくなったとき、又は加工若しくは改造によってこれを他の種類の物に変えたときは、解除権は、消滅する。ただし、解除権を有する者がその解除権を有することを知らなかったときは、この限りでない。〔本条の施行は、令二・四・一〕

> **（解除権者の行為等による解除権の消滅）**
> **第五四八条**　解除権を有する者が自己の行為若しくは過失によって契約の目的物を著しく損傷し、若しくは返還することができなくなったとき、又は加工若しくは改造によってこれを他の種類の物に変えたときは、解除権は、消滅する。
> 2 契約の目的物が解除権を有する者の行為又は過失によらないで滅失し、又は損傷したときは、解除権は、消滅しない。

〔平二九法四四見出し・一項改正・二項削除〕

☆ 第五款　定型約款〔平二九法四四本款追加〕〔本款の施行は、令二・四・一〕

☆ **（定型約款の合意）**

第五四八条の二　定型取引（ある特定の者が不特定多数の者を相手方として行う取引であって、その内容の全部又は一部が画一的であることがその双方にとって合理的なものをいう。以下同じ。）を行うことの合意（次条において「定型取引合意」という。）をした者は、次に掲げる場合には、定型約款（定型取引において、契約の内容とすることを目的としてその特定の者により準備された条項の総体をいう。以下同じ。）の個別の条項についても合意をしたものとみなす。

一 定型約款を契約の内容とする旨の合意をしたとき。

二 定型約款を準備した者（以下「定型約款準備者」という。）があらかじめその定型約款を契約の内容とする旨を相手方に表示していたとき。

2 前項の規定にかかわらず、同項の条項のうち、相手方の権利を制限し、又は相手方の義務を加重する条項であって、その定型取引の態様及びその実情並びに取引上の社会通念に照らして第一条第二項に規定する基本原則に反して相手方の利益を一方的に害すると認められるものについては、合意をしなかったものとみなす。

☆ **（定型約款の内容の表示）**

第五四八条の三　定型取引を行い、又は行おうとする定型約款準備者は、定型取引合意の前又は定型取引合意の後相当の期間内に相手方から請求があった場合には、遅滞なく、相当な方法でその定型約款の内容を示さなければならない。ただし、定型約款準備者が既に相手方に対して定型約款を記載した書面を交付し、又はこれを記録した電磁的記録を提供していたときは、この限りでない。

2 定型約款準備者が定型取引合意の前において前項の請求を拒んだときは、前条の規定は、適用しない。ただし、一時的な通信障害が発生した場合その他正当な事由がある場合は、この限りでない。

☆**（定型約款の変更）**

第五四八条の四 定型約款準備者は、次に掲げる場合には、定型約款の変更をすることにより、変更後の定型約款の条項について合意があったものとみなし、個別に相手方と合意をすることなく契約の内容を変更することができる。

一 定型約款の変更が、相手方の一般の利益に適合するとき。

二 定型約款の変更が、契約をした目的に反せず、かつ、変更の必要性、変更後の内容の相当性、この条の規定により定型約款の変更をすることがある旨の定めの有無及びその内容その他の変更に係る事情に照らして合理的なものであるとき。

2 定型約款準備者は、前項の規定による定型約款の変更をするときは、その効力発生時期を定め、かつ、定型約款を変更する旨及び変更後の定型約款の内容並びにその効力発生時期をインターネットの利用その他の適切な方法により周知しなければならない。

3 第一項第二号の規定による定型約款の変更は、前項の効力発生時期が到来するまでに同項の規定による周知をしなければ、その効力を生じない。

4 第五百四十八条の二第二項の規定は、第一項の規定による定型約款の変更については、適用しない。

第二節 贈与

（贈与）

第五四九条 贈与は、当事者の一方がある財産を無償で相手方に与える意思を表示し、相手方が受諾をすることによって、その効力を生ずる。〔本条の施行は、令二・四・一〕

> **第五四九条** 贈与は、当事者の一方が自己の財産を無償で相手方に与える意思を表示し、相手方が受諾をすることによって、その効力を生ずる。

〔平二九法四四本条改正〕

（書面によらない贈与の解除）

第五五〇条 書面によらない贈与は、各当事者が解除をすることができる。ただし、履行の終わった部分については、この限りでない。〔本条の施行は、令二・四・一〕

> **（書面によらない贈与の撤回）**
>
> **第五五〇条** 書面によらない贈与は、各当事者が撤回することができる。ただし、履行の終わった部分については、この限りでない。

〔平二九法四四本条改正〕

（贈与者の引渡義務等）

第五五一条 贈与者は、贈与の目的である物又は権利を、贈与の目的として特定した時の状態で引き渡し、又は移転することを約したものと推定する。

2 負担付贈与については、贈与者は、その負担の限度において、売主と同じく担保の責任を負う。〔本条の施行は、令二・四・一〕

> **（贈与者の担保責任）**
>
> **第五五一条** 贈与者は、贈与の目的である物又は権利の瑕疵又は不存在について、その責任を負わない。ただし、贈与者がその瑕疵又は不存在を知りながら受贈者に告げなかったときは、この限りでない。
>
> 2 〔同〕

〔平二九法四四見出し・一項改正〕

（定期贈与）

第五五二条 定期の給付を目的とする贈与は、贈与者又は受贈者の死亡によって、その効力を失う。

（負担付贈与）

第五五三条 負担付贈与については、この節に定めるもののほか、その性質に反しない限り、双務契約に関する規定を準用する。

（死因贈与）

第五五四条 贈与者の死亡によって効力を生ずる贈与については、その性質に反しない限り、遺贈に関する規定を準用する。

第三節 売買

第一款 総則

（売買）

第五五五条 売買は、当事者の一方がある財産権を相手方に移転することを約し、相手方がこれに対してその代金を支払うことを約することによって、その効力を生ずる。

（売買の一方の予約）

第五五六条 売買の一方の予約は、相手方が売買を完結する意思を表示した時から、売買の効力を生ずる。

2 前項の意思表示について期間を定めなかったときは、予約者は、相手方に対し、相当の期間を定めて、その期間内に売買を完結するかどうかを確答すべき旨の催告をすることができる。この場合において、相手方がその期間内に確答をしないときは、売買の一方の予約は、その効力を失う。

（手付）

第五五七条 買主が売主に手付を交付したときは、買主はその手付を放棄し、売主はその倍額を現実に提供して、契約の解除をすることができる。ただし、その相手方が契約の履行に着手した後は、この限りでない。

2 第五百四十五条第四項の規定は、前項の場合には、適用しない。

〔本条の施行は、令二・四・一〕

> **第五五七条** 買主が売主に手付を交付したときは、当事者の一方が契約の履行に着手するまでは、買主はその手付を放棄し、売主はその倍額を償還して、契約の解除をすることができる。
>
> 2 第五百四十五条第三項の規定は、前項の場合には、適用しない。

〔平二九法四四本条改正〕

（売買契約に関する費用）

第五五八条 売買契約に関する費用は、当事者双方が等しい割合で負担する。

（有償契約への準用）

第五五九条 この節の規定は、売買以外の有償契約について準用する。ただし、その有償契約の性質がこれを許さないときは、この限りでない。

第二款 売買の効力 〔五六一条から五六六条までは、民前五六〇条から五六六条・五七〇条と対応〕

（権利移転の対抗要件に係る売主の義務）

第五六〇条 売主は、買主に対し、登記、登録その他の売買の目的である権利の移転についての対抗要件を備えさせる義務を負う。〔本条の施行は、令二・四・一〕

> **（他人の権利の売買における売主の義務）**
>
> **第五六〇条** 他人の権利を売買の目的としたときは、売主は、その権利を取得して買主に移転する義務を負う。

〔平二九法四四本条改正〕

（他人の権利の売買における売主の義務）

第五六一条 他人の権利（権利の一部が他人に属する場合におけるその権利の一部を含む。）を売買の目的としたときは、売主は、その権利を取得して買主に移転する義務を負う。〔本条の施行は、令二・四・一〕

〔対応条項＝（民前五六〇・五六一・五六三）〕

> **（他人の権利の売買における売主の担保責任）**
>
> **第五六一条** 前条の場合において、売主がその売却した権利を取得して買主に移転することができないときは、買主は、契約の解除をすることができる。この場合において、契約の時においてその権利が売主に属しないことを知っていたときは、損害賠償の請求をすることができない。

〔平二九法四四本条改正〕

（買主の追完請求権）

第五六二条 引き渡された目的物が種類、品質又は数量に関して契約の内容に適合しないものであるときは、買主は、売主に対し、目的物の修補、代替物の引渡し又は不足分の引渡しによる履行の追完を請求することができる。ただし、売主は、買主に不相当な負担を課するものでないときは、買主が請求した方法と異なる方法による履行の追完をすることができる。

2 前項の不適合が買主の責めに帰すべき事由によるものであるときは、買主は、同項の規定による履行の追完の請求をすることができない。〔本条の施行は、令二・四・一〕

> **（他人の権利の売買における善意の売主の解除権）**
>
> **第五六二条**　売主が契約の時においてその売却した権利が自己に属しないことを知らなかった場合において、その権利を取得して買主に移転することができないときは、売主は、損害を賠償して、契約の解除をすることができる。
>
> 2 前項の場合において、買主が契約の時においてその買い受けた権利が売主に属しないことを知っていたときは、売主は、買主に対し、単にその売却した権利を移転することができない旨を通知して、契約の解除をすることができる。

〔平二九法四四本条改正〕

（買主の代金減額請求権）

第五六三条　前条第一項本文に規定する場合において、買主が相当の期間を定めて履行の追完の催告をし、その期間内に履行の追完がないときは、買主は、その不適合の程度に応じて代金の減額を請求することができる。

2 前項の規定にかかわらず、次に掲げる場合には、買主は、同項の催告をすることなく、直ちに代金の減額を請求することができる。

一　履行の追完が不能であるとき。

二　売主が履行の追完を拒絶する意思を明確に表示したとき。

三　契約の性質又は当事者の意思表示により、特定の日時又は一定の期間内に履行をしなければ契約をした目的を達することができない場合において、売主が履行の追完をしないでその時期を経過したとき。

四　前三号に掲げる場合のほか、買主が前項の催告をしても履行の追完を受ける見込みがないことが明らかであるとき。

3 第一項の不適合が買主の責めに帰すべき事由によるものであるときは、買主は、前二項の規定による代金の減額の請求をすることができない。〔本条の施行は、令二・四・一〕

> **（権利の一部が他人に属する場合における売主の担保責任）**
>
> **第五六三条**　売買の目的である権利の一部が他人に属することにより、売主がこれを買主に移転することができないときは、買主は、その不足する部分の割合に応じて代金の減額を請求することができる。
>
> 2 前項の場合において、残存する部分のみであれば買主がこれを買い受けなかったときは、善意の買主は、契約の解除をすることができる。
>
> 3 代金減額の請求又は契約の解除は、善意の買主が損害賠償の請求をすることを妨げない。

〔平二九法四四本条改正〕

（買主の損害賠償請求及び解除権の行使）

第五六四条　前二条の規定は、第四百十五条の規定による損害賠償の請求並びに第五百四十一条及び第五百四十二条の規定による解除権の行使を妨げない。〔本条の施行は、令二・四・一〕

> **第五六四条**　前条の規定による権利は、買主が善意であったときは事実を知った時から、悪意であったときは契約の時から、それぞれ一年以内に行使しなければならない。

〔平二九法四四本条改正〕

（移転した権利が契約の内容に適合しない場合における売主の担保責任）

第五六五条　前三条の規定は、売主が買主に移転した権利が契約の内容に適合しないものである場合（権利の一部が他人に属する場合においてその権利の一部を移転しないときを含む。）について準用する。〔本条の施行は、令二・四・一〕

〔対応条項＝（民前五六三・五七〇）〕

> **（数量の不足又は物の一部滅失の場合における売主の担保責任）**
>
> **第五六五条**　前二条の規定は、数量を指示して売買をした物に不足がある場合又は物の一部が契約の時に既に滅失していた場合において、買主がその不足又は滅失を知らなかったときについて準用する。

〔平二九法四四本条改正〕

（目的物の種類又は品質に関する担保責任の期間の制限）

第五六六条　売主が種類又は品質に関して契約の内容に適合しない目的物を買主に引き渡した場合において、買主がその不適合を知った時から一年以内にその旨を売主に通知しないときは、買主は、その不適合を理由として、履行の追完の請求、代金の減額の請求、損害賠償の請求及び契約の解除をすることができない。ただし、売主が引渡しの時にその不適合を知り、又は重大な過失によって知らなかったときは、この限りでない。〔本条の施行は、令二・四・一〕

〔対応条項＝（民前五六四・五六六3）〕

> **（地上権等がある場合等における売主の担保責任）**
>
> **第五六六条**　売買の目的物が地上権、永小作権、地役権、留置権又は質権の目的である場合において、買主がこれを知らず、かつ、そのために契約をした目的を達することができないときは、買主は、契約の解除をすることができる。この場合において、契約の解除をすることができないときは、損害賠償の請求のみをすることができる。
>
> 2　前項の規定は、売買の目的である不動産のために存すると称した地役権が存しなかった場合及びその不動産について登記をした賃貸借があった場合について準用する。
>
> 3　前二項の場合において、契約の解除又は損害賠償の請求は、買主が事実を知った時から一年以内にしなければならない。

〔平二九法四四本条改正〕

（目的物の滅失等についての危険の移転）

第五六七条　売主が買主に目的物（売買の目的として特定したものに限る。以下この条において同じ。）を引き渡した場合において、その引渡しがあった時以後にその目的物が当事者双方の責めに帰することができない事由によって滅失し、又は損傷したときは、買主は、その滅失又は損傷を理由として、履行の追完の請求、代金の減額の請求、損害賠償の請求及び契約の解除をすることができない。この場合において、買主は、代金の支払を拒むことができない。

2　売主が契約の内容に適合する目的物をもって、その引渡しの債務の履行を提供したにもかかわらず、買主がその履行を受けることを拒み、又は受けることができない場合において、その履行の提供があった時以後に当事者双方の責めに帰することができない事由によってその目的物が滅失し、又は損傷したときも、前項と同様とする。

〔本条の施行は、令二・四・一〕

> **（抵当権等がある場合における売主の担保責任）**
>
> **第五六七条**　売買の目的である不動産について存した先取特権又は抵当権の行使により買主がその所有権を失ったときは、買主は、契約の解除をすることができる。
>
> 2　買主は、費用を支出してその所有権を保存したときは、売主に対し、その費用の償還を請求することができる。
>
> 3　前二項の場合において、買主は、損害を受けたときは、その賠償を請求することができる。

〔平二九法四四本条改正〕

（競売における担保責任等）

第五六八条　民事執行法その他の法律の規定に基づく競売（以下この条において単に「競売」という。）における買受人は、第五百四十一条及び第五百四十二条の規定並びに第五百六十三条（第五百六十五条において準用する場合を含む。）の規定により、債務者に対し、契約の解除をし、又は代金の減額を請求することができる。

2　前項の場合において、債務者が無資力であるときは、買受人は、代金の配当を受けた債権者に対し、その代金の全部又は一部の返還を請求することができる。

3　前二項の場合において、債務者が物若しくは権利の不存在を知りながら申し出なかったとき、又は債権者がこれを知りながら競売を請求したときは、買受人は、これらの者に対し、損害賠償の請求をすることができる。

4　前三項の規定は、競売の目的物の種類又は品質に関する不適合については、適用しない。〔本条の施行は、令二・四・一〕

〔対応条項＝（民前五六八）、四項（民前五七〇）〕

> **（強制競売における担保責任）**
>
> **第五六八条**　強制競売における買受人は、第五百六十一条から前条までの規定により、債務者に対し、契約の解除をし、又は代金の減額を請求することができる。
>
> 2・3　〔同〕
>
> 〔四項は新設規定〕

〔平二九法四四見出し・一項改正・四項追加〕

（債権の売主の担保責任）

第五六九条　債権の売主が債務者の資力を担保したときは、契約の時における資力を担保したものと推定する。

2 弁済期に至らない債権の売主が債務者の将来の資力を担保したときは、弁済期における資力を担保したものと推定する。

（抵当権等がある場合の買主による費用の償還請求）

第五七〇条　買い受けた不動産について契約の内容に適合しない先取特権、質権又は抵当権が存していた場合において、買主が費用を支出してその不動産の所有権を保存したときは、買主は、売主に対し、その費用の償還を請求することができる。〔本条の施行は、令二・四・一〕

〔対応条項＝（民前五六七2）〕

> **（売主の瑕疵担保責任）**
>
> **第五七〇条**　売買の目的物に隠れた瑕疵があったときは、第五百六十六条の規定を準用する。ただし、強制競売の場合は、この限りでない。

〔平二九法四四本条改正〕

第五七一条　削除〔平二九法四四〕〔本規定の施行は、令二・四・一〕

> **（売主の担保責任と同時履行）**
>
> **第五七一条**　第五百三十三条の規定は、第五百六十三条から第五百六十六条まで及び前条の場合について準用する。

（担保責任を負わない旨の特約）

第五七二条　売主は、第五百六十二条第一項本文又は第五百六十五条に規定する場合における担保の責任を負わない旨の特約をしたときであっても、知りながら告げなかった事実及び自ら第三者のために設定し又は第三者に譲り渡した権利については、その責任を免れることができない。〔本条の施行は、令二・四・一〕

> **第五七二条**　売主は、第五百六十条から前条までの規定による担保の責任を負わない旨の特約をしたときであっても、知りながら告げなかった事実及び自ら第三者のために設定し又は第三者に譲り渡した権利については、その責任を免れることができない。

〔平二九法四四本条改正〕

（代金の支払期限）

第五七三条　売買の目的物の引渡しについて期限があるときは、代金の支払についても同一の期限を付したものと推定する。

（代金の支払場所）

第五七四条　売買の目的物の引渡しと同時に代金を支払うべきときは、その引渡しの場所において支払わなければならない。

（果実の帰属及び代金の利息の支払）

第五七五条　まだ引き渡されていない売買の目的物が果実を生じたときは、その果実は、売主に帰属する。

2 買主は、引渡しの日から、代金の利息を支払う義務を負う。ただし、代金の支払について期限があるときは、その期限が到来するまでは、利息を支払うことを要しない。

（権利を取得することができない等のおそれがある場合の買主による代金の支払の拒絶）

第五七六条　売買の目的について権利を主張する者があることその他の事由により、買主がその買い受けた権利の全部若しくは一部を取得することができず、又は失うおそれがあるときは、買主は、その危険の程度に応じて、代金の全部又は一部の支払を拒むことができる。ただし、売主が相当の担保を供したときは、この限りでない。〔本条の施行は、令二・四・一〕

> **（権利を失うおそれがある場合の買主による代金の支払の拒絶）**
>
> **第五七六条**　売買の目的について権利を主張する者があるために買主がその買い受けた権利の全部又は一部を失うおそれがあるときは、買主は、その危険の限度に応じて、代金の全部又は一部の支払を拒むことができる。ただし、売主が相当の担保を供したときは、この限りでない。

〔平二九法四四本条改正〕

（抵当権等の登記がある場合の買主による代金の支払の拒絶）

第五七七条　買い受けた不動産について契約の内容に適合しない抵当権の登記があるときは、買主は、抵当権消滅請求の手続が終わるまで、その代金の支払を拒むことができる。この場合において、売主は、買主に対し、遅滞なく抵当権消滅請求をすべき旨を請求することができる。

2 前項の規定は、買い受けた不動産について契約の内容に適合しない先取特権又は質権の登記がある場合について準用する。〔本条の施行

は、令二・四・一〕

> 第五七七条　買い受けた不動産について抵当権の登記があるときは、買主は、抵当権消滅請求の手続が終わるまで、その代金の支払を拒むことができる。この場合において、売主は、買主に対し、遅滞なく抵当権消滅請求をすべき旨を請求することができる。
> 2 前項の規定は、買い受けた不動産について先取特権又は質権の登記がある場合について準用する。

〔平二九法四四本条改正〕

（売主による代金の供託の請求）
第五七八条　前二条の場合においては、売主は、買主に対して代金の供託を請求することができる。

第三款　買戻し

（買戻しの特約）
第五七九条　不動産の売主は、売買契約と同時にした買戻しの特約により、買主が支払った代金（別段の合意をした場合にあっては、その合意により定めた金額。第五百八十三条第一項において同じ。）及び契約の費用を返還して、売買の解除をすることができる。この場合において、当事者が別段の意思を表示しなかったときは、不動産の果実と代金の利息とは相殺したものとみなす。〔本条の施行は、令二・四・一〕

> 第五七九条　不動産の売主は、売買契約と同時にした買戻しの特約により、買主が支払った代金及び契約の費用を返還して、売買の解除をすることができる。この場合において、当事者が別段の意思を表示しなかったときは、不動産の果実と代金の利息とは相殺したものとみなす。

〔平二九法四四本条改正〕

（買戻しの期間）
第五八〇条　買戻しの期間は、十年を超えることができない。特約でこれより長い期間を定めたときは、その期間は、十年とする。
2 買戻しについて期間を定めたときは、その後にこれを伸長することができない。
3 買戻しについて期間を定めなかったときは、五年以内に買戻しをしなければならない。

（買戻しの特約の対抗力）
第五八一条　売買契約と同時に買戻しの特約を登記したときは、買戻しは、第三者に対抗することができる。
2 前項の登記がされた後に第六百五条の二第一項に規定する対抗要件を備えた賃借人の権利は、その残存期間中一年を超えない期間に限り、売主に対抗することができる。ただし、売主を害する目的で賃貸借をしたときは、この限りでない。〔本条の施行は、令二・四・一〕

> 第五八一条　売買契約と同時に買戻しの特約を登記したときは、買戻しは、第三者に対しても、その効力を生ずる。
> 2 登記をした賃借人の権利は、その残存期間中一年を超えない期間に限り、売主に対抗することができる。ただし、売主を害する目的で賃貸借をしたときは、この限りでない。

〔平二九法四四本条改正〕

（買戻権の代位行使）
第五八二条　売主の債権者が第四百二十三条の規定により売主に代わって買戻しをしようとするときは、買主は、裁判所において選任した鑑定人の評価に従い、不動産の現在の価額から売主が返還すべき金額を控除した残額に達するまで売主の債務を弁済し、なお残余があるときはこれを売主に返還して、買戻権を消滅させることができる。

（買戻しの実行）
第五八三条　売主は、第五百八十条に規定する期間内に代金及び契約の費用を提供しなければ、買戻しをすることができない。
2 買主又は転得者が不動産について費用を支出したときは、売主は、第百九十六条の規定に従い、その償還をしなければならない。ただし、有益費については、裁判所は、売主の請求により、その償還について相当の期限を許与することができる。

（共有持分の買戻特約付売買）
第五八四条　不動産の共有者の一人が買戻しの特約を付してその持分を売却した後に、その不動産の分割又は競売があったときは、売主は、買主が受け、若しくは受けるべき部分又は代金について、買戻しをすることができる。ただし、売主に通知をしないでした分割及び競売は、売主に対抗することができない。

第五八五条 前条の場合において、買主が不動産の競売における買受人となったときは、売主は、競売の代金及び第五百八十三条に規定する費用を支払って買戻しをすることができる。この場合において、売主は、その不動産の全部の所有権を取得する。

2 他の共有者が分割を請求したことにより買主が競売における買受人となったときは、売主は、その持分のみについて買戻しをすることはできない。

第四節 交換

第五八六条 交換は、当事者が互いに金銭の所有権以外の財産権を移転することを約することによって、その効力を生ずる。

2 当事者の一方が他の権利とともに金銭の所有権を移転することを約した場合におけるその金銭については、売買の代金に関する規定を準用する。

第五節 消費貸借

（消費貸借）

第五八七条 消費貸借は、当事者の一方が種類、品質及び数量の同じ物をもって返還をすることを約して相手方から金銭その他の物を受け取ることによって、その効力を生ずる。

☆**（書面でする消費貸借等）**

第五八七条の二 前条の規定にかかわらず、書面でする消費貸借は、当事者の一方が金銭その他の物を引き渡すことを約し、相手方がその受け取った物と種類、品質及び数量の同じ物をもって返還をすることを約することによって、その効力を生ずる。

2 書面でする消費貸借の借主は、貸主から金銭その他の物を受け取るまで、契約の解除をすることができる。この場合において、貸主は、その契約の解除によって損害を受けたときは、借主に対し、その賠償を請求することができる。

3 書面でする消費貸借は、借主が貸主から金銭その他の物を受け取る前に当事者の一方が破産手続開始の決定を受けたときは、その効力を失う。

4 消費貸借がその内容を記録した電磁的記録によってされたときは、その消費貸借は、書面によってされたものとみなして、前三項の規定を適用する。〔本条の施行は、令二・四・一〕

〔対応条項＝三項（民前五八九）〕

〔平二九法四四本条追加〕

（準消費貸借）

第五八八条 金銭その他の物を給付する義務を負う者がある場合において、当事者がその物を消費貸借の目的とすることを約したときは、消費貸借は、これによって成立したものとみなす。〔本条の施行は、令二・四・一〕

> **第五八八条** 消費貸借によらないで金銭その他の物を給付する義務を負う者がある場合において、当事者がその物を消費貸借の目的とすることを約したときは、消費貸借は、これによって成立したものとみなす。

〔平二九法四四本条改正〕

（利息）

第五八九条 貸主は、特約がなければ、借主に対して利息を請求することができない。

2 前項の特約があるときは、貸主は、借主が金銭その他の物を受け取った日以後の利息を請求することができる。〔本条の施行は、令二・四・一〕

> **（消費貸借の予約と破産手続の開始）**
>
> **第五八九条** 消費貸借の予約は、その後に当事者の一方が破産手続開始の決定を受けたときは、その効力を失う。

〔平二九法四四本条改正〕

（貸主の引渡義務等）

第五九〇条 第五百五十一条の規定は、前条第一項の特約のない消費貸借について準用する。

2 前条第一項の特約の有無にかかわらず、貸主から引き渡された物が種類又は品質に関して契約の内容に適合しないものであるときは、

借主は、その物の価額を返還することができる。〔本条の施行は、令二・四・一〕

> **（貸主の担保責任）**
> **第五九〇条**　利息付きの消費貸借において、物に隠れた瑕疵があったときは、貸主は、瑕疵がない物をもってこれに代えなければならない。この場合においては、損害賠償の請求を妨げない。
> 2無利息の消費貸借においては、借主は、瑕疵がある物の価額を返還することができる。この場合において、貸主がその瑕疵を知りながら借主に告げなかったときは、前項の規定を準用する。

〔平二九法四四本条改正〕

（返還の時期）

第五九一条　当事者が返還の時期を定めなかったときは、貸主は、相当の期間を定めて返還の催告をすることができる。

2借主は、返還の時期の定めの有無にかかわらず、いつでも返還をすることができる。

3当事者が返還の時期を定めた場合において、貸主は、借主がその時期の前に返還をしたことによって損害を受けたときは、借主に対し、その賠償を請求することができる。〔本条の施行は、令二・四・一〕

> **第五九一条**〔同〕
> 2借主は、いつでも返還をすることができる。
> 〔三項は新設規定〕

〔平二九法四四第二項改正・三項追加〕

（価額の償還）
第五九二条　借主が貸主から受け取った物と種類、品質及び数量の同じ物をもって返還をすることができなくなったときは、その時における物の価額を償還しなければならない。ただし、第四百二条第二項に規定する場合は、この限りでない。

第六節　使用貸借

（使用貸借）
第五九三条　使用貸借は、当事者の一方がある物を引き渡すことを約し、相手方がその受け取った物について無償で使用及び収益をして契約が終了したときに返還をすることを約することによって、その効力を生ずる。〔本条の施行は、令二・四・一〕

> **第五九三条**　使用貸借は、当事者の一方が無償で使用及び収益をした後に返還をすることを約して相手方からある物を受け取ることによって、その効力を生ずる。

〔平二九法四四本条改正〕

☆**（借用物受取り前の貸主による使用貸借の解除）**
第五九三条の二　貸主は、借主が借用物を受け取るまで、契約の解除をすることができる。ただし、書面による使用貸借については、この限りでない。〔本条の施行は、令二・四・一〕
〔平二九法四四本条追加〕

（借主による使用及び収益）

第五九四条　借主は、契約又はその目的物の性質によって定まった用法に従い、その物の使用及び収益をしなければならない。

2借主は、貸主の承諾を得なければ、第三者に借用物の使用又は収益をさせることができない。

3借主が前二項の規定に違反して使用又は収益をしたときは、貸主は、契約の解除をすることができる。


（借用物の費用の負担）

第五九五条　借主は、借用物の通常の必要費を負担する。

2第五百八十三条第二項の規定は、前項の通常の必要費以外の費用について準用する。


（貸主の引渡義務等）

第五九六条　第五百五十一条の規定は、使用貸借について準用する。

〔本条の施行は、令二・四・一〕

> **（貸主の担保責任）**
> **第五九六条**〔同〕

〔平二九法四四見出し改正〕

（期間満了等による使用貸借の終了）
第五九七条　当事者が使用貸借の期間を定めたときは、使用貸借は、その期間が満了することによって終了する。

2当事者が使用貸借の期間を定めなかった場合において、使用及び収益の目的を定めたときは、使用貸借は、借主がその目的に従い使用及び収益を終えることによって終了する。
3使用貸借は、借主の死亡によって終了する。〔本条の施行は、令二・四・一〕
〔対応条項＝三項（民前五九九）〕

（借用物の返還の時期）

第五九七条　借主は、契約に定めた時期に、借用物の返還をしなければならない。

2当事者が返還の時期を定めなかったときは、借主は、契約に定めた目的に従い使用及び収益を終わった時に、返還をしなければならない。ただし、その使用及び収益を終わる前であっても、使用及び収益をするのに足りる期間を経過したときは、貸主は、直ちに返還を請求することができる。

3当事者が返還の時期並びに使用及び収益の目的を定めなかったときは、貸主は、いつでも返還を請求することができる。

〔平二九法四四本条改正〕

（使用貸借の解除）

第五九八条　貸主は、前条第二項に規定する場合において、同項の目的に従い借主が使用及び収益をするのに足りる期間を経過したときは、契約の解除をすることができる。

2当事者が使用貸借の期間並びに使用及び収益の目的を定めなかったときは、貸主は、いつでも契約の解除をすることができる。

3借主は、いつでも契約の解除をすることができる。〔本条の施行は、令二・四・一〕

〔対応条項＝（民前五九七2但3）〕

（借主による収去）
第五九八条　借主は、借用物を原状に復して、これに附属させた物を収去することができる。

〔平二九法四四本条改正〕

（借主による収去等）

第五九九条　借主は、借用物を受け取った後にこれに附属させた物がある場合において、使用貸借が終了したときは、その附属させた物を収去する義務を負う。ただし、借用物から分離することができない物又は分離するのに過分の費用を要する物については、この限りでない。

2借主は、借用物を受け取った後にこれに附属させた物を収去することができる。

3借主は、借用物を受け取った後にこれに生じた損傷がある場合において、使用貸借が終了したときは、その損傷を原状に復する義務を負う。ただし、その損傷が借主の責めに帰することができない事由によるものであるときは、この限りでない。〔本条の施行は、令二・四・一〕

〔対応条項＝（民前五九八）〕

（借主の死亡による使用貸借の終了）
第五九九条　使用貸借は、借主の死亡によって、その効力を失う。

〔平二九法四四本条改正〕

（損害賠償及び費用の償還の請求権についての期間の制限）

第六〇〇条　契約の本旨に反する使用又は収益によって生じた損害の賠償及び借主が支出した費用の償還は、貸主が返還を受けた時から一年以内に請求しなければならない。

2前項の損害賠償の請求権については、貸主が返還を受けた時から一年を経過するまでの間は、時効は、完成しない。〔本項の施行は、令二・四・一〕

第六〇〇条〔二項は新設規定〕

〔平二九法四四第二項追加〕

第七節　賃貸借

第一款　総則

（賃貸借）
第六〇一条　賃貸借は、当事者の一方がある物の使用及び収益を相手方にさせることを約し、相手方がこれに対してその賃料を支払うこと及び引渡しを受けた物を契約が終了したときに返還することを約

することによって、その効力を生ずる。〔本条の施行は、令二・四・一〕

第六〇一条　賃貸借は、当事者の一方がある物の使用及び収益を相手方にさせることを約し、相手方がこれに対してその賃料を支払うことを約することによって、その効力を生ずる。

〔平二九法四四本条改正〕

（短期賃貸借）

第六〇二条　処分の権限を有しない者が賃貸借をする場合には、次の各号に掲げる賃貸借は、それぞれ当該各号に定める期間を超えることができない。契約でこれより長い期間を定めたときであっても、その期間は、当該各号に定める期間とする。

一　樹木の栽植又は伐採を目的とする山林の賃貸借　十年

二　前号に掲げる賃貸借以外の土地の賃貸借　五年

三　建物の賃貸借　三年

四　動産の賃貸借　六箇月〔本条の施行は、令二・四・一〕

第六〇二条　処分につき行為能力の制限を受けた者又は処分の権限を有しない者が賃貸借をする場合には、次の各号に掲げる賃貸借は、それぞれ当該各号に定める期間を超えることができない。

一から四まで〔同〕

〔平二九法四四本条改正〕

（短期賃貸借の更新）

第六〇三条　前条に定める期間は、更新することができる。ただし、その期間満了前、土地については一年以内、建物については三箇月以内、動産については一箇月以内に、その更新をしなければならない。

（賃貸借の存続期間）

第六〇四条　賃貸借の存続期間は、五十年を超えることができない。契約でこれより長い期間を定めたときであっても、その期間は、五十年とする。

2　賃貸借の存続期間は、更新することができる。ただし、その期間は、更新の時から五十年を超えることができない。〔本条の施行は、令二・四・一〕

第六〇四条　賃貸借の存続期間は、二十年を超えることができない。契約でこれより長い期間を定めたときであっても、その期間は、二十年とする。

2　賃貸借の存続期間は、更新することができる。ただし、その期間は、更新の時から二十年を超えることができない。

〔平二九法四四本条改正〕

第二款　賃貸借の効力

（不動産賃貸借の対抗力）

第六〇五条　不動産の賃貸借は、これを登記したときは、その不動産について物権を取得した者その他の第三者に対抗することができる。〔本条の施行は、令二・四・一〕

第六〇五条　不動産の賃貸借は、これを登記したときは、その後その不動産について物権を取得した者に対しても、その効力を生ずる。

〔平二九法四四本条改正〕

☆**（不動産の賃貸人たる地位の移転）**

第六〇五条の二　前条、借地借家法（平成三年法律第九十号）第十条又は第三十一条その他の法令の規定による賃貸借の対抗要件を備えた場合において、その不動産が譲渡されたときは、その不動産の賃貸人たる地位は、その譲受人に移転する。

2　前項の規定にかかわらず、不動産の譲渡人及び譲受人が、賃貸人たる地位を譲渡人に留保する旨及びその不動産を譲受人が譲渡人に賃貸する旨の合意をしたときは、賃貸人たる地位は、譲受人に移転しない。この場合において、譲渡人と譲受人又はその承継人との間の賃貸借が終了したときは、譲渡人に留保されていた賃貸人たる地位は、譲受人又はその承継人に移転する。

3　第一項又は前項後段の規定による賃貸人たる地位の移転は、賃貸物である不動産について所有権の移転の登記をしなければ、賃借人に対抗することができない。

4　第一項又は第二項後段の規定により賃貸人たる地位が譲受人又はその承継人に移転したときは、第六百八条の規定による費用の償還に係る債務及び第六百二十二条の二第一項の規定による同項に規定する敷金の返還に係る債務は、譲受人又はその承継人が承継する。
〔本条の施行は、令二・四・一〕
〔平二九法四四本条追加〕

☆（合意による不動産の賃貸人たる地位の移転）
第六〇五条の三　不動産の譲渡人が賃貸人であるときは、その賃貸人たる地位は、賃借人の承諾を要しないで、譲渡人と譲受人との合意により、譲受人に移転させることができる。この場合においては、前条第三項及び第四項の規定を準用する。〔本条の施行は、令二・四・一〕
〔平二九法四四本条追加〕

☆（不動産の賃借人による妨害の停止の請求等）
第六〇五条の四　不動産の賃借人は、第六百五条の二第一項に規定する対抗要件を備えた場合において、次の各号に掲げるときは、それぞれ当該各号に定める請求をすることができる。
一　その不動産の占有を第三者が妨害しているとき　その第三者に対する妨害の停止の請求
二　その不動産を第三者が占有しているとき　その第三者に対する返還の請求〔本条の施行は、令二・四・一〕
〔平二九法四四本条追加〕

（賃貸人による修繕等）
第六〇六条　賃貸人は、賃貸物の使用及び収益に必要な修繕をする義務を負う。ただし、賃借人の責めに帰すべき事由によってその修繕が必要となったときは、この限りでない。
2　賃貸人が賃貸物の保存に必要な行為をしようとするときは、賃借人は、これを拒むことができない。〔本条の施行は、令二・四・一〕

> （賃貸物の修繕等）
> **第六〇六条**　賃貸人は、賃貸物の使用及び収益に必要な修繕をする義務を負う。
> 2　〔同〕

〔平二九法四四見出し・一項改正〕

（賃借人の意思に反する保存行為）
第六〇七条　賃貸人が賃借人の意思に反して保存行為をしようとする場合において、そのために賃借人が賃借をした目的を達することができなくなるときは、賃借人は、契約の解除をすることができる。

☆（賃借人による修繕）
第六〇七条の二　賃借物の修繕が必要である場合において、次に掲げるときは、賃借人は、その修繕をすることができる。
一　賃借人が賃貸人に修繕が必要である旨を通知し、又は賃貸人がその旨を知ったにもかかわらず、賃貸人が相当の期間内に必要な修繕をしないとき。
二　急迫の事情があるとき。〔本条の施行は、令二・四・一〕
〔平二九法四四本条追加〕

（賃借人による費用の償還請求）
第六〇八条　賃借人は、賃借物について賃貸人の負担に属する必要費を支出したときは、賃貸人に対し、直ちにその償還を請求することができる。
2　賃借人が賃借物について有益費を支出したときは、賃貸人は、賃貸借の終了の時に、第百九十六条第二項の規定に従い、その償還をしなければならない。ただし、裁判所は、賃貸人の請求により、その償還について相当の期限を許与することができる。

（減収による賃料の減額請求）
第六〇九条　耕作又は牧畜を目的とする土地の賃借人は、不可抗力によって賃料より少ない収益を得たときは、その収益の額に至るまで、賃料の減額を請求することができる。〔本条の施行は、令二・四・一〕

> **第六〇九条**　収益を目的とする土地の賃借人は、不可抗力によって賃料より少ない収益を得たときは、その収益の額に至るまで、賃料の減額を請求することができる。ただし、宅地の賃貸借については、この限りでない。

〔平二九法四四本条改正〕

（減収による解除）
第六一〇条　前条の場合において、同条の賃借人は、不可抗力によって引き続き二年以上賃料より少ない収益を得たときは、契約の解除をすることができる。

（賃借物の一部滅失等による賃料の減額等）

第六一一条　賃借物の一部が滅失その他の事由により使用及び収益をすることができなくなった場合において、それが賃借人の責めに帰することができない事由によるものであるときは、賃料は、その使用及び収益をすることができなくなった部分の割合に応じて、減額される。

2　賃借物の一部が滅失その他の事由により使用及び収益をすることができなくなった場合において、残存する部分のみでは賃借人が賃借をした目的を達することができないときは、賃借人は、契約の解除をすることができる。〔本条の施行は、令二・四・一〕

> **（賃借物の一部滅失による賃料の減額請求等）**
>
> **第六一一条**　賃借物の一部が賃借人の過失によらないで滅失したときは、賃借人は、その滅失した部分の割合に応じて、賃料の減額を請求することができる。
>
> 2　前項の場合において、残存する部分のみでは賃借人が賃借をした目的を達することができないときは、賃借人は、契約の解除をすることができる。

〔平二九法四四本条改正〕

（賃借権の譲渡及び転貸の制限）

第六一二条　賃借人は、賃貸人の承諾を得なければ、その賃借権を譲り渡し、又は賃借物を転貸することができない。

2　賃借人が前項の規定に違反して第三者に賃借物の使用又は収益をさせたときは、賃貸人は、契約の解除をすることができる。

（転貸の効果）

第六一三条　賃借人が適法に賃借物を転貸したときは、転借人は、賃貸人と賃借人との間の賃貸借に基づく賃借人の債務の範囲を限度として、賃貸人に対して転貸借に基づく債務を直接履行する義務を負う。この場合においては、賃料の前払をもって賃貸人に対抗することができない。

2　前項の規定は、賃貸人が賃借人に対してその権利を行使することを妨げない。

3　賃借人が適法に賃借物を転貸した場合には、賃貸人は、賃借人との間の賃貸借を合意により解除したことをもって転借人に対抗することができない。ただし、その解除の当時、賃貸人が賃借人の債務不履行による解除権を有していたときは、この限りでない。〔本条の施行は、令二・四・一〕

> **第六一三条**　賃借人が適法に賃借物を転貸したときは、転借人は、賃貸人に対して直接に義務を負う。この場合においては、賃料の前払をもって賃貸人に対抗することができない。
>
> 2　〔同〕
>
> 〔三項は新設規定〕

〔平二九法四四第一項改正・三項追加〕

（賃料の支払時期）

第六一四条　賃料は、動産、建物及び宅地については毎月末に、その他の土地については毎年末に、支払わなければならない。ただし、収穫の季節があるものについては、その季節の後に遅滞なく支払わなければならない。

（賃借人の通知義務）

第六一五条　賃借物が修繕を要し、又は賃借物について権利を主張する者があるときは、賃借人は、遅滞なくその旨を賃貸人に通知しなければならない。ただし、賃貸人が既にこれを知っているときは、この限りでない。

（賃借人による使用及び収益）

第六一六条　第五百九十四条第一項の規定は、賃貸借について準用する。〔本条の施行は、令二・四・一〕

> **（使用貸借の規定の準用）**
>
> **第六一六条**　第五百九十四条第一項、第五百九十七条第一項及び第五百九十八条の規定は、賃貸借について準用する。

〔平二九法四四本条改正〕

第三款　賃貸借の終了

☆**（賃借物の全部滅失等による賃貸借の終了）**

第六一六条の二　賃借物の全部が滅失その他の事由により使用及び収益をすることができなくなった場合には、賃貸借は、これによって

終了する。〔本条の施行は、令二・四・一〕

〔平二九法四四本条追加〕

（期間の定めのない賃貸借の解約の申入れ）

第六一七条　当事者が賃貸借の期間を定めなかったときは、各当事者は、いつでも解約の申入れをすることができる。この場合においては、次の各号に掲げる賃貸借は、解約の申入れの日からそれぞれ当該各号に定める期間を経過することによって終了する。

一　土地の賃貸借　一年

二　建物の賃貸借　三箇月

三　動産及び貸席の賃貸借　一日

2　収穫の季節がある土地の賃貸借については、その季節の後次の耕作に着手する前に、解約の申入れをしなければならない。

（期間の定めのある賃貸借の解約をする権利の留保）

第六一八条　当事者が賃貸借の期間を定めた場合であっても、その一方又は双方がその期間内に解約をする権利を留保したときは、前条の規定を準用する。

（賃貸借の更新の推定等）

第六一九条　賃貸借の期間が満了した後賃借人が賃借物の使用又は収益を継続する場合において、賃貸人がこれを知りながら異議を述べないときは、従前の賃貸借と同一の条件で更に賃貸借をしたものと推定する。この場合において、各当事者は、第六百十七条の規定により解約の申入れをすることができる。

2　従前の賃貸借について当事者が担保を供していたときは、その担保は、期間の満了によって消滅する。ただし、第六百二十二条の二第一項に規定する敷金については、この限りでない。〔本項の施行は、令二・四・一〕

> **第六一九条**〔同〕
> 2　従前の賃貸借について当事者が担保を供していたときは、その担保は、期間の満了によって消滅する。ただし、敷金については、この限りでない。

〔平二九法四四第二項改正〕

（賃貸借の解除の効力）

第六二〇条　賃貸借の解除をした場合には、その解除は、将来に向かってのみその効力を生ずる。この場合においては、損害賠償の請求を妨げない。〔本条の施行は、令二・四・一〕

> **第六二〇条**　賃貸借の解除をした場合には、その解除は、将来に向かってのみその効力を生ずる。この場合において、当事者の一方に過失があったときは、その者に対する損害賠償の請求を妨げない。

〔平二九法四四本条改正〕

（賃借人の原状回復義務）

第六二一条　賃借人は、賃借物を受け取った後にこれに生じた損傷（通常の使用及び収益によって生じた賃借物の損耗並びに賃借物の経年変化を除く。以下この条において同じ。）がある場合において、賃貸借が終了したときは、その損傷を原状に復する義務を負う。ただし、その損傷が賃借人の責めに帰することができない事由によるものであるときは、この限りでない。〔本条の施行は、令二・四・一〕

> **（損害賠償及び費用の償還の請求権についての期間の制限）**
> **第六二一条**　第六百条の規定は、賃貸借について準用する。

〔平二九法四四本条改正〕

（使用貸借の規定の準用）

第六二二条　第五百九十七条第一項、第五百九十九条第一項及び第二項並びに第六百条の規定は、賃貸借について準用する。〔本条の施行は、令二・四・一〕

〔対応条項＝（民前六二一）〕

> **第六二二条**　削除

〔平二九法四四本条改正〕

☆第四款　敷金〔平二九法四四本款追加〕〔本款の施行は、令二・四・一〕

☆**第六二二条の二**　賃貸人は、敷金（いかなる名目によるかを問わず、賃料債務その他の賃貸借に基づいて生ずる賃借人の賃貸人に対する金銭の給付を目的とする債務を担保する目的で、賃借人が賃貸人に交付する金銭をいう。以下この条において同じ。）を受け取っている場合において、次に掲げるときは、賃借人に対し、その受け取った敷金の額から賃貸借に基づいて生じた賃借人の賃貸人に対する金銭の給付を目的とする債務の額を控除した残額を返還しなければならない。

一　賃貸借が終了し、かつ、賃貸物の返還を受けたとき。

二　賃借人が適法に賃借権を譲り渡したとき。

2　賃貸人は、賃借人が賃貸借に基づいて生じた金銭の給付を目的とする債務を履行しないときは、敷金をその債務の弁済に充てることができる。この場合において、賃借人は、賃貸人に対し、敷金をその債務の弁済に充てることを請求することができない。

第八節　雇用

（雇用）

第六二三条　雇用は、当事者の一方が相手方に対して労働に従事することを約し、相手方がこれに対してその報酬を与えることを約することによって、その効力を生ずる。

（報酬の支払時期）

第六二四条　労働者は、その約した労働を終わった後でなければ、報酬を請求することができない。

2　期間によって定めた報酬は、その期間を経過した後に、請求することができる。

☆**（履行の割合に応じた報酬）**

第六二四条の二　労働者は、次に掲げる場合には、既にした履行の割合に応じて報酬を請求することができる。

一　使用者の責めに帰することができない事由によって労働に従事することができなくなったとき。

二　雇用が履行の中途で終了したとき。〔本条の施行は、令二・四・一〕

〔平二九法四四本条追加〕

（使用者の権利の譲渡の制限等）

第六二五条　使用者は、労働者の承諾を得なければ、その権利を第三者に譲り渡すことができない。

2　労働者は、使用者の承諾を得なければ、自己に代わって第三者を労働に従事させることができない。

3　労働者が前項の規定に違反して第三者を労働に従事させたときは、使用者は、契約の解除をすることができる。

（期間の定めのある雇用の解除）

第六二六条　雇用の期間が五年を超え、又はその終期が不確定であるときは、当事者の一方は、五年を経過した後、いつでも契約の解除をすることができる。

2　前項の規定により契約の解除をしようとする者は、それが使用者であるときは三箇月前、労働者であるときは二週間前に、その予告をしなければならない。〔本条の施行は、令二・四・一〕

> **第六二六条**　雇用の期間が五年を超え、又は雇用が当事者の一方若しくは第三者の終身の間継続すべきときは、当事者の一方は、五年を経過した後、いつでも契約の解除をすることができる。ただし、この期間は、商工業の見習を目的とする雇用については、十年とする。
>
> 2　前項の規定により契約の解除をしようとするときは、三箇月前にその予告をしなければならない。

〔平二九法四四本条改正〕

（期間の定めのない雇用の解約の申入れ）

第六二七条　当事者が雇用の期間を定めなかったときは、各当事者は、いつでも解約の申入れをすることができる。この場合において、雇用は、解約の申入れの日から二週間を経過することによって終了する。

2　期間によって報酬を定めた場合には、使用者からの解約の申入れは、次期以後についてすることができる。ただし、その解約の申入れは、当期の前半にしなければならない。〔本項の施行は、令二・四・一〕

3　六箇月以上の期間によって報酬を定めた場合には、前項の解約の申入れは、三箇月前にしなければならない。

> **第六二七条**〔同〕
>
> 2　期間によって報酬を定めた場合には、解約の申入れは、次期以後についてすることができる。ただし、その解約の申入れは、当期の前半に

> しなければならない。
>
> 3 〔同〕
>
> 〔平二九法四四第二項改正〕

（やむを得ない事由による雇用の解除）

第六二八条 当事者が雇用の期間を定めた場合であっても、やむを得ない事由があるときは、各当事者は、直ちに契約の解除をすることができる。この場合において、その事由が当事者の一方の過失によって生じたものであるときは、相手方に対して損害賠償の責任を負う。

（雇用の更新の推定等）

第六二九条 雇用の期間が満了した後労働者が引き続きその労働に従事する場合において、使用者がこれを知りながら異議を述べないときは、従前の雇用と同一の条件で更に雇用をしたものと推定する。この場合において、各当事者は、第六百二十七条の規定により解約の申入れをすることができる。

2 従前の雇用について当事者が担保を供していたときは、その担保は、期間の満了によって消滅する。ただし、身元保証金については、この限りでない。

（雇用の解除の効力）

第六三〇条 第六百二十条の規定は、雇用について準用する。

（使用者についての破産手続の開始による解約の申入れ）

第六三一条 使用者が破産手続開始の決定を受けた場合には、雇用に期間の定めがあるときであっても、労働者又は破産管財人は、第六百二十七条の規定により解約の申入れをすることができる。この場合において、各当事者は、相手方に対し、解約によって生じた損害の賠償を請求することができない。

第九節　請負

（請負）

第六三二条 請負は、当事者の一方がある仕事を完成することを約し、相手方がその仕事の結果に対してその報酬を支払うことを約することによって、その効力を生ずる。

（報酬の支払時期）

第六三三条 報酬は、仕事の目的物の引渡しと同時に、支払わなければならない。ただし、物の引渡しを要しないときは、第六百二十四条第一項の規定を準用する。

（注文者が受ける利益の割合に応じた報酬）

第六三四条 次に掲げる場合において、請負人が既にした仕事の結果のうち可分な部分の給付によって注文者が利益を受けるときは、その部分を仕事の完成とみなす。この場合において、請負人は、注文者が受ける利益の割合に応じて報酬を請求することができる。

一 注文者の責めに帰することができない事由によって仕事を完成することができなくなったとき。

二 請負が仕事の完成前に解除されたとき。〔本条の施行は、令二・四・一〕

> **（請負人の担保責任）**
>
> **第六三四条** 仕事の目的物に瑕疵があるときは、注文者は、請負人に対し、相当の期間を定めて、その瑕疵の修補を請求することができる。ただし、瑕疵が重要でない場合において、その修補に過分の費用を要するときは、この限りでない。
>
> 2 注文者は、瑕疵の修補に代えて、又はその修補とともに、損害賠償の請求をすることができる。この場合においては、第五百三十三条の規定を準用する。

〔平二九法四四本条改正〕

第六三五条 削除 〔平二九法四四〕〔本規定の施行は、令二・四・一〕

> **第六三五条** 仕事の目的物に瑕疵があり、そのために契約をした目的を達することができないときは、注文者は、契約の解除をすることができる。ただし、建物その他の土地の工作物については、この限りでない。

（請負人の担保責任の制限）

第六三六条 請負人が種類又は品質に関して契約の内容に適合しない仕事の目的物を注文者に引き渡したとき（その引渡しを要しない場合にあっては、仕事が終了した時に仕事の目的物が種類又は品質に関して契約の内容に適合しないとき）は、注文者は、注文者の供した材料の性質又は注文者の与えた指図によって生じた不適合を理由として、履行の追完の請求、報酬の減額の請求、損害賠償の請求及び契約の解除をすることができない。ただし、請負人がその材料又は指図が不適当であることを知りながら告げなかったときは、この限りでない。〔本条の施行は、令二・四・一〕

> **（請負人の担保責任に関する規定の不適用）**
> **第六三六条**　前二条の規定は、仕事の目的物の瑕疵が注文者の供した材料の性質又は注文者の与えた指図によって生じたときは、適用しない。ただし、請負人がその材料又は指図が不適当であることを知りながら告げなかったときは、この限りでない。

〔平二九法四四本条改正〕

（目的物の種類又は品質に関する担保責任の期間の制限）

第六三七条　前条本文に規定する場合において、注文者がその不適合を知った時から一年以内にその旨を請負人に通知しないときは、注文者は、その不適合を理由として、履行の追完の請求、報酬の減額の請求、損害賠償の請求及び契約の解除をすることができない。

2　前項の規定は、仕事の目的物を注文者に引き渡した時（その引渡しを要しない場合にあっては、仕事が終了した時）において、請負人が同項の不適合を知り、又は重大な過失によって知らなかったときは、適用しない。〔本条の施行は、令二・四・一〕

> **（請負人の担保責任の存続期間）**
> **第六三七条**　前三条の規定による瑕疵の修補又は損害賠償の請求及び契約の解除は、仕事の目的物を引き渡した時から一年以内にしなければならない。
> 2　仕事の目的物の引渡しを要しない場合には、前項の期間は、仕事が終了した時から起算する。

〔平二九法四四本条改正〕

第六三八条から第六四〇条まで　削除〔平二九法四四〕〔本規定の施行は、令二・四・一〕

> **第六三八条**　建物その他の土地の工作物の請負人は、その工作物又は地盤の瑕疵について、引渡しの後五年間その担保の責任を負う。ただし、この期間は、石造、土造、れんが造、コンクリート造、金属造その他これらに類する構造の工作物については、十年とする。
> 2　工作物が前項の瑕疵によって滅失し、又は損傷したときは、注文者は、その滅失又は損傷の時から一年以内に、第六百三十四条の規定による権利を行使しなければならない。
> **（担保責任の存続期間の伸長）**
> **第六三九条**　第六百三十七条及び前条第一項の期間は、第百六十七条の規定による消滅時効の期間内に限り、契約で伸長することができる。
> **（担保責任を負わない旨の特約）**
> **第六四〇条**　請負人は、第六百三十四条又は第六百三十五条の規定による担保の責任を負わない旨の特約をしたときであっても、知りながら告げなかった事実については、その責任を免れることができない。

（注文者による契約の解除）

第六四一条　請負人が仕事を完成しない間は、注文者は、いつでも損害を賠償して契約の解除をすることができる。

（注文者についての破産手続の開始による解除）

第六四二条　注文者が破産手続開始の決定を受けたときは、請負人又は破産管財人は、契約の解除をすることができる。ただし、請負人による契約の解除については、仕事を完成した後は、この限りでない。

2　前項に規定する場合において、請負人は、既にした仕事の報酬及びその中に含まれていない費用について、破産財団の配当に加入することができる。

3　第一項の場合には、契約の解除によって生じた損害の賠償は、破産管財人が契約の解除をした場合における請負人に限り、請求することができる。この場合において、請負人は、その損害賠償について、破産財団の配当に加入する。〔本条の施行は、令二・四・一〕

> **第六四二条**　注文者が破産手続開始の決定を受けたときは、請負人又は破産管財人は、契約の解除をすることができる。この場合において、請負人は、既にした仕事の報酬及びその中に含まれていない費用について、破産財団の配当に加入することができる。
> 〔二項は新設規定〕
> 2　前項の場合には、契約の解除によって生じた損害の賠償は、破産管財人が契約の解除をした場合における請負人に限り、請求することがで

きる。この場合において、請負人は、その損害賠償について、破産財団の配当に加入する。〔3に繰下げ〕

〔平二九法四四第一項改正・二項追加・旧二項改正繰下（三項）〕

第十節　委任

（委任）

第六四三条　委任は、当事者の一方が法律行為をすることを相手方に委託し、相手方がこれを承諾することによって、その効力を生ずる。

（受任者の注意義務）

第六四四条　受任者は、委任の本旨に従い、善良な管理者の注意をもって、委任事務を処理する義務を負う。

☆**（復受任者の選任等）**

第六四四条の二　受任者は、委任者の許諾を得たとき、又はやむを得ない事由があるときでなければ、復受任者を選任することができない。

2 代理権を付与する委任において、受任者が代理権を有する復受任者を選任したときは、復受任者は、委任者に対して、その権限の範囲内において、受任者と同一の権利を有し、義務を負う。〔本条の施行は、令二・四・一〕

〔平二九法四四本条追加〕

（受任者による報告）

第六四五条　受任者は、委任者の請求があるときは、いつでも委任事務の処理の状況を報告し、委任が終了した後は、遅滞なくその経過及び結果を報告しなければならない。

（受任者による受取物の引渡し等）

第六四六条　受任者は、委任事務を処理するに当たって受け取った金銭その他の物を委任者に引き渡さなければならない。その収取した果実についても、同様とする。

2 受任者は、委任者のために自己の名で取得した権利を委任者に移転しなければならない。

（受任者の金銭の消費についての責任）

第六四七条　受任者は、委任者に引き渡すべき金額又はその利益のために用いるべき金額を自己のために消費したときは、その消費した日以後の利息を支払わなければならない。この場合において、なお損害があるときは、その賠償の責任を負う。

（受任者の報酬）

第六四八条　受任者は、特約がなければ、委任者に対して報酬を請求することができない。

2 受任者は、報酬を受けるべき場合には、委任事務を履行した後でなければ、これを請求することができない。ただし、期間によって報酬を定めたときは、第六百二十四条第二項の規定を準用する。

3 受任者は、次に掲げる場合には、既にした履行の割合に応じて報酬を請求することができる。

一　委任者の責めに帰することができない事由によって委任事務の履行をすることができなくなったとき。

二　委任が履行の中途で終了したとき。〔本項の施行は、令二・四・一〕

第六四八条〔同〕

2〔同〕

3 委任が受任者の責めに帰することができない事由によって履行の中途で終了したときは、受任者は、既にした履行の割合に応じて報酬を請求することができる。

〔平二九法四四第三項改正〕

☆**（成果等に対する報酬）**

第六四八条の二　委任事務の履行により得られる成果に対して報酬を支払うことを約した場合において、その成果が引渡しを要するときは、報酬は、その成果の引渡しと同時に、支払わなければならない。

2 第六百三十四条の規定は、委任事務の履行により得られる成果に対して報酬を支払うことを約した場合について準用する。〔本条の施行は、令二・四・一〕

〔平二九法四四本条追加〕

（受任者による費用の前払請求）

第六四九条　委任事務を処理するについて費用を要するときは、委任者は、受任者の請求により、その前払をしなければならない。

（受任者による費用等の償還請求等）

第六五〇条　受任者は、委任事務を処理するのに必要と認められる費用を支出したときは、委任者に対し、その費用及び支出の日以後におけるその利息の償還を請求することができる。

2　受任者は、委任事務を処理するのに必要と認められる債務を負担したときは、委任者に対し、自己に代わってその弁済をすることを請求することができる。この場合において、その債務が弁済期にないときは、委任者に対し、相当の担保を供させることができる。

3　受任者は、委任事務を処理するため自己に過失なく損害を受けたときは、委任者に対し、その賠償を請求することができる。

（委任の解除）

第六五一条　委任は、各当事者がいつでもその解除をすることができる。

2　前項の規定により委任の解除をした者は、次に掲げる場合には、相手方の損害を賠償しなければならない。ただし、やむを得ない事由があったときは、この限りでない。

一　相手方に不利な時期に委任を解除したとき。

二　委任者が受任者の利益（専ら報酬を得ることによるものを除く。）をも目的とする委任を解除したとき。〔本項の施行は、令二・四・一〕

> **第六五一条**〔同〕
> 2　当事者の一方が相手方に不利な時期に委任の解除をしたときは、その当事者の一方は、相手方の損害を賠償しなければならない。ただし、やむを得ない事由があったときは、この限りでない。

〔平二九法四四第二項改正〕

（委任の解除の効力）

第六五二条　第六百二十条の規定は、委任について準用する。

（委任の終了事由）

第六五三条　委任は、次に掲げる事由によって終了する。

一　委任者又は受任者の死亡

二　委任者又は受任者が破産手続開始の決定を受けたこと。

三　受任者が後見開始の審判を受けたこと。

（委任の終了後の処分）

第六五四条　委任が終了した場合において、急迫の事情があるときは、受任者又はその相続人若しくは法定代理人は、委任者又はその相続人若しくは法定代理人が委任事務を処理することができるに至るまで、必要な処分をしなければならない。

（委任の終了の対抗要件）

第六五五条　委任の終了事由は、これを相手方に通知したとき、又は相手方がこれを知っていたときでなければ、これをもってその相手方に対抗することができない。

（準委任）

第六五六条　この節の規定は、法律行為でない事務の委託について準用する。

第十一節　寄託

（寄託）

第六五七条　寄託は、当事者の一方がある物を保管することを相手方に委託し、相手方がこれを承諾することによって、その効力を生ずる。〔本条の施行は、令二・四・一〕

> **第六五七条**　寄託は、当事者の一方が相手方のために保管をすることを約してある物を受け取ることによって、その効力を生ずる。

〔平二九法四四本条改正〕

☆**（寄託物受取り前の寄託者による寄託の解除等）**

第六五七条の二　寄託者は、受寄者が寄託物を受け取るまで、契約の解除をすることができる。この場合において、受寄者は、その契約の解除によって損害を受けたときは、寄託者に対し、その賠償を請求することができる。

2　無報酬の受寄者は、寄託物を受け取るまで、契約の解除をすることができる。ただし、書面による寄託については、この限りでない。

3　受寄者（無報酬で寄託を受けた場合にあっては、書面による寄託の受寄者に限る。）は、寄託物を受け取るべき時期を経過したにもかかわらず、寄託者が寄託物を引き渡さない場合において、相当の期間を定めてその引渡しの催告をし、その期間内に引渡しがないときは、契約の解除をすることができる。〔本条の施行は、令二・四・一〕

〔平二九法四四本条追加〕

（寄託物の使用及び第三者による保管）

第六五八条　受寄者は、寄託者の承諾を得なければ、寄託物を使用することができない。

2　受寄者は、寄託者の承諾を得たとき、又はやむを得ない事由があるときでなければ、寄託物を第三者に保管させることができない。

3　再受寄者は、寄託者に対して、その権限の範囲内において、受寄者と同一の権利を有し、義務を負う。〔本条の施行は、令二・四・一〕

> **第六五八条**　受寄者は、寄託者の承諾を得なければ、寄託物を使用し、又は第三者にこれを保管させることができない。
>
> 2　第百五条及び第百七条第二項の規定は、受寄者が第三者に寄託物を保管させることができる場合について準用する。
>
> 〔三項は新設規定〕

〔平二九法四四第一項・二項改正・三項追加〕

（無報酬の受寄者の注意義務）

第六五九条　無報酬の受寄者は、自己の財産に対するのと同一の注意をもって、寄託物を保管する義務を負う。〔本条の施行は、令二・四・一〕

> **（無償受寄者の注意義務）**
>
> **第六五九条**　無報酬で寄託を受けた者は、自己の財産に対するのと同一の注意をもって、寄託物を保管する義務を負う。

〔平二九法四四本条改正〕

（受寄者の通知義務等）

第六六〇条　寄託物について権利を主張する第三者が受寄者に対して訴えを提起し、又は差押え、仮差押え若しくは仮処分をしたときは、受寄者は、遅滞なくその事実を寄託者に通知しなければならない。ただし、寄託者が既にこれを知っているときは、この限りでない。

2　第三者が寄託物について権利を主張する場合であっても、受寄者は、寄託者の指図がない限り、寄託者に対しその寄託物を返還しなければならない。ただし、受寄者が前項の通知をした場合又は同項ただし書の規定によりその通知を要しない場合において、その寄託物をその第三者に引き渡すべき旨を命ずる確定判決（確定判決と同一の効力を有するものを含む。）があったときであって、その第三者にその寄託物を引き渡したときは、この限りでない。

3　受寄者は、前項の規定により寄託者に対して寄託物を返還しなければならない場合には、寄託者にその寄託物を引き渡したことによって第三者に損害が生じたときであっても、その賠償の責任を負わない。〔本条の施行は、令二・四・一〕

> **（受寄者の通知義務）**
>
> **第六六〇条**　寄託物について権利を主張する第三者が受寄者に対して訴えを提起し、又は差押え、仮差押え若しくは仮処分をしたときは、受寄者は、遅滞なくその事実を寄託者に通知しなければならない。
>
> 〔二項・三項は新設規定〕

〔平二九法四四見出し・一項改正・二項・三項追加〕

（寄託者による損害賠償）

第六六一条　寄託者は、寄託物の性質又は瑕疵によって生じた損害を受寄者に賠償しなければならない。ただし、寄託者が過失なくその性質若しくは瑕疵を知らなかったとき、又は受寄者がこれを知っていたときは、この限りでない。

（寄託者による返還請求等）

第六六二条　当事者が寄託物の返還の時期を定めたときであっても、寄託者は、いつでもその返還を請求することができる。

2　前項に規定する場合において、受寄者は、寄託者がその時期の前に返還を請求したことによって損害を受けたときは、寄託者に対し、その賠償を請求することができる。〔本条の施行は、令二・四・一〕

> **（寄託者による返還請求）**
>
> **第六六二条**　〔同〕
>
> 〔二項は新設規定〕

〔平二九法四四見出し改正・二項追加〕

（寄託物の返還の時期）

第六六三条　当事者が寄託物の返還の時期を定めなかったときは、受寄者は、いつでもその返還をすることができる。
2 返還の時期の定めがあるときは、受寄者は、やむを得ない事由がなければ、その期限前に返還をすることができない。

（寄託物の返還の場所）
第六六四条　寄託物の返還は、その保管をすべき場所でしなければならない。ただし、受寄者が正当な事由によってその物を保管する場所を変更したときは、その現在の場所で返還をすることができる。

☆**（損害賠償及び費用の償還の請求権についての期間の制限）**
第六六四条の二　寄託物の一部滅失又は損傷によって生じた損害の賠償及び受寄者が支出した費用の償還は、寄託者が返還を受けた時から一年以内に請求しなければならない。
2 前項の損害賠償の請求権については、寄託者が返還を受けた時から一年を経過するまでの間は、時効は、完成しない。〔本条の施行は、令二・四・一〕
〔平二九法四四本条追加〕

（委任の規定の準用）
第六六五条　第六百四十六条から第六百四十八条まで、第六百四十九条並びに第六百五十条第一項及び第二項の規定は、寄託について準用する。〔本条の施行は、令二・四・一〕

> **第六六五条**　第六百四十六条から第六百五十条まで（同条第三項を除く。）の規定は、寄託について準用する。

〔平二九法四四本条改正〕

☆**（混合寄託）**
第六六五条の二　複数の者が寄託した物の種類及び品質が同一である場合には、受寄者は、各寄託者の承諾を得たときに限り、これらを混合して保管することができる。
2 前項の規定に基づき受寄者が複数の寄託者からの寄託物を混合して保管したときは、寄託者は、その寄託した物と同じ数量の物の返還を請求することができる。
3 前項に規定する場合において、寄託物の一部が滅失したときは、寄託者は、混合して保管されている総寄託物に対するその寄託した物の割合に応じた数量の物の返還を請求することができる。この場合においては、損害賠償の請求を妨げない。〔本条の施行は、令二・四・一〕
〔平二九法四四本条追加〕

（消費寄託）
第六六六条　受寄者が契約により寄託物を消費することができる場合には、受寄者は、寄託された物と種類、品質及び数量の同じ物をもって返還しなければならない。
2 第五百九十条及び第五百九十二条の規定は、前項に規定する場合について準用する。
3 第五百九十一条第二項及び第三項の規定は、預金又は貯金に係る契約により金銭を寄託した場合について準用する。〔本条の施行は、令二・四・一〕

> **第六六六条**　第五節（消費貸借）の規定は、受寄者が契約により寄託物を消費することができる場合について準用する。
> 2 前項において準用する第五百九十一条第一項の規定にかかわらず、前項の契約に返還の時期を定めなかったときは、寄託者は、いつでも返還を請求することができる。

〔平二九法四四本条改正〕

第十二節　組合

（組合契約）
第六六七条　組合契約は、各当事者が出資をして共同の事業を営むことを約することによって、その効力を生ずる。
2 出資は、労務をその目的とすることができる。

☆**（他の組合員の債務不履行）**
第六六七条の二　第五百三十三条及び第五百三十六条の規定は、組合契約については、適用しない。
2 組合員は、他の組合員が組合契約に基づく債務の履行をしないことを理由として、組合契約を解除することができない。〔本条の施行は、令二・四・一〕
〔平二九法四四本条追加〕

☆（組合員の一人についての意思表示の無効等）

第六六七条の三　組合員の一人について意思表示の無効又は取消しの原因があっても、他の組合員の間においては、組合契約は、その効力を妨げられない。〔本条の施行は、令二・四・一〕

〔平二九法四四本条追加〕

（組合財産の共有）

第六六八条　各組合員の出資その他の組合財産は、総組合員の共有に属する。

（金銭出資の不履行の責任）

第六六九条　金銭を出資の目的とした場合において、組合員がその出資をすることを怠ったときは、その利息を支払うほか、損害の賠償をしなければならない。

（業務の決定及び執行の方法）

第六七〇条　組合の業務は、組合員の過半数をもって決定し、各組合員がこれを執行する。

2　組合の業務の決定及び執行は、組合契約の定めるところにより、一人又は数人の組合員又は第三者に委任することができる。

3　前項の委任を受けた者（以下「業務執行者」という。）は、組合の業務を決定し、これを執行する。この場合において、業務執行者が数人あるときは、組合の業務は、業務執行者の過半数をもって決定し、各業務執行者がこれを執行する。

4　前項の規定にかかわらず、組合の業務については、総組合員の同意によって決定し、又は総組合員が執行することを妨げない。

5　組合の常務は、前各項の規定にかかわらず、各組合員又は各業務執行者が単独で行うことができる。ただし、その完了前に他の組合員又は業務執行者が異議を述べたときは、この限りでない。〔本条の施行は、令二・四・一〕

> （業務の執行の方法）
>
> **第六七〇条**　組合の業務の執行は、組合員の過半数で決する。
>
> 2　前項の業務の執行は、組合契約でこれを委任した者（次項において「業務執行者」という。）が数人あるときは、その過半数で決する。
>
> 〔三項・四項は新設規定〕
>
> 3　組合の常務は、前二項の規定にかかわらず、各組合員又は各業務執行者が単独で行うことができる。ただし、その完了前に他の組合員又は業務執行者が異議を述べたときは、この限りでない。〔5に繰下げ〕

〔平二九法四四見出し・一項・二項改正・三項・四項追加・旧三項改正繰下（五項）〕

☆（組合の代理）

第六七〇条の二　各組合員は、組合の業務を執行する場合において、組合員の過半数の同意を得たときは、他の組合員を代理することができる。

2　前項の規定にかかわらず、業務執行者があるときは、業務執行者のみが組合員を代理することができる。この場合において、業務執行者が数人あるときは、各業務執行者は、業務執行者の過半数の同意を得たときに限り、組合員を代理することができる。

3　前二項の規定にかかわらず、各組合員又は各業務執行者は、組合の常務を行うときは、単独で組合員を代理することができる。〔本条の施行は、令二・四・一〕

〔平二九法四四本条追加〕

（委任の規定の準用）

第六七一条　第六百四十四条から第六百五十条までの規定は、組合の業務を決定し、又は執行する組合員について準用する。〔本条の施行は、令二・四・一〕

> **第六七一条**　第六百四十四条から第六百五十条までの規定は、組合の業務を執行する組合員について準用する。

〔平二九法四四本条改正〕

（業務執行組合員の辞任及び解任）

第六七二条　組合契約の定めるところにより一人又は数人の組合員に業務の決定及び執行を委任したときは、その組合員は、正当な事由がなければ、辞任することができない。〔本項の施行は、令二・四・一〕

2　前項の組合員は、正当な事由がある場合に限り、他の組合員の一致によって解任することができる。

> **第六七二条**　組合契約で一人又は数人の組合員に業務の執行を委任したときは、その組合員は、正当な事由がなければ、辞任することができ

> ない。
> 2　〔同〕

〔平二九法四四第一項改正〕

（組合員の組合の業務及び財産状況に関する検査）

第六七三条　各組合員は、組合の業務の決定及び執行をする権利を有しないときであっても、その業務及び組合財産の状況を検査することができる。〔本条の施行は、令二・四・一〕

> **第六七三条**　各組合員は、組合の業務を執行する権利を有しないときであっても、その業務及び組合財産の状況を検査することができる。

〔平二九法四四本条改正〕

（組合員の損益分配の割合）

第六七四条　当事者が損益分配の割合を定めなかったときは、その割合は、各組合員の出資の価額に応じて定める。

2　利益又は損失についてのみ分配の割合を定めたときは、その割合は、利益及び損失に共通であるものと推定する。

（組合の債権者の権利の行使）

第六七五条　組合の債権者は、組合財産についてその権利を行使することができる。

2　組合の債権者は、その選択に従い、各組合員に対して損失分担の割合又は等しい割合でその権利を行使することができる。ただし、組合の債権者がその債権の発生の時に各組合員の損失分担の割合を知っていたときは、その割合による。〔本条の施行は、令二・四・一〕

> **（組合員に対する組合の債権者の権利の行使）**
> **第六七五条**　組合の債権者は、その債権の発生の時に組合員の損失分担の割合を知らなかったときは、各組合員に対して等しい割合でその権利を行使することができる。
> 〔二項は新設規定〕

〔平二九法四四見出し・一項改正・二項追加〕

（組合員の持分の処分及び組合財産の分割）

第六七六条　組合員は、組合財産についてその持分を処分したときは、その処分をもって組合及び組合と取引をした第三者に対抗することができない。

2　組合員は、組合財産である債権について、その持分についての権利を単独で行使することができない。

3　組合員は、清算前に組合財産の分割を求めることができない。〔本条の施行は、令二・四・一〕

> **第六七六条**　〔同〕
> 〔二項は新設規定〕
> 2　〔3に繰下げ〕

〔平二九法四四第二項追加・旧二項繰下（三項）〕

（組合財産に対する組合員の債権者の権利の行使の禁止）

第六七七条　組合員の債権者は、組合財産についてその権利を行使することができない。〔本条の施行は、令二・四・一〕

> **（組合の債務者による相殺の禁止）**
> **第六七七条**　組合の債務者は、その債務と組合員に対する債権とを相殺することができない。

〔平二九法四四本条改正〕

☆**（組合員の加入）**

第六七七条の二　組合員は、その全員の同意によって、又は組合契約の定めるところにより、新たに組合員を加入させることができる。

2　前項の規定により組合の成立後に加入した組合員は、その加入前に生じた組合の債務については、これを弁済する責任を負わない。

〔本条の施行は、令二・四・一〕

〔平二九法四四本条追加〕

（組合員の脱退）

第六七八条　組合契約で組合の存続期間を定めなかったとき、又はある組合員の終身の間組合が存続すべきことを定めたときは、各組合員は、いつでも脱退することができる。ただし、やむを得ない事由がある場合を除き、組合に不利な時期に脱退することができない。

2　組合の存続期間を定めた場合であっても、各組合員は、やむを得ない事由があるときは、脱退することができる。

第六七九条　前条の場合のほか、組合員は、次に掲げる事由によって脱退する。

一　死亡

二　破産手続開始の決定を受けたこと。
三　後見開始の審判を受けたこと。
四　除名

（組合員の除名）

第六八〇条　組合員の除名は、正当な事由がある場合に限り、他の組合員の一致によってすることができる。ただし、除名した組合員にその旨を通知しなければ、これをもってその組合員に対抗することができない。

☆**（脱退した組合員の責任等）**

第六八〇条の二　脱退した組合員は、その脱退前に生じた組合の債務について、従前の責任の範囲内でこれを弁済する責任を負う。この場合において、債権者が全部の弁済を受けない間は、脱退した組合員は、組合に担保を供させ、又は組合に対して自己に免責を得させることを請求することができる。

2 脱退した組合員は、前項に規定する組合の債務を弁済したときは、組合に対して求償権を有する。〔本条の施行は、令二・四・一〕

〔平二九法四四本条追加〕

（脱退した組合員の持分の払戻し）

第六八一条　脱退した組合員と他の組合員との間の計算は、脱退の時における組合財産の状況に従ってしなければならない。

2 脱退した組合員の持分は、その出資の種類を問わず、金銭で払い戻すことができる。

3 脱退の時にまだ完了していない事項については、その完了後に計算をすることができる。

（組合の解散事由）

第六八二条　組合は、次に掲げる事由によって解散する。

一　組合の目的である事業の成功又はその成功の不能
二　組合契約で定めた存続期間の満了
三　組合契約で定めた解散の事由の発生
四　総組合員の同意〔本条の施行は、令二・四・一〕

> **第六八二条**　組合は、その目的である事業の成功又はその成功の不能によって解散する。
>
> 〔一号～四号は新設規定〕

〔平二九法四四本条改正〕

（組合の解散の請求）

第六八三条　やむを得ない事由があるときは、各組合員は、組合の解散を請求することができる。

（組合契約の解除の効力）

第六八四条　第六百二十条の規定は、組合契約について準用する。

（組合の清算及び清算人の選任）

第六八五条　組合が解散したときは、清算は、総組合員が共同して、又はその選任した清算人がこれをする。

2 清算人の選任は、組合員の過半数で決する。〔本項の施行は、令二・四・一〕

> **第六八五条**〔同〕
>
> 2 清算人の選任は、総組合員の過半数で決する。

〔平二九法四四第二項改正〕

（清算人の業務の決定及び執行の方法）

第六八六条　第六百七十条第三項から第五項まで並びに第六百七十条の二第二項及び第三項の規定は、清算人について準用する。〔本条の施行は、令二・四・一〕

> **（清算人の業務の執行の方法）**
>
> **第六八六条**　第六百七十条の規定は、清算人が数人ある場合について準用する。

〔平二九法四四本条改正〕

（組合員である清算人の辞任及び解任）

第六八七条　第六百七十二条の規定は、組合契約の定めるところにより組合員の中から清算人を選任した場合について準用する。〔本条の施行は、令二・四・一〕

> **第六八七条**　第六百七十二条の規定は、組合契約で組合員の中から清算人を選任した場合について準用する。

〔平二九法四四本条改正〕

（清算人の職務及び権限並びに残余財産の分割方法）

第六八八条 清算人の職務は、次のとおりとする。
一 現務の結了
二 債権の取立て及び債務の弁済
三 残余財産の引渡し
2 清算人は、前項各号に掲げる職務を行うために必要な一切の行為をすることができる。
3 残余財産は、各組合員の出資の価額に応じて分割する。
〔平一八法五〇第一項改正・二項追加・旧二項繰下（三項）〕

第十三節 終身定期金

（終身定期金契約）
第六八九条 終身定期金契約は、当事者の一方が、自己、相手方又は第三者の死亡に至るまで、定期に金銭その他の物を相手方又は第三者に給付することを約することによって、その効力を生ずる。

（終身定期金の計算）
第六九〇条 終身定期金は、日割りで計算する。

（終身定期金契約の解除）
第六九一条 終身定期金債務者が終身定期金の元本を受領した場合において、その終身定期金の給付を怠り、又はその他の義務を履行しないときは、相手方は、元本の返還を請求することができる。この場合において、相手方は、既に受け取った終身定期金の中からその元本の利息を控除した残額を終身定期金債務者に返還しなければならない。
2 前項の規定は、損害賠償の請求を妨げない。

（終身定期金契約の解除と同時履行）
第六九二条 第五百三十三条の規定は、前条の場合について準用する。

（終身定期金債権の存続の宣告）
第六九三条 終身定期金債務者の責めに帰すべき事由によって第六百八十九条に規定する死亡が生じたときは、裁判所は、終身定期金債権者又はその相続人の請求により、終身定期金債権が相当の期間存続することを宣告することができる。
2 前項の規定は、第六百九十一条の権利の行使を妨げない。

（終身定期金の遺贈）
第六九四条 この節の規定は、終身定期金の遺贈について準用する。

第十四節 和解

（和解）
第六九五条 和解は、当事者が互いに譲歩をしてその間に存する争いをやめることを約することによって、その効力を生ずる。

（和解の効力）
第六九六条 当事者の一方が和解によって争いの目的である権利を有するものと認められ、又は相手方がこれを有しないものと認められた場合において、その当事者の一方が従来その権利を有していなかった旨の確証又は相手方がこれを有していた旨の確証が得られたときは、その権利は、和解によってその当事者の一方に移転し、又は消滅したものとする。

第三章 事務管理

（事務管理）
第六九七条 義務なく他人のために事務の管理を始めた者（以下この章において「管理者」という。）は、その事務の性質に従い、最も本人の利益に適合する方法によって、その事務の管理（以下「事務管理」という。）をしなければならない。
2 管理者は、本人の意思を知っているとき、又はこれを推知することができるときは、その意思に従って事務管理をしなければならない。

（緊急事務管理）
第六九八条 管理者は、本人の身体、名誉又は財産に対する急迫の危害を免れさせるために事務管理をしたときは、悪意又は重大な過失があるのでなければ、これによって生じた損害を賠償する責任を負わない。

（管理者の通知義務）
第六九九条 管理者は、事務管理を始めたことを遅滞なく本人に通知しなければならない。ただし、本人が既にこれを知っているときは、この限りでない。

（管理者による事務管理の継続）

第七〇〇条　管理者は、本人又はその相続人若しくは法定代理人が管理をすることができるに至るまで、事務管理を継続しなければならない。ただし、事務管理の継続が本人の意思に反し、又は本人に不利であることが明らかであるときは、この限りでない。

（委任の規定の準用）

第七〇一条　第六百四十五条から第六百四十七条までの規定は、事務管理について準用する。

（管理者による費用の償還請求等）

第七〇二条　管理者は、本人のために有益な費用を支出したときは、本人に対し、その償還を請求することができる。

2　第六百五十条第二項の規定は、管理者が本人のために有益な債務を負担した場合について準用する。

3　管理者が本人の意思に反して事務管理をしたときは、本人が現に利益を受けている限度においてのみ、前二項の規定を適用する。

第四章　不当利得

（不当利得の返還義務）

第七〇三条　法律上の原因なく他人の財産又は労務によって利益を受け、そのために他人に損失を及ぼした者（以下この章において「受益者」という。）は、その利益の存する限度において、これを返還する義務を負う。

（悪意の受益者の返還義務等）

第七〇四条　悪意の受益者は、その受けた利益に利息を付して返還しなければならない。この場合において、なお損害があるときは、その賠償の責任を負う。

（債務の不存在を知ってした弁済）

第七〇五条　債務の弁済として給付をした者は、その時において債務の存在しないことを知っていたときは、その給付したものの返還を請求することができない。

（期限前の弁済）

第七〇六条　債務者は、弁済期にない債務の弁済として給付をしたときは、その給付したものの返還を請求することができない。ただし、債務者が錯誤によってその給付をしたときは、債権者は、これによって得た利益を返還しなければならない。

（他人の債務の弁済）

第七〇七条　債務者でない者が錯誤によって債務の弁済をした場合において、債権者が善意で証書を滅失させ若しくは損傷し、担保を放棄し、又は時効によってその債権を失ったときは、その弁済をした者は、返還の請求をすることができない。

2　前項の規定は、弁済をした者から債務者に対する求償権の行使を妨げない。

（不法原因給付）

第七〇八条　不法な原因のために給付をした者は、その給付したものの返還を請求することができない。ただし、不法な原因が受益者についてのみ存したときは、この限りでない。

第五章　不法行為

（不法行為による損害賠償）

第七〇九条　故意又は過失によって他人の権利又は法律上保護される利益を侵害した者は、これによって生じた損害を賠償する責任を負う。

（財産以外の損害の賠償）

第七一〇条　他人の身体、自由若しくは名誉を侵害した場合又は他人の財産権を侵害した場合のいずれであるかを問わず、前条の規定により損害賠償の責任を負う者は、財産以外の損害に対しても、その賠償をしなければならない。

（近親者に対する損害の賠償）

第七一一条　他人の生命を侵害した者は、被害者の父母、配偶者及び子に対しては、その財産権が侵害されなかった場合においても、損害の賠償をしなければならない。

（責任能力）

第七一二条　未成年者は、他人に損害を加えた場合において、自己の行為の責任を弁識するに足りる知能を備えていなかったときは、その行為について賠償の責任を負わない。

第七一三条　精神上の障害により自己の行為の責任を弁識する能力を

欠く状態にある間に他人に損害を加えた者は、その賠償の責任を負わない。ただし、故意又は過失によって一時的にその状態を招いたときは、この限りでない。

（責任無能力者の監督義務者等の責任）

第七一四条　前二条の規定により責任無能力者がその責任を負わない場合において、その責任無能力者を監督する法定の義務を負う者は、その責任無能力者が第三者に加えた損害を賠償する責任を負う。ただし、監督義務者がその義務を怠らなかったとき、又はその義務を怠らなくても損害が生ずべきであったときは、この限りでない。

2　監督義務者に代わって責任無能力者を監督する者も、前項の責任を負う。

（使用者等の責任）

第七一五条　ある事業のために他人を使用する者は、被用者がその事業の執行について第三者に加えた損害を賠償する責任を負う。ただし、使用者が被用者の選任及びその事業の監督について相当の注意をしたとき、又は相当の注意をしても損害が生ずべきであったときは、この限りでない。

2　使用者に代わって事業を監督する者も、前項の責任を負う。

3　前二項の規定は、使用者又は監督者から被用者に対する求償権の行使を妨げない。

（注文者の責任）

第七一六条　注文者は、請負人がその仕事について第三者に加えた損害を賠償する責任を負わない。ただし、注文又は指図についてその注文者に過失があったときは、この限りでない。

（土地の工作物等の占有者及び所有者の責任）

第七一七条　土地の工作物の設置又は保存に瑕疵があることによって他人に損害を生じたときは、その工作物の占有者は、被害者に対してその損害を賠償する責任を負う。ただし、占有者が損害の発生を防止するのに必要な注意をしたときは、所有者がその損害を賠償しなければならない。

2　前項の規定は、竹木の栽植又は支持に瑕疵がある場合について準用する。

3　前二項の場合において、損害の原因について他にその責任を負う者があるときは、占有者又は所有者は、その者に対して求償権を行使することができる。

（動物の占有者等の責任）

第七一八条　動物の占有者は、その動物が他人に加えた損害を賠償する責任を負う。ただし、動物の種類及び性質に従い相当の注意をもってその管理をしたときは、この限りでない。

2　占有者に代わって動物を管理する者も、前項の責任を負う。

（共同不法行為者の責任）

第七一九条　数人が共同の不法行為によって他人に損害を加えたときは、各自が連帯してその損害を賠償する責任を負う。共同行為者のうちいずれの者がその損害を加えたかを知ることができないときも、同様とする。

2　行為者を教唆した者及び幇《ほう》助した者は、共同行為者とみなして、前項の規定を適用する。

（正当防衛及び緊急避難）

第七二〇条　他人の不法行為に対し、自己又は第三者の権利又は法律上保護される利益を防衛するため、やむを得ず加害行為をした者は、損害賠償の責任を負わない。ただし、被害者から不法行為をした者に対する損害賠償の請求を妨げない。

2　前項の規定は、他人の物から生じた急迫の危難を避けるためその物を損傷した場合について準用する。

（損害賠償請求権に関する胎児の権利能力）

第七二一条　胎児は、損害賠償の請求権については、既に生まれたものとみなす。

（損害賠償の方法、中間利息の控除及び過失相殺）

第七二二条　第四百十七条及び第四百十七条の二の規定は、不法行為による損害賠償について準用する。

2　被害者に過失があったときは、裁判所は、これを考慮して、損害賠償の額を定めることができる。（本条の施行は、令二・四・一）

（損害賠償の方法及び過失相殺）

第七二二条　第四百十七条の規定は、不法行為による損害賠償について準用する。
2〔同〕

〔平二九法四四見出し・一項改正〕

（名誉毀《き》損における原状回復）

第七二三条 他人の名誉を毀《き》損した者に対しては、裁判所は、被害者の請求により、損害賠償に代えて、又は損害賠償とともに、名誉を回復するのに適当な処分を命ずることができる。

（不法行為による損害賠償請求権の消滅時効）

第七二四条 不法行為による損害賠償の請求権は、次に掲げる場合には、時効によって消滅する。

一 被害者又はその法定代理人が損害及び加害者を知った時から三年間行使しないとき。

二 不法行為の時から二十年間行使しないとき。〔本条の施行は、令二・四・一〕

（不法行為による損害賠償請求権の期間の制限）

第七二四条 不法行為による損害賠償の請求権は、被害者又はその法定代理人が損害及び加害者を知った時から三年間行使しないときは、時効によって消滅する。不法行為の時から二十年を経過したときも、同様とする。

〔平二九法四四本条改正〕

☆（人の生命又は身体を害する不法行為による損害賠償請求権の消滅時効）

第七二四条の二 人の生命又は身体を害する不法行為による損害賠償請求権の消滅時効についての前条第一号の規定の適用については、同号中「三年間」とあるのは、「五年間」とする。〔本条の施行は、令二・四・一〕

〔平二九法四四本条追加〕

第四編 親族

第一章 総則

（親族の範囲）

第七二五条 次に掲げる者は、親族とする。

一 六親等内の血族

二 配偶者

三 三親等内の姻族

〔平一六法一四七本条改正〕

（親等の計算）

第七二六条 親等は、親族間の世代数を数えて、これを定める。

2 傍系親族の親等を定めるには、その一人又はその配偶者から同一の祖先にさかのぼり、その祖先から他の一人に下るまでの世代数による。

〔平一六法一四七本条改正〕

（縁組による親族関係の発生）

第七二七条 養子と養親及びその血族との間においては、養子縁組の日から、血族間におけるのと同一の親族関係を生ずる。

〔平一六法一四七本条改正〕

（離婚等による姻族関係の終了）

第七二八条 姻族関係は、離婚によって終了する。

2 夫婦の一方が死亡した場合において、生存配偶者が姻族関係を終了させる意思を表示したときも、前項と同様とする。

〔平一六法一四七本条改正〕

（離縁による親族関係の終了）

第七二九条 養子及びその配偶者並びに養子の直系卑属及びその配偶者と養親及びその血族との親族関係は、離縁によって終了する。

〔平一六法一四七本条改正〕

（親族間の扶《たす》け合い）

第七三〇条 直系血族及び同居の親族は、互いに扶《たす》け合わなければならない。

〔平一六法一四七本条改正〕

第二章 婚姻

第一節 婚姻の成立

第一款　婚姻の要件

（婚姻適齢）

第七三一条　婚姻は、十八歳にならなければ、することができない。

〔本条の施行は、令四・四・一〕

> **第七三一条**　男は、十八歳に、女は、十六歳にならなければ、婚姻をすることができない。

〔平一六法一四七・平三〇法五九本条改正〕

（重婚の禁止）

第七三二条　配偶者のある者は、重ねて婚姻をすることができない。

〔平一六法一四七本条改正〕

（再婚禁止期間）

第七三三条　女は、前婚の解消又は取消しの日から起算して百日を経過した後でなければ、再婚をすることができない。

2 前項の規定は、次に掲げる場合には、適用しない。

一　女が前婚の解消又は取消しの時に懐胎していなかった場合

二　女が前婚の解消又は取消しの後に出産した場合

〔平一六法一四七・平二八法七一本条改正〕

（近親者間の婚姻の禁止）

第七三四条　直系血族又は三親等内の傍系血族の間では、婚姻をすることができない。ただし、養子と養方の傍系血族との間では、この限りでない。

2 第八百十七条の九の規定により親族関係が終了した後も、前項と同様とする。

〔昭六二法一〇一第二項追加、平一六法一四七本条改正〕

（直系姻族間の婚姻の禁止）

第七三五条　直系姻族の間では、婚姻をすることができない。第七百二十八条又は第八百十七条の九の規定により姻族関係が終了した後も、同様とする。

〔昭六二法一〇一・平一六法一四七本条改正〕

（養親子等の間の婚姻の禁止）

第七三六条　養子若しくはその配偶者又は養子の直系卑属若しくはその配偶者と養親又はその直系尊属との間では、第七百二十九条の規定により親族関係が終了した後でも、婚姻をすることができない。

〔平一六法一四七本条改正〕

第七三七条　削除〔平三〇法五九〕〔本条の施行は、令四・四・一〕

> **（未成年者の婚姻についての父母の同意）**
>
> **第七三七条**　未成年の子が婚姻をするには、父母の同意を得なければならない。
>
> 2 父母の一方が同意しないときは、他の一方の同意だけで足りる。父母の一方が知れないとき、死亡したとき、又はその意思を表示することができないときも、同様とする。

（成年被後見人の婚姻）

第七三八条　成年被後見人が婚姻をするには、その成年後見人の同意を要しない。

〔平一一法一四九・平一六法一四七本条改正〕

（婚姻の届出）

第七三九条　婚姻は、戸籍法（昭和二十二年法律第二百二十四号）の定めるところにより届け出ることによって、その効力を生ずる。

2 前項の届出は、当事者双方及び成年の証人二人以上が署名した書面で、又はこれらの者から口頭で、しなければならない。

〔平一六法一四七本条改正〕

（婚姻の届出の受理）

第七四〇条　婚姻の届出は、その婚姻が第七百三十一条から第七百三十六条まで及び前条第二項の規定その他の法令の規定に違反しないことを認めた後でなければ、受理することができない。〔本条の施行は、令四・四・一〕

> **第七四〇条**〔「第七百三十六条」は、令四・三・三一までは「第七百三十七条」〕

〔平一六法一四七・平三〇法五九本条改正〕

（外国に在る日本人間の婚姻の方式）

第七四一条　外国に在る日本人間で婚姻をしようとするときは、その国に駐在する日本の大使、公使又は領事にその届出をすることができる。この場合においては、前二条の規定を準用する。

〔平一六法一四七本条改正〕

第二款　婚姻の無効及び取消し〔平一六法一四七款名改正〕

（婚姻の無効）

第七四二条　婚姻は、次に掲げる場合に限り、無効とする。

一　人違いその他の事由によって当事者間に婚姻をする意思がないとき。

二　当事者が婚姻の届出をしないとき。ただし、その届出が第七百三十九条第二項に定める方式を欠くだけであるときは、婚姻は、そのためにその効力を妨げられない。

〔平一六法一四七本条改正〕

（婚姻の取消し）

第七四三条　婚姻は、次条から第七百四十七条までの規定によらなければ、取り消すことができない。

〔平一六法一四七本条改正〕

（不適法な婚姻の取消し）

第七四四条　第七百三十一条から第七百三十六条までの規定に違反した婚姻は、各当事者、その親族又は検察官から、その取消しを家庭裁判所に請求することができる。ただし、検察官は、当事者の一方が死亡した後は、これを請求することができない。

2　第七百三十二条又は第七百三十三条の規定に違反した婚姻については、当事者の配偶者又は前配偶者も、その取消しを請求することができる。

〔平一五法一〇九第一項改正、平一六法一四七本条改正〕

（不適齢者の婚姻の取消し）

第七四五条　第七百三十一条の規定に違反した婚姻は、不適齢者が適齢に達したときは、その取消しを請求することができない。

2　不適齢者は、適齢に達した後、なお三箇月間は、その婚姻の取消しを請求することができる。ただし、適齢に達した後に追認をしたときは、この限りでない。

〔平一六法一四七本条改正〕

（再婚禁止期間内にした婚姻の取消し）

第七四六条　第七百三十三条の規定に違反した婚姻は、前婚の解消若しくは取消しの日から起算して百日を経過し、又は女が再婚後に出産したときは、その取消しを請求することができない。

〔平一六法一四七・平二八法七一本条改正〕

（詐欺又は強迫による婚姻の取消し）

第七四七条　詐欺又は強迫によって婚姻をした者は、その婚姻の取消しを家庭裁判所に請求することができる。

2　前項の規定による取消権は、当事者が、詐欺を発見し、若しくは強迫を免れた後三箇月を経過し、又は追認をしたときは、消滅する。

〔平一五法一〇九第一項改正、平一六法一四七本条改正〕

（婚姻の取消しの効力）

第七四八条　婚姻の取消しは、将来に向かってのみその効力を生ずる。

2　婚姻の時においてその取消しの原因があることを知らなかった当事者が、婚姻によって財産を得たときは、現に利益を受けている限度において、その返還をしなければならない。

3　婚姻の時においてその取消しの原因があることを知っていた当事者は、婚姻によって得た利益の全部を返還しなければならない。この場合において、相手方が善意であったときは、これに対して損害を賠償する責任を負う。

〔平一六法一四七本条改正〕

（離婚の規定の準用）

第七四九条　第七百二十八条第一項、第七百六十六条から第七百六十九条まで、第七百九十条第一項ただし書並びに第八百十九条第二項、第三項、第五項及び第六項の規定は、婚姻の取消しについて準用する。

〔平一五法一〇九・平一六法一四七本条改正〕

第二節　婚姻の効力

（夫婦の氏）

第七五〇条　夫婦は、婚姻の際に定めるところに従い、夫又は妻の氏を称する。

〔平一六法一四七本条改正〕

（生存配偶者の復氏等）

第七五一条 夫婦の一方が死亡したときは、生存配偶者は、婚姻前の氏に復することができる。

2 第七百六十九条の規定は、前項及び第七百二十八条第二項の場合について準用する。

〔平一六法一四七本条改正〕

（同居、協力及び扶助の義務）

第七五二条 夫婦は同居し、互いに協力し扶助しなければならない。

〔平一六法一四七本条改正〕

第七五三条 削除〔平三〇法五九〕〔本条の施行は、令四・四・一〕

（婚姻による成年擬制）

第七五三条 未成年者が婚姻をしたときは、これによって成年に達したものとみなす。

（夫婦間の契約の取消権）

第七五四条 夫婦間でした契約は、婚姻中、いつでも、夫婦の一方からこれを取り消すことができる。ただし、第三者の権利を害することはできない。

〔平一六法一四七本条改正〕

第三節 夫婦財産制

第一款 総則

（夫婦の財産関係）

第七五五条 夫婦が、婚姻の届出前に、その財産について別段の契約をしなかったときは、その財産関係は、次款に定めるところによる。

〔平一六法一四七本条改正〕

（夫婦財産契約の対抗要件）

第七五六条 夫婦が法定財産制と異なる契約をしたときは、婚姻の届出までにその登記をしなければ、これを夫婦の承継人及び第三者に対抗することができない。

〔平一六法一四七本条改正〕

第七五七条 〔外国人の夫婦財産契約の対抗要件〕 削除〔平一法二七〕

（夫婦の財産関係の変更の制限等）

第七五八条 夫婦の財産関係は、婚姻の届出後は、変更することができない。

2 夫婦の一方が、他の一方の財産を管理する場合において、管理が失当であったことによってその財産を危うくしたときは、他の一方は、自らその管理をすることを家庭裁判所に請求することができる。

3 共有財産については、前項の請求とともに、その分割を請求することができる。

〔平一六法一四七本条改正〕

（財産の管理者の変更及び共有財産の分割の対抗要件）

第七五九条 前条の規定又は第七百五十五条の契約の結果により、財産の管理者を変更し、又は共有財産の分割をしたときは、その登記をしなければ、これを夫婦の承継人及び第三者に対抗することができない。

〔平一六法一四七本条改正〕

第二款 法定財産制

（婚姻費用の分担）

第七六〇条 夫婦は、その資産、収入その他一切の事情を考慮して、婚姻から生ずる費用を分担する。

〔平一六法一四七本条改正〕

（日常の家事に関する債務の連帯責任）

第七六一条 夫婦の一方が日常の家事に関して第三者と法律行為をしたときは、他の一方は、これによって生じた債務について、連帯してその責任を負う。ただし、第三者に対し責任を負わない旨を予告した場合は、この限りでない。

〔平一六法一四七本条改正〕

（夫婦間における財産の帰属）

第七六二条 夫婦の一方が婚姻前から有する財産及び婚姻中自己の名で得た財産は、その特有財産（夫婦の一方が単独で有する財産をいう。）とする。

2夫婦のいずれに属するか明らかでない財産は、その共有に属するものと推定する。

〔平一六法一四七本条改正〕

第四節　離婚

第一款　協議上の離婚

（協議上の離婚）

第七六三条　夫婦は、その協議で、離婚をすることができる。

〔平一六法一四七本条改正〕

（婚姻の規定の準用）

第七六四条　第七百三十八条、第七百三十九条及び第七百四十七条の規定は、協議上の離婚について準用する。

〔平一六法一四七本条改正〕

（離婚の届出の受理）

第七六五条　離婚の届出は、その離婚が前条において準用する第七百三十九条第二項の規定及び第八百十九条第一項の規定その他の法令の規定に違反しないことを認めた後でなければ、受理することができない。

2離婚の届出が前項の規定に違反して受理されたときであっても、離婚は、そのためにその効力を妨げられない。

〔平一六法一四七本条改正〕

（離婚後の子の監護に関する事項の定め等）

第七六六条　父母が協議上の離婚をするときは、子の監護をすべき者、父又は母と子との面会及びその他の交流、子の監護に要する費用の分担その他の子の監護について必要な事項は、その協議で定める。この場合においては、子の利益を最も優先して考慮しなければならない。

2前項の協議が調わないとき、又は協議をすることができないときは、家庭裁判所が、同項の事項を定める。

3家庭裁判所は、必要があると認めるときは、前二項の規定による定めを変更し、その他子の監護について相当な処分を命ずることができる。

4前三項の規定によっては、監護の範囲外では、父母の権利義務に変更を生じない。

〔平一六法一四七本条改正、平二三法六一第一項改正・二項追加・旧二項・三項改正繰下（三項・四項）〕

（離婚による復氏等）

第七六七条　婚姻によって氏を改めた夫又は妻は、協議上の離婚によって婚姻前の氏に復する。

2前項の規定により婚姻前の氏に復した夫又は妻は、離婚の日から三箇月以内に戸籍法の定めるところにより届け出ることによって、離婚の際に称していた氏を称することができる。

〔昭五一法六六第二項追加、平一六法一四七本条改正〕

（財産分与）

第七六八条　協議上の離婚をした者の一方は、相手方に対して財産の分与を請求することができる。

2前項の規定による財産の分与について、当事者間に協議が調わないとき、又は協議をすることができないときは、当事者は、家庭裁判所に対して協議に代わる処分を請求することができる。ただし、離婚の時から二年を経過したときは、この限りでない。

3前項の場合には、家庭裁判所は、当事者双方がその協力によって得た財産の額その他一切の事情を考慮して、分与をさせるべきかどうか並びに分与の額及び方法を定める。

〔平一六法一四七本条改正〕

（離婚による復氏の際の権利の承継）

第七六九条　婚姻によって氏を改めた夫又は妻が、第八百九十七条第一項の権利を承継した後、協議上の離婚をしたときは、当事者その他の関係人の協議で、その権利を承継すべき者を定めなければならない。

2前項の協議が調わないとき、又は協議をすることができないときは、同項の権利を承継すべき者は、家庭裁判所がこれを定める。

〔平一六法一四七本条改正〕

第二款　裁判上の離婚

（裁判上の離婚）

第七七〇条　夫婦の一方は、次に掲げる場合に限り、離婚の訴えを提起することができる。

一　配偶者に不貞な行為があったとき。

二　配偶者から悪意で遺棄されたとき。

三　配偶者の生死が三年以上明らかでないとき。

四　配偶者が強度の精神病にかかり、回復の見込みがないとき。

五　その他婚姻を継続し難い重大な事由があるとき。

2　裁判所は、前項第一号から第四号までに掲げる事由がある場合であっても、一切の事情を考慮して婚姻の継続を相当と認めるときは、離婚の請求を棄却することができる。

〔平一六法一四七本条改正〕

（協議上の離婚の規定の準用）

第七七一条　第七百六十六条から第七百六十九条までの規定は、裁判上の離婚について準用する。

〔平一六法一四七本条改正〕

第三章　親子

第一節　実子

（嫡出の推定）

第七七二条　妻が婚姻中に懐胎した子は、夫の子と推定する。

2　婚姻の成立の日から二百日を経過した後又は婚姻の解消若しくは取消しの日から三百日以内に生まれた子は、婚姻中に懐胎したものと推定する。

〔平一六法一四七本条改正〕

（父を定めることを目的とする訴え）

第七七三条　第七百三十三条第一項の規定に違反して再婚をした女が出産した場合において、前条の規定によりその子の父を定めることができないときは、裁判所が、これを定める。

〔平一六法一四七本条改正〕

（嫡出の否認）

第七七四条　第七百七十二条の場合において、夫は、子が嫡出であることを否認することができる。

〔平一六法一四七本条改正〕

（嫡出否認の訴え）

第七七五条　前条の規定による否認権は、子又は親権を行う母に対する嫡出否認の訴えによって行う。親権を行う母がないときは、家庭裁判所は、特別代理人を選任しなければならない。

〔平一六法一四七本条改正〕

（嫡出の承認）

第七七六条　夫は、子の出生後において、その嫡出であることを承認したときは、その否認権を失う。

〔平一六法一四七本条改正〕

（嫡出否認の訴えの出訴期間）

第七七七条　嫡出否認の訴えは、夫が子の出生を知った時から一年以内に提起しなければならない。

〔平一六法一四七本条改正〕

第七七八条　夫が成年被後見人であるときは、前条の期間は、後見開始の審判の取消しがあった後夫が子の出生を知った時から起算する。

〔平一一法一四九・平一六法一四七本条改正〕

（認知）

第七七九条　嫡出でない子は、その父又は母がこれを認知することができる。

〔平一六法一四七本条改正〕

（認知能力）

第七八〇条　認知をするには、父又は母が未成年者又は成年被後見人であるときであっても、その法定代理人の同意を要しない。

〔平一一法一四九・平一六法一四七本条改正〕

（認知の方式）

第七八一条　認知は、戸籍法の定めるところにより届け出ることによってする。

2　認知は、遺言によっても、することができる。

〔平一六法一四七本条改正〕

（成年の子の認知）

第七八二条　成年の子は、その承諾がなければ、これを認知することができない。

〔平一六法一四七本条改正〕

（胎児又は死亡した子の認知）
第七八三条　父は、胎内に在る子でも、認知することができる。この場合においては、母の承諾を得なければならない。
2 父又は母は、死亡した子でも、その直系卑属があるときに限り、認知することができる。この場合において、その直系卑属が成年者であるときは、その承諾を得なければならない。
〔平一六法一四七本条改正〕

（認知の効力）

第七八四条　認知は、出生の時にさかのぼってその効力を生ずる。ただし、第三者が既に取得した権利を害することはできない。

〔平一六法一四七本条改正〕

（認知の取消しの禁止）

第七八五条　認知をした父又は母は、その認知を取り消すことができない。

〔平一六法一四七本条改正〕

（認知に対する反対の事実の主張）

第七八六条　子その他の利害関係人は、認知に対して反対の事実を主張することができる。

〔平一六法一四七本条改正〕

（認知の訴え）

第七八七条　子、その直系卑属又はこれらの者の法定代理人は、認知の訴えを提起することができる。ただし、父又は母の死亡の日から三年を経過したときは、この限りでない。

〔平一六法一四七本条改正〕

（認知後の子の監護に関する事項の定め等）

第七八八条　第七百六十六条の規定は、父が認知する場合について準用する。

〔平一六法一四七本条改正〕

（準正）
第七八九条　父が認知した子は、その父母の婚姻によって嫡出子の身分を取得する。
2 婚姻中父母が認知した子は、その認知の時から、嫡出子の身分を取得する。
3 前二項の規定は、子が既に死亡していた場合について準用する。
〔平一六法一四七本条改正〕

（子の氏）
第七九〇条　嫡出である子は、父母の氏を称する。ただし、子の出生前に父母が離婚したときは、離婚の際における父母の氏を称する。
2 嫡出でない子は、母の氏を称する。
〔平一六法一四七本条改正〕

（子の氏の変更）
第七九一条　子が父又は母と氏を異にする場合には、子は、家庭裁判所の許可を得て、戸籍法の定めるところにより届け出ることによって、その父又は母の氏を称することができる。
2 父又は母が氏を改めたことにより子が父母と氏を異にする場合には、子は、父母の婚姻中に限り、前項の許可を得ないで、戸籍法の定めるところにより届け出ることによって、その父母の氏を称することができる。
3 子が十五歳未満であるときは、その法定代理人が、これに代わって、前二項の行為をすることができる。
4 前三項の規定により氏を改めた未成年の子は、成年に達した時から一年以内に戸籍法の定めるところにより届け出ることによって、従前の氏に復することができる。
〔昭六二法一〇一・平一六法一四七本条改正〕

第二節　養子

第一款　縁組の要件

（養親となる者の年齢）
第七九二条　二十歳に達した者は、養子をすることができる。〔本条の施行は、令四・四・一〕

> **第七九二条**　〔「二十歳」は、令四・三・三一までは「成年」〕

〔平一六法一四七・平三〇法五九本条改正〕

（尊属又は年長者を養子とすることの禁止）

第七九三条　尊属又は年長者は、これを養子とすることができない。
〔平一六法一四七本条改正〕

（後見人が被後見人を養子とする縁組）

第七九四条　後見人が被後見人（未成年被後見人及び成年被後見人をいう。以下同じ。）を養子とするには、家庭裁判所の許可を得なければならない。後見人の任務が終了した後、まだその管理の計算が終わらない間も、同様とする。
〔平一一法一四九・平一六法一四七本条改正〕

（配偶者のある者が未成年者を養子とする縁組）

第七九五条　配偶者のある者が未成年者を養子とするには、配偶者とともにしなければならない。ただし、配偶者の嫡出である子を養子とする場合又は配偶者がその意思を表示することができない場合は、この限りでない。
〔昭六二法一〇一・平一六法一四七本条改正〕

（配偶者のある者の縁組）

第七九六条　配偶者のある者が縁組をするには、その配偶者の同意を得なければならない。ただし、配偶者とともに縁組をする場合又は配偶者がその意思を表示することができない場合は、この限りでない。
〔昭六二法一〇一・平一六法一四七本条改正〕

（十五歳未満の者を養子とする縁組）

第七九七条　養子となる者が十五歳未満であるときは、その法定代理人が、これに代わって、縁組の承諾をすることができる。

2　法定代理人が前項の承諾をするには、養子となる者の父母でその監護をすべき者であるものが他にあるときは、その同意を得なければならない。養子となる者の父母で親権を停止されているものがあるときも、同様とする。
〔昭六二法一〇一第二項追加、平一六法一四七本条改正、平二三法六一第二項改正〕

（未成年者を養子とする縁組）

第七九八条　未成年者を養子とするには、家庭裁判所の許可を得なければならない。ただし、自己又は配偶者の直系卑属を養子とする場合は、この限りでない。
〔平一六法一四七本条改正〕

（婚姻の規定の準用）

第七九九条　第七百三十八条及び第七百三十九条の規定は、縁組について準用する。
〔平一六法一四七本条改正〕

（縁組の届出の受理）

第八〇〇条　縁組の届出は、その縁組が第七百九十二条から前条までの規定その他の法令の規定に違反しないことを認めた後でなければ、受理することができない。
〔平一六法一四七本条改正〕

（外国に在る日本人間の縁組の方式）

第八〇一条　外国に在る日本人間で縁組をしようとするときは、その国に駐在する日本の大使、公使又は領事にその届出をすることができる。この場合においては、第七百九十九条において準用する第七百三十九条の規定及び前条の規定を準用する。
〔平一六法一四七本条改正〕

第二款　縁組の無効及び取消し〔平一六法一四七款名改正〕

（縁組の無効）

第八〇二条　縁組は、次に掲げる場合に限り、無効とする。

一　人違いその他の事由によって当事者間に縁組をする意思がないとき。

二　当事者が縁組の届出をしないとき。ただし、その届出が第七百九十九条において準用する第七百三十九条第二項に定める方式を欠くだけであるときは、縁組は、そのためにその効力を妨げられない。
〔平一六法一四七本条改正〕

（縁組の取消し）

第八〇三条　縁組は、次条から第八百八条までの規定によらなければ、取り消すことができない。
〔平一六法一四七本条改正〕

（養親が二十歳未満の者である場合の縁組の取消し）

第八〇四条　第七百九十二条の規定に違反した縁組は、養親又はその法定代理人から、その取消しを家庭裁判所に請求することができる。ただし、養親が、二十歳に達した後六箇月を経過し、又は追認をしたときは、この限りでない。〔本条の施行は、令四・四・一〕

> **第八〇四条**〔「二十歳未満の者」「二十歳」は、令四・三・三一まではそれぞれ「未成年」「成年」〕

〔平一五法一〇九・平一六法一四七・平三〇法五九本条改正〕

（養子が尊属又は年長者である場合の縁組の取消し）

第八〇五条　第七百九十三条の規定に違反した縁組は、各当事者又はその親族から、その取消しを家庭裁判所に請求することができる。

〔平一五法一〇九・平一六法一四七本条改正〕

（後見人と被後見人との間の無許可縁組の取消し）

第八〇六条　第七百九十四条の規定に違反した縁組は、養子又はその実方の親族から、その取消しを家庭裁判所に請求することができる。ただし、管理の計算が終わった後、養子が追認をし、又は六箇月を経過したときは、この限りでない。

2　前項ただし書の追認は、養子が、成年に達し、又は行為能力を回復した後にしなければ、その効力を生じない。

3　養子が、成年に達せず、又は行為能力を回復しない間に、管理の計算が終わった場合には、第一項ただし書の期間は、養子が、成年に達し、又は行為能力を回復した時から起算する。

〔平一五法一〇九・平一六法一四七本条改正〕

（配偶者の同意のない縁組等の取消し）

第八〇六条の二　第七百九十六条の規定に違反した縁組は、縁組の同意をしていない者から、その取消しを家庭裁判所に請求することができる。ただし、その者が、縁組を知った後六箇月を経過し、又は追認をしたときは、この限りでない。

2　詐欺又は強迫によって第七百九十六条の同意をした者は、その縁組の取消しを家庭裁判所に請求することができる。ただし、その者が、詐欺を発見し、若しくは強迫を免れた後六箇月を経過し、又は追認をしたときは、この限りでない。

〔昭六二法一〇一本条追加、平一五法一〇九・平一六法一四七本条改正〕

（子の監護をすべき者の同意のない縁組等の取消し）

第八〇六条の三　第七百九十七条第二項の規定に違反した縁組は、縁組の同意をしていない者から、その取消しを家庭裁判所に請求することができる。ただし、その者が追認をしたとき、又は養子が十五歳に達した後六箇月を経過し、若しくは追認をしたときは、この限りでない。

2　前条第二項の規定は、詐欺又は強迫によって第七百九十七条第二項の同意をした者について準用する。

〔昭六二法一〇一本条追加、平一五法一〇九第一項改正、平一六法一四七本条改正〕

（養子が未成年者である場合の無許可縁組の取消し）

第八〇七条　第七百九十八条の規定に違反した縁組は、養子、その実方の親族又は養子に代わって縁組の承諾をした者から、その取消しを家庭裁判所に請求することができる。ただし、養子が、成年に達した後六箇月を経過し、又は追認をしたときは、この限りでない。

〔平一五法一〇九・平一六法一四七本条改正〕

（婚姻の取消し等の規定の準用）

第八〇八条　第七百四十七条及び第七百四十八条の規定は、縁組について準用する。この場合において、第七百四十七条第二項中「三箇月」とあるのは、「六箇月」と読み替えるものとする。

2　第七百六十九条及び第八百十六条の規定は、縁組の取消しについて準用する。

〔平一六法一四七本条改正〕

第三款　縁組の効力

（嫡出子の身分の取得）

第八〇九条　養子は、縁組の日から、養親の嫡出子の身分を取得する。

〔平一六法一四七本条改正〕

（養子の氏）

第八一〇条　養子は、養親の氏を称する。ただし、婚姻によって氏を改めた者については、婚姻の際に定めた氏を称すべき間は、この限りでない。

（昭六二法一〇一・平一六法一四七本条改正）

第四款　離縁

（協議上の離縁等）

第八一一条　縁組の当事者は、その協議で、離縁をすることができる。

2 養子が十五歳未満であるときは、その離縁は、養親と養子の離縁後にその法定代理人となるべき者との協議でこれをする。

3 前項の場合において、養子の父母が離婚しているときは、その協議で、その一方を養子の離縁後にその親権者となるべき者と定めなければならない。

4 前項の協議が調わないとき、又は協議をすることができないときは、家庭裁判所は、同項の父若しくは母又は養親の請求によって、協議に代わる審判をすることができる。

5 第二項の法定代理人となるべき者がないときは、家庭裁判所は、養子の親族その他の利害関係人の請求によって、養子の離縁後にその未成年後見人となるべき者を選任する。

6 縁組の当事者の一方が死亡した後に生存当事者が離縁をしようとするときは、家庭裁判所の許可を得て、これをすることができる。

（昭三七法四〇第二項改正・三項〜五項追加、昭六二法一〇一第六項改正、平一一法一四九第五項改正、平一六法一四七本条改正）

（夫婦である養親と未成年者との離縁）

第八一一条の二　養親が夫婦である場合において未成年者と離縁をするには、夫婦が共にしなければならない。ただし、夫婦の一方がその意思を表示することができないときは、この限りでない。

（昭六二法一〇一本条追加、平一六法一四七本条改正）

（婚姻の規定の準用）

第八一二条　第七百三十八条、第七百三十九条及び第七百四十七条の規定は、協議上の離縁について準用する。この場合において、同条第二項中「三箇月」とあるのは、「六箇月」と読み替えるものとする。

（平一六法一四七本条改正）

（離縁の届出の受理）

第八一三条　離縁の届出は、その離縁が前条において準用する第七百三十九条第二項の規定並びに第八百十一条及び第八百十一条の二の規定その他の法令の規定に違反しないことを認めた後でなければ、受理することができない。

2 離縁の届出が前項の規定に違反して受理されたときであっても、離縁は、そのためにその効力を妨げられない。

（昭六二法一〇一第一項改正、平一六法一四七本条改正）

（裁判上の離縁）

第八一四条　縁組の当事者の一方は、次に掲げる場合に限り、離縁の訴えを提起することができる。

一　他の一方から悪意で遺棄されたとき。

二　他の一方の生死が三年以上明らかでないとき。

三　その他縁組を継続し難い重大な事由があるとき。

2 第七百七十条第二項の規定は、前項第一号及び第二号に掲げる場合について準用する。

（昭六二法一〇一第一項改正、平一六法一四七本条改正）

（養子が十五歳未満である場合の離縁の訴えの当事者）

第八一五条　養子が十五歳に達しない間は、第八百十一条の規定により養親と離縁の協議をすることができる者から、又はこれに対して、離縁の訴えを提起することができる。

（昭三七法四〇・平一六法一四七本条改正）

（離縁による復氏等）

第八一六条　養子は、離縁によって縁組前の氏に復する。ただし、配偶者とともに養子をした養親の一方のみと離縁をした場合は、この限りでない。

2 縁組の日から七年を経過した後に前項の規定により縁組前の氏に復した者は、離縁の日から三箇月以内に戸籍法の定めるところにより届け出ることによって、離縁の際に称していた氏を称することができる。

（昭六二法一〇一第一項改正・二項追加、平一六法一四七本条改正）

（離縁による復氏の際の権利の承継）

第八一七条　第七百六十九条の規定は、離縁について準用する。

〔平一六法一四七本条改正〕

第五款　特別養子 〔昭六二法一〇一本款追加〕

（特別養子縁組の成立）

第八一七条の二　家庭裁判所は、次条から第八百十七条の七までに定める要件があるときは、養親となる者の請求により、実方の血族との親族関係が終了する縁組（以下この款において「特別養子縁組」という。）を成立させることができる。

2 前項に規定する請求をするには、第七百九十四条又は第七百九十八条の許可を得ることを要しない。

〔平一六法一四七本条改正〕

（養親の夫婦共同縁組）

第八一七条の三　養親となる者は、配偶者のある者でなければならない。

2 夫婦の一方は、他の一方が養親とならないときは、養親となることができない。ただし、夫婦の一方が他の一方の嫡出である子（特別養子縁組以外の縁組による養子を除く。）の養親となる場合は、この限りでない。

〔平一六法一四七本条改正〕

（養親となる者の年齢）

第八一七条の四　二十五歳に達しない者は、養親となることができない。ただし、養親となる夫婦の一方が二十五歳に達していない場合においても、その者が二十歳に達しているときは、この限りでない。

〔平一六法一四七本条改正〕

（養子となる者の年齢）

第八一七条の五　第八百十七条の二に規定する請求の時に十五歳に達している者は、養子となることができない。特別養子縁組が成立するまでに十八歳に達した者についても、同様とする。

2 前項前段の規定は、養子となる者が十五歳に達する前から引き続き養親となる者に監護されている場合において、十五歳に達するまでに第八百十七条の二に規定する請求がされなかったことについてやむを得ない事由があるときは、適用しない。

3 養子となる者が十五歳に達している場合においては、特別養子縁組の成立には、その者の同意がなければならない。〔本条の施行は、令二・四・一〕

> **第八一七条の五**　第八百十七条の二に規定する請求の時に六歳に達している者は、養子となることができない。ただし、その者が八歳未満であって六歳に達する前から引き続き養親となる者に監護されている場合は、この限りでない。
> 〔二項・三項は新設規定〕

〔平一六法一四七本条改正、令一法三四本条改正・二項・三項追加〕

（父母の同意）

第八一七条の六　特別養子縁組の成立には、養子となる者の父母の同意がなければならない。ただし、父母がその意思を表示することができない場合又は父母による虐待、悪意の遺棄その他養子となる者の利益を著しく害する事由がある場合は、この限りでない。

〔平一六法一四七本条改正〕

（子の利益のための特別の必要性）

第八一七条の七　特別養子縁組は、父母による養子となる者の監護が著しく困難又は不適当であることその他特別の事情がある場合において、子の利益のため特に必要があると認めるときに、これを成立させるものとする。

〔平一六法一四七本条改正〕

（監護の状況）

第八一七条の八　特別養子縁組を成立させるには、養親となる者が養子となる者を六箇月以上の期間監護した状況を考慮しなければならない。

2 前項の期間は、第八百十七条の二に規定する請求の時から起算する。ただし、その請求前の監護の状況が明らかであるときは、この限りでない。

〔平一六法一四七本条改正〕

（実方との親族関係の終了）

第八一七条の九　養子と実方の父母及びその血族との親族関係は、特別養子縁組によって終了する。ただし、第八百十七条の三第二項ただし書に規定する他の一方及びその血族との親族関係については、この限りでない。

〔平一六法一四七本条改正〕

（特別養子縁組の離縁）
第八一七条の一〇 次の各号のいずれにも該当する場合において、養子の利益のため特に必要があると認めるときは、家庭裁判所は、養子、実父母又は検察官の請求により、特別養子縁組の当事者を離縁させることができる。
一 養親による虐待、悪意の遺棄その他養子の利益を著しく害する事由があること。
二 実父母が相当の監護をすることができること。
2 離縁は、前項の規定による場合のほか、これをすることができない。
〔平一六法一四七本条改正〕

（離縁による実方との親族関係の回復）

第八一七条の一一 養子と実父母及びその血族との間においては、離縁の日から、特別養子縁組によって終了した親族関係と同一の親族関係を生ずる。

〔平一六法一四七本条改正〕

第四章 親権

第一節 総則

（親権者）
第八一八条 成年に達しない子は、父母の親権に服する。
2 子が養子であるときは、養親の親権に服する。
3 親権は、父母の婚姻中は、父母が共同して行う。ただし、父母の一方が親権を行うことができないときは、他の一方が行う。
〔平一六法一四七本条改正〕

（離婚又は認知の場合の親権者）
第八一九条 父母が協議上の離婚をするときは、その協議で、その一方を親権者と定めなければならない。
2 裁判上の離婚の場合には、裁判所は、父母の一方を親権者と定める。
3 子の出生前に父母が離婚した場合には、親権は、母が行う。ただし、子の出生後に、父母の協議で、父を親権者と定めることができる。
4 父が認知した子に対する親権は、父母の協議で父を親権者と定めたときに限り、父が行う。
5 第一項、第三項又は前項の協議が調わないとき、又は協議をすることができないときは、家庭裁判所は、父又は母の請求によって、協議に代わる審判をすることができる。
6 子の利益のため必要があると認めるときは、家庭裁判所は、子の親族の請求によって、親権者を他の一方に変更することができる。
〔平一六法一四七本条改正〕

第二節 親権の効力

（監護及び教育の権利義務）

第八二〇条 親権を行う者は、子の利益のために子の監護及び教育をする権利を有し、義務を負う。

〔平一六法一四七・平二三法六一本条改正〕

（居所の指定）

第八二一条 子は、親権を行う者が指定した場所に、その居所を定めなければならない。

〔平一六法一四七本条改正〕

（懲戒）

第八二二条 親権を行う者は、第八百二十条の規定による監護及び教育に必要な範囲内でその子を懲戒することができる。

〔平一六法一四七本条改正、平二三法六一第一項改正・二項削除〕

（職業の許可）
第八二三条 子は、親権を行う者の許可を得なければ、職業を営むことができない。
2 親権を行う者は、第六条第二項の場合には、前項の許可を取り消し、又はこれを制限することができる。
〔平一六法一四七本条改正〕

（財産の管理及び代表）

第八二四条 親権を行う者は、子の財産を管理し、かつ、その財産に関する法律行為についてその子を代表する。ただし、その子の行為を目的とする債務を生ずべき場合には、本人の同意を得なければならない。

〔平一六法一四七本条改正〕

（父母の一方が共同の名義でした行為の効力）

第八二五条 父母が共同して親権を行う場合において、父母の一方が、共同の名義で、子に代わって法律行為をし又は子がこれをすることに同意したときは、その行為は、他の一方の意思に反したときであっても、そのためにその効力を妨げられない。ただし、相手方が悪意であったときは、この限りでない。

〔平一六法一四七本条改正〕

（利益相反行為）

第八二六条 親権を行う父又は母とその子との利益が相反する行為については、親権を行う者は、その子のために特別代理人を選任することを家庭裁判所に請求しなければならない。

2 親権を行う者が数人の子に対して親権を行う場合において、その一人と他の子との利益が相反する行為については、親権を行う者は、その一方のために特別代理人を選任することを家庭裁判所に請求しなければならない。

〔平一六法一四七本条改正〕

（財産の管理における注意義務）

第八二七条 親権を行う者は、自己のためにするのと同一の注意をもって、その管理権を行わなければならない。

〔平一六法一四七本条改正〕

（財産の管理の計算）

第八二八条 子が成年に達したときは、親権を行った者は、遅滞なくその管理の計算をしなければならない。ただし、その子の養育及び財産の管理の費用は、その子の財産の収益と相殺したものとみなす。

〔平一六法一四七本条改正〕

第八二九条 前条ただし書の規定は、無償で子に財産を与える第三者が反対の意思を表示したときは、その財産については、これを適用しない。

〔平一六法一四七本条改正〕

（第三者が無償で子に与えた財産の管理）

第八三〇条 無償で子に財産を与える第三者が、親権を行う父又は母にこれを管理させない意思を表示したときは、その財産は、父又は母の管理に属しないものとする。

2 前項の財産につき父母が共に管理権を有しない場合において、第三者が管理者を指定しなかったときは、家庭裁判所は、子、その親族又は検察官の請求によって、その管理者を選任する。

3 第三者が管理者を指定したときであっても、その管理者の権限が消滅し、又はこれを改任する必要がある場合において、第三者が更に管理者を指定しないときも、前項と同様とする。

4 第二十七条から第二十九条までの規定は、前二項の場合について準用する。

〔平一六法一四七本条改正〕

（委任の規定の準用）

第八三一条 第六百五十四条及び第六百五十五条の規定は、親権を行う者が子の財産を管理する場合及び前条の場合について準用する。

〔平一六法一四七本条改正〕

（財産の管理について生じた親子間の債権の消滅時効）

第八三二条 親権を行った者とその子との間に財産の管理について生じた債権は、その管理権が消滅した時から五年間これを行使しないときは、時効によって消滅する。

2 子がまだ成年に達しない間に管理権が消滅した場合において子に法定代理人がないときは、前項の期間は、その子が成年に達し、又は後任の法定代理人が就職した時から起算する。

〔平一六法一四七本条改正〕

（子に代わる親権の行使）

第八三三条 親権を行う者は、その親権に服する子に代わって親権を行う。

〔平一六法一四七本条改正〕

第三節 親権の喪失

（親権喪失の審判）

第八三四条　父又は母による虐待又は悪意の遺棄があるときその他父又は母による親権の行使が著しく困難又は不適当であることにより子の利益を著しく害するときは、家庭裁判所は、子、その親族、未成年後見人、未成年後見監督人又は検察官の請求により、その父又は母について、親権喪失の審判をすることができる。ただし、二年以内にその原因が消滅する見込みがあるときは、この限りでない。

〔平一六法一四七・平二三法六一本条改正〕

（親権停止の審判）

第八三四条の二　父又は母による親権の行使が困難又は不適当であることにより子の利益を害するときは、家庭裁判所は、子、その親族、未成年後見人、未成年後見監督人又は検察官の請求により、その父又は母について、親権停止の審判をすることができる。

2家庭裁判所は、親権停止の審判をするときは、その原因が消滅するまでに要すると見込まれる期間、子の心身の状態及び生活の状況その他一切の事情を考慮して、二年を超えない範囲内で、親権を停止する期間を定める。

〔平二三法六一本条追加〕

（管理権喪失の審判）

第八三五条　父又は母による管理権の行使が困難又は不適当であることにより子の利益を害するときは、家庭裁判所は、子、その親族、未成年後見人、未成年後見監督人又は検察官の請求により、その父又は母について、管理権喪失の審判をすることができる。

〔平一六法一四七・平二三法六一本条改正〕

（親権喪失、親権停止又は管理権喪失の審判の取消し）

第八三六条　第八百三十四条本文、第八百三十四条の二第一項又は前条に規定する原因が消滅したときは、家庭裁判所は、本人又はその親族の請求によって、それぞれ親権喪失、親権停止又は管理権喪失の審判を取り消すことができる。

〔平一六法一四七・平二三法六一本条改正〕

（親権又は管理権の辞任及び回復）

第八三七条　親権を行う父又は母は、やむを得ない事由があるときは、家庭裁判所の許可を得て、親権又は管理権を辞することができる。

2前項の事由が消滅したときは、父又は母は、家庭裁判所の許可を得て、親権又は管理権を回復することができる。

〔平一六法一四七本条改正〕

第五章　後見

第一節　後見の開始

第八三八条　後見は、次に掲げる場合に開始する。

一　未成年者に対して親権を行う者がないとき、又は親権を行う者が管理権を有しないとき。

二　後見開始の審判があったとき。

〔平一一法一四九・平一六法一四七本条改正〕

第二節　後見の機関

第一款　後見人

（未成年後見人の指定）

第八三九条　未成年者に対して最後に親権を行う者は、遺言で、未成年後見人を指定することができる。ただし、管理権を有しない者は、この限りでない。

2親権を行う父母の一方が管理権を有しないときは、他の一方は、前項の規定により未成年後見人の指定をすることができる。

〔平一一法一四九・平一六法一四七本条改正〕

（未成年後見人の選任）

第八四〇条　前条の規定により未成年後見人となるべき者がないときは、家庭裁判所は、未成年被後見人又はその親族その他の利害関係人の請求によって、未成年後見人を選任する。未成年後見人が欠けたときも、同様とする。

2未成年後見人がある場合においても、家庭裁判所は、必要があると認めるときは、前項に規定する者若しくは未成年後見人の請求により又は職権で、更に未成年後見人を選任することができる。

3未成年後見人を選任するには、未成年被後見人の年齢、心身の状態並びに生活及び財産の状況、未成年後見人となる者の職業及び経歴並びに未成年被後見人との利害関係の有無（未成年後見人となる者が法人であるときは、その事業の種類及び内容並びにその法人及びその代表者と未成年被後見人との利害関係の有無）、未成年被後見人の意見その他一切の事情を考慮しなければならない。
〔平一一法一四九・平一六法一四七本条改正、平二三法六一第二項・三項追加〕

（父母による未成年後見人の選任の請求）

第八四一条　父若しくは母が親権若しくは管理権を辞し、又は父若しくは母について親権喪失、親権停止若しくは管理権喪失の審判があったことによって未成年後見人を選任する必要が生じたときは、その父又は母は、遅滞なく未成年後見人の選任を家庭裁判所に請求しなければならない。
〔平一一法一四九・平一六法一四七・平二三法六一本条改正〕

第八四二条〔未成年後見人の数〕削除〔平二三法六一〕

（成年後見人の選任）

第八四三条　家庭裁判所は、後見開始の審判をするときは、職権で、成年後見人を選任する。

2 成年後見人が欠けたときは、家庭裁判所は、成年被後見人若しくはその親族その他の利害関係人の請求により又は職権で、成年後見人を選任する。

3 成年後見人が選任されている場合においても、家庭裁判所は、必要があると認めるときは、前項に規定する者若しくは成年後見人の請求により又は職権で、更に成年後見人を選任することができる。

4 成年後見人を選任するには、成年被後見人の心身の状態並びに生活及び財産の状況、成年後見人となる者の職業及び経歴並びに成年被後見人との利害関係の有無（成年後見人となる者が法人であるときは、その事業の種類及び内容並びにその法人及びその代表者と成年被後見人との利害関係の有無）、成年被後見人の意見その他一切の事情を考慮しなければならない。
〔平一一法一四九・平一六法一四七本条改正〕

（後見人の辞任）

第八四四条　後見人は、正当な事由があるときは、家庭裁判所の許可を得て、その任務を辞することができる。
〔平一六法一四七本条改正〕

（辞任した後見人による新たな後見人の選任の請求）

第八四五条　後見人がその任務を辞したことによって新たに後見人を選任する必要が生じたときは、その後見人は、遅滞なく新たな後見人の選任を家庭裁判所に請求しなければならない。
〔昭三七法四〇・平一一法一四九・平一六法一四七本条改正〕

（後見人の解任）

第八四六条　後見人に不正な行為、著しい不行跡その他後見の任務に適しない事由があるときは、家庭裁判所は、後見監督人、被後見人若しくはその親族若しくは検察官の請求により又は職権で、これを解任することができる。
〔平一一法一四九・平一六法一四七本条改正〕

（後見人の欠格事由）

第八四七条　次に掲げる者は、後見人となることができない。

一　未成年者
二　家庭裁判所で免ぜられた法定代理人、保佐人又は補助人
三　破産者
四　被後見人に対して訴訟をし、又はした者並びにその配偶者及び直系血族
五　行方の知れない者

〔平一一法一四九・平一六法一四七本条改正〕

第二款　後見監督人

（未成年後見監督人の指定）

第八四八条　未成年後見人を指定することができる者は、遺言で、未成年後見監督人を指定することができる。
〔平一一法一四九・平一六法一四七本条改正〕

（後見監督人の選任）

第八四九条　家庭裁判所は、必要があると認めるときは、被後見人、その親族若しくは後見人の請求により又は職権で、後見監督人を選任することができる。
〔平一一法一四九・平一六法一四七・平二三法六一本条改正〕

(後見監督人の欠格事由)

第八五〇条　後見人の配偶者、直系血族及び兄弟姉妹は、後見監督人となることができない。

〔平一六法一四七本条改正〕

(後見監督人の職務)
第八五一条　後見監督人の職務は、次のとおりとする。
一　後見人の事務を監督すること。
二　後見人が欠けた場合に、遅滞なくその選任を家庭裁判所に請求すること。
三　急迫の事情がある場合に、必要な処分をすること。
四　後見人又はその代表する者と被後見人との利益が相反する行為について被後見人を代表すること。
〔平一六法一四七本条改正〕

(委任及び後見人の規定の準用)

第八五二条　第六百四十四条、第六百五十四条、第六百五十五条、第八百四十四条、第八百四十六条、第八百四十七条、第八百六十一条第二項及び第八百六十二条の規定は後見監督人について、第八百四十条第三項及び第八百五十七条の二の規定は未成年後見監督人について、第八百四十三条第四項、第八百五十九条の二及び第八百五十九条の三の規定は成年後見監督人について準用する。

〔平一一法一四九・平一六法一四七・平二三法六一本条改正〕

第三節　後見の事務

(財産の調査及び目録の作成)
第八五三条　後見人は、遅滞なく被後見人の財産の調査に着手し、一箇月以内に、その調査を終わり、かつ、その目録を作成しなければならない。ただし、この期間は、家庭裁判所において伸長することができる。
2　財産の調査及びその目録の作成は、後見監督人があるときは、その立会いをもってしなければ、その効力を生じない。
〔平一六法一四七本条改正〕

(財産の目録の作成前の権限)

第八五四条　後見人は、財産の目録の作成を終わるまでは、急迫の必要がある行為のみをする権限を有する。ただし、これをもって善意の第三者に対抗することができない。

〔平一六法一四七本条改正〕

(後見人の被後見人に対する債権又は債務の申出義務)
第八五五条　後見人が、被後見人に対し、債権を有し、又は債務を負う場合において、後見監督人があるときは、財産の調査に着手する前に、これを後見監督人に申し出なければならない。
2　後見人が、被後見人に対し債権を有することを知ってこれを申し出ないときは、その債権を失う。
〔平一六法一四七本条改正〕

(被後見人が包括財産を取得した場合についての準用)

第八五六条　前三条の規定は、後見人が就職した後被後見人が包括財産を取得した場合について準用する。

〔平一六法一四七本条改正〕

(未成年被後見人の身上の監護に関する権利義務)

第八五七条　未成年後見人は、第八百二十条から第八百二十三条までに規定する事項について、親権を行う者と同一の権利義務を有する。ただし、親権を行う者が定めた教育の方法及び居所を変更し、営業を許可し、その許可を取り消し、又はこれを制限するには、未成年後見監督人があるときは、その同意を得なければならない。

〔平一一法一四九・平一六法一四七・平二三法六一本条改正〕

(未成年後見人が数人ある場合の権限の行使等)
第八五七条の二　未成年後見人が数人あるときは、共同してその権限を行使する。
2　未成年後見人が数人あるときは、家庭裁判所は、職権で、その一部の者について、財産に関する権限のみを行使すべきことを定めることができる。
3　未成年後見人が数人あるときは、家庭裁判所は、職権で、財産に関する権限について、各未成年後見人が単独で又は数人の未成年後見人が事務を分掌して、その権限を行使すべきことを定めることができる。
4　家庭裁判所は、職権で、前二項の規定による定めを取り消すことができる。

5 未成年後見人が数人あるときは、第三者の意思表示は、その一人に対してすれば足りる。

（平二三法六一本条追加）

（成年被後見人の意思の尊重及び身上の配慮）

第八五八条 成年後見人は、成年被後見人の生活、療養看護及び財産の管理に関する事務を行うに当たっては、成年被後見人の意思を尊重し、かつ、その心身の状態及び生活の状況に配慮しなければならない。

（昭二五法一二三第二項改正、平一一法一四九・平一六法一四七本条改正）

（財産の管理及び代表）

第八五九条 後見人は、被後見人の財産を管理し、かつ、その財産に関する法律行為について被後見人を代表する。

2 第八百二十四条ただし書の規定は、前項の場合について準用する。

（平一六法一四七本条改正）

（成年後見人が数人ある場合の権限の行使等）

第八五九条の二 成年後見人が数人あるときは、家庭裁判所は、職権で、数人の成年後見人が、共同して又は事務を分掌して、その権限を行使すべきことを定めることができる。

2 家庭裁判所は、職権で、前項の規定による定めを取り消すことができる。

3 成年後見人が数人あるときは、第三者の意思表示は、その一人に対してすれば足りる。

（平一一法一四九本条追加、平一六法一四七本条改正）

（成年被後見人の居住用不動産の処分についての許可）

第八五九条の三 成年後見人は、成年被後見人に代わって、その居住の用に供する建物又はその敷地について、売却、賃貸、賃貸借の解除又は抵当権の設定その他これらに準ずる処分をするには、家庭裁判所の許可を得なければならない。

（平一一法一四九本条追加、平一六法一四七本条改正）

（利益相反行為）

第八六〇条 第八百二十六条の規定は、後見人について準用する。ただし、後見監督人がある場合は、この限りでない。

（平一六法一四七本条改正）

（成年後見人による郵便物等の管理）

第八六〇条の二 家庭裁判所は、成年後見人がその事務を行うに当たって必要があると認めるときは、成年後見人の請求により、信書の送達の事業を行う者に対し、期間を定めて、成年被後見人に宛てた郵便物又は民間事業者による信書の送達に関する法律（平成十四年法律第九十九号）第二条第三項に規定する信書便物（次条において「郵便物等」という。）を成年後見人に配達すべき旨を嘱託することができる。

2 前項に規定する嘱託の期間は、六箇月を超えることができない。

3 家庭裁判所は、第一項の規定による審判があった後事情に変更を生じたときは、成年被後見人、成年後見人若しくは成年後見監督人の請求により又は職権で、同項に規定する嘱託を取り消し、又は変更することができる。ただし、その変更の審判においては、同項の規定による審判において定められた期間を伸長することができない。

4 成年後見人の任務が終了したときは、家庭裁判所は、第一項に規定する嘱託を取り消さなければならない。

（平二八法二七本条追加）

第八六〇条の三 成年後見人は、成年被後見人に宛てた郵便物等を受け取ったときは、これを開いて見ることができる。

2 成年後見人は、その受け取った前項の郵便物等で成年後見人の事務に関しないものは、速やかに成年被後見人に交付しなければならない。

3 成年被後見人は、成年後見人に対し、成年後見人が受け取った第一項の郵便物等（前項の規定により成年被後見人に交付されたものを除く。）の閲覧を求めることができる。

（平二八法二七本条追加）

（支出金額の予定及び後見の事務の費用）

第八六一条 後見人は、その就職の初めにおいて、被後見人の生活、教育又は療養看護及び財産の管理のために毎年支出すべき金額を予定しなければならない。

2 後見人が後見の事務を行うために必要な費用は、被後見人の財産の中から支弁する。

（平一一法一四九第二項追加、平一六法一四七本条改正）

（後見人の報酬）

第八六二条　家庭裁判所は、後見人及び被後見人の資力その他の事情によって、被後見人の財産の中から、相当な報酬を後見人に与えることができる。
〔平一六法一四七本条改正〕

（後見の事務の監督）

第八六三条　後見監督人又は家庭裁判所は、いつでも、後見人に対し後見の事務の報告若しくは財産の目録の提出を求め、又は後見の事務若しくは被後見人の財産の状況を調査することができる。
2　家庭裁判所は、後見監督人、被後見人若しくはその親族その他の利害関係人の請求により又は職権で、被後見人の財産の管理その他後見の事務について必要な処分を命ずることができる。
〔平一一法一四九第二項改正、平一六法一四七本条改正〕

（後見監督人の同意を要する行為）

第八六四条　後見人が、被後見人に代わって営業若しくは第十三条第一項各号に掲げる行為をし、又は未成年被後見人がこれをすることに同意するには、後見監督人があるときは、その同意を得なければならない。ただし、同項第一号に掲げる元本の領収については、この限りでない。
〔平一一法一四九・平一六法一四七本条改正〕

第八六五条　後見人が、前条の規定に違反してし又は同意を与えた行為は、被後見人又は後見人が取り消すことができる。この場合においては、第二十条の規定を準用する。
2　前項の規定は、第百二十一条から第百二十六条までの規定の適用を妨げない。
〔平一六法一四七本条改正〕

（被後見人の財産等の譲受けの取消し）

第八六六条　後見人が被後見人の財産又は被後見人に対する第三者の権利を譲り受けたときは、被後見人は、これを取り消すことができる。この場合においては、第二十条の規定を準用する。
2　前項の規定は、第百二十一条から第百二十六条までの規定の適用を妨げない。
〔平一六法一四七本条改正〕

（未成年被後見人に代わる親権の行使）

第八六七条　未成年後見人は、未成年被後見人に代わって親権を行う。
2　第八百五十三条から第八百五十七条まで及び第八百六十一条から前条までの規定は、前項の場合について準用する。
〔平一一法一四九第一項改正、平一六法一四七本条改正〕

（財産に関する権限のみを有する未成年後見人）

第八六八条　親権を行う者が管理権を有しない場合には、未成年後見人は、財産に関する権限のみを有する。
〔平一一法一四九・平一六法一四七本条改正〕

（委任及び親権の規定の準用）

第八六九条　第六百四十四条及び第八百三十条の規定は、後見について準用する。
〔平一六法一四七本条改正〕

第四節　後見の終了

（後見の計算）

第八七〇条　後見人の任務が終了したときは、後見人又はその相続人は、二箇月以内にその管理の計算（以下「後見の計算」という。）をしなければならない。ただし、この期間は、家庭裁判所において伸長することができる。
〔平一六法一四七本条改正〕

第八七一条　後見の計算は、後見監督人があるときは、その立会いをもってしなければならない。
〔平一六法一四七本条改正〕

（未成年被後見人と未成年後見人等との間の契約等の取消し）

第八七二条　未成年被後見人が成年に達した後後見の計算の終了前に、その者と未成年後見人又はその相続人との間でした契約は、その者が取り消すことができる。その者が未成年後見人又はその相続人に対してした単独行為も、同様とする。
2　第二十条及び第百二十一条から第百二十六条までの規定は、前項の場合について準用する。
〔平一一法一四九第一項改正、平一六法一四七本条改正〕

（返還金に対する利息の支払等）

第八七三条 後見人が被後見人に返還すべき金額及び被後見人が後見人に返還すべき金額には、後見の計算が終了した時から、利息を付さなければならない。

2 後見人は、自己のために被後見人の金銭を消費したときは、その消費の時から、これに利息を付さなければならない。この場合において、なお損害があるときは、その賠償の責任を負う。

〔平一六法一四七本条改正〕

（成年被後見人の死亡後の成年後見人の権限）

第八七三条の二 成年後見人は、成年被後見人が死亡した場合において、必要があるときは、成年被後見人の相続人の意思に反することが明らかなときを除き、相続人が相続財産を管理することができるに至るまで、次に掲げる行為をすることができる。ただし、第三号に掲げる行為をするには、家庭裁判所の許可を得なければならない。

一 相続財産に属する特定の財産の保存に必要な行為

二 相続財産に属する債務（弁済期が到来しているものに限る。）の弁済

三 その死体の火葬又は埋葬に関する契約の締結その他相続財産の保存に必要な行為（前二号に掲げる行為を除く。）

〔平二八法二七本条追加〕

（委任の規定の準用）

第八七四条 第六百五十四条及び第六百五十五条の規定は、後見について準用する。

〔平一六法一四七本条改正〕

（後見に関して生じた債権の消滅時効）

第八七五条 第八百三十二条の規定は、後見人又は後見監督人と被後見人との間において後見に関して生じた債権の消滅時効について準用する。

2 前項の消滅時効は、第八百七十二条の規定により法律行為を取り消した場合には、その取消しの時から起算する。

〔平一六法一四七本条改正〕

第六章 保佐及び補助〔平一一法一四九章名追加、平一六法一四七本章繰下〕

第一節 保佐〔平一一法一四九節名追加〕

（保佐の開始）

第八七六条 保佐は、保佐開始の審判によって開始する。

〔平一一法一四九・平一六法一四七本条改正〕

（保佐人及び臨時保佐人の選任等）

第八七六条の二 家庭裁判所は、保佐開始の審判をするときは、職権で、保佐人を選任する。

2 第八百四十三条第二項から第四項まで及び第八百四十四条から第八百四十七条までの規定は、保佐人について準用する。

3 保佐人又はその代表する者と被保佐人との利益が相反する行為については、保佐人は、臨時保佐人の選任を家庭裁判所に請求しなければならない。ただし、保佐監督人がある場合は、この限りでない。

〔平一一法一四九本条追加、平一六法一四七本条改正〕

（保佐監督人）

第八七六条の三 家庭裁判所は、必要があると認めるときは、被保佐人、その親族若しくは保佐人の請求により又は職権で、保佐監督人を選任することができる。

2 第六百四十四条、第六百五十四条、第六百五十五条、第八百四十三条第四項、第八百四十四条、第八百四十六条、第八百四十七条、第八百五十条、第八百五十一条、第八百五十九条の二、第八百五十九条の三、第八百六十一条第二項及び第八百六十二条の規定は、保佐監督人について準用する。この場合において、第八百五十一条第四号中「被後見人を代表する」とあるのは、「被保佐人を代表し、又は被保佐人がこれをすることに同意する」と読み替えるものとする。

〔平一一法一四九本条追加、平一六法一四七本条改正〕

（保佐人に代理権を付与する旨の審判）

第八七六条の四 家庭裁判所は、第十一条本文に規定する者又は保佐人若しくは保佐監督人の請求によって、被保佐人のために特定の法

律行為について保佐人に代理権を付与する旨の審判をすることができる。

2本人以外の者の請求によって前項の審判をするには、本人の同意がなければならない。

3家庭裁判所は、第一項に規定する者の請求によって、同項の審判の全部又は一部を取り消すことができる。

〔平一一法一四九本条追加、平一六法一四七本条改正〕

（保佐の事務及び保佐人の任務の終了等）

第八七六条の五　保佐人は、保佐の事務を行うに当たっては、被保佐人の意思を尊重し、かつ、その心身の状態及び生活の状況に配慮しなければならない。

2第六百四十四条、第八百五十九条の二、第八百五十九条の三、第八百六十一条第二項、第八百六十二条及び第八百六十三条の規定は保佐の事務について、第八百二十四条ただし書の規定は保佐人が前条第一項の代理権を付与する旨の審判に基づき被保佐人を代表する場合について準用する。

3第六百五十四条、第六百五十五条、第八百七十条、第八百七十一条及び第八百七十三条の規定は保佐人の任務が終了した場合について、第八百三十二条の規定は保佐人又は保佐監督人と被保佐人との間において保佐に関して生じた債権について準用する。

〔平一一法一四九本条追加、平一六法一四七本条改正〕

第三節　補助〔平一一法一四九本節追加〕

（補助の開始）

第八七六条の六　補助は、補助開始の審判によって開始する。

〔平一六法一四七本条改正〕

（補助人及び臨時補助人の選任等）

第八七六条の七　家庭裁判所は、補助開始の審判をするときは、職権で、補助人を選任する。

2第八百四十三条第二項から第四項まで及び第八百四十四条から第八百四十七条までの規定は、補助人について準用する。

3補助人又はその代表する者と被補助人との利益が相反する行為については、補助人は、臨時補助人の選任を家庭裁判所に請求しなければならない。ただし、補助監督人がある場合は、この限りでない。

〔平一六法一四七本条改正〕

（補助監督人）

第八七六条の八　家庭裁判所は、必要があると認めるときは、被補助人、その親族若しくは補助人の請求により又は職権で、補助監督人を選任することができる。

2第六百四十四条、第六百五十四条、第六百五十五条、第八百四十三条第四項、第八百四十四条、第八百四十六条、第八百四十七条、第八百五十条、第八百五十一条、第八百五十九条の二、第八百五十九条の三、第八百六十一条第二項及び第八百六十二条の規定は、補助監督人について準用する。この場合において、第八百五十一条第四号中「被後見人を代表する」とあるのは、「被補助人を代表し、又は被補助人がこれをすることに同意する」と読み替えるものとする。

〔平一六法一四七本条改正〕

（補助人に代理権を付与する旨の審判）

第八七六条の九　家庭裁判所は、第十五条第一項本文に規定する者又は補助人若しくは補助監督人の請求によって、被補助人のために特定の法律行為について補助人に代理権を付与する旨の審判をすることができる。

2第八百七十六条の四第二項及び第三項の規定は、前項の審判について準用する。

〔平一六法一四七本条改正〕

（補助の事務及び補助人の任務の終了等）

第八七六条の一〇　第六百四十四条、第八百五十九条の二、第八百五十九条の三、第八百六十一条第二項、第八百六十二条、第八百六十三条及び第八百七十六条の五第一項の規定は補助の事務について、第八百二十四条ただし書の規定は補助人が前条第一項の代理権を付与する旨の審判に基づき被補助人を代表する場合について準用する。

2第六百五十四条、第六百五十五条、第八百七十条、第八百七十一条及び第八百七十三条の規定は補助人の任務が終了した場合について、第八百三十二条の規定は補助人又は補助監督人と被補助人との間において補助に関して生じた債権について準用する。
〔平一六法一四七本条改正〕

第七章　扶養〔平一六法一四七本章繰下〕

（扶養義務者）

第八七七条　直系血族及び兄弟姉妹は、互いに扶養をする義務がある。

2家庭裁判所は、特別の事情があるときは、前項に規定する場合のほか、三親等内の親族間においても扶養の義務を負わせることができる。

3前項の規定による審判があった後事情に変更を生じたときは、家庭裁判所は、その審判を取り消すことができる。
〔平一六法一四七本条改正〕

（扶養の順位）

第八七八条　扶養をする義務のある者が数人ある場合において、扶養をすべき者の順序について、当事者間に協議が調わないとき、又は協議をすることができないときは、家庭裁判所が、これを定める。扶養を受ける権利のある者が数人ある場合において、扶養義務者の資力がその全員を扶養するのに足りないときの扶養を受けるべき者の順序についても、同様とする。
〔平一六法一四七本条改正〕

（扶養の程度又は方法）

第八七九条　扶養の程度又は方法について、当事者間に協議が調わないとき、又は協議をすることができないときは、扶養権利者の需要、扶養義務者の資力その他一切の事情を考慮して、家庭裁判所が、これを定める。
〔平一六法一四七本条改正〕

（扶養に関する協議又は審判の変更又は取消し）

第八八〇条　扶養をすべき者若しくは扶養を受けるべき者の順序又は扶養の程度若しくは方法について協議又は審判があった後事情に変更を生じたときは、家庭裁判所は、その協議又は審判の変更又は取消しをすることができる。
〔平一六法一四七本条改正〕

（扶養請求権の処分の禁止）

第八八一条　扶養を受ける権利は、処分することができない。
〔平一六法一四七本条改正〕

第五編　相続

第一章　総則

（相続開始の原因）

第八八二条　相続は、死亡によって開始する。
〔平一六法一四七本条改正〕

（相続開始の場所）

第八八三条　相続は、被相続人の住所において開始する。
〔平一六法一四七本条改正〕

（相続回復請求権）

第八八四条　相続回復の請求権は、相続人又はその法定代理人が相続権を侵害された事実を知った時から五年間行使しないときは、時効によって消滅する。相続開始の時から二十年を経過したときも、同様とする。
〔平一六法一四七本条改正〕

（相続財産に関する費用）

第八八五条　相続財産に関する費用は、その財産の中から支弁する。ただし、相続人の過失によるものは、この限りでない。〔本条の施行は、令一・七・一〕

> **第八八五条**〔同〕
> 2前項の費用は、遺留分権利者が贈与の減殺によって得た財産をもって支弁することを要しない。

〔平一六法一四七本条改正、平三〇法七二第二項削除〕

第二章　相続人

（相続に関する胎児の権利能力）

第八八六条　胎児は、相続については、既に生まれたものとみなす。

2前項の規定は、胎児が死体で生まれたときは、適用しない。
〔平一六法一四七本条改正〕

（平一六法一四七本条改正）

（子及びその代襲者等の相続権）

第八八七条　被相続人の子は、相続人となる。

2被相続人の子が、相続の開始以前に死亡したとき、又は第八百九十一条の規定に該当し、若しくは廃除によって、その相続権を失ったときは、その者の子がこれを代襲して相続人となる。ただし、被相続人の直系卑属でない者は、この限りでない。

3前項の規定は、代襲者が、相続の開始以前に死亡し、又は第八百九十一条の規定に該当し、若しくは廃除によって、その代襲相続権を失った場合について準用する。

（昭三七法四〇・平一六法一四七本条改正）

第八八八条［代襲相続］削除（昭三七法四〇）

（直系尊属及び兄弟姉妹の相続権）

第八八九条　次に掲げる者は、第八百八十七条の規定により相続人となるべき者がない場合には、次に掲げる順序の順位に従って相続人となる。

一　被相続人の直系尊属。ただし、親等の異なる者の間では、その近い者を先にする。

二　被相続人の兄弟姉妹

2第八百八十七条第二項の規定は、前項第二号の場合について準用する。

（昭五五法五一第二項改正、平一六法一四七本条改正）

（配偶者の相続権）

第八九〇条　被相続人の配偶者は、常に相続人となる。この場合において、第八百八十七条又は前条の規定により相続人となるべき者があるときは、その者と同順位とする。

（平一六法一四七本条改正）

（相続人の欠格事由）

第八九一条　次に掲げる者は、相続人となることができない。

一　故意に被相続人又は相続について先順位若しくは同順位にある者を死亡するに至らせ、又は至らせようとしたために、刑に処せられた者

二　被相続人の殺害されたことを知って、これを告発せず、又は告訴しなかった者。ただし、その者に是非の弁別がないとき、又は殺害者が自己の配偶者若しくは直系血族であったときは、この限りでない。

三　詐欺又は強迫によって、被相続人が相続に関する遺言をし、撤回し、取り消し、又は変更することを妨げた者

四　詐欺又は強迫によって、被相続人に相続に関する遺言をさせ、撤回させ、取り消させ、又は変更させた者

五　相続に関する被相続人の遺言書を偽造し、変造し、破棄し、又は隠匿した者

（平一六法一四七本条改正）

（推定相続人の廃除）

第八九二条　遺留分を有する推定相続人（相続が開始した場合に相続人となるべき者をいう。以下同じ。）が、被相続人に対して虐待をし、若しくはこれに重大な侮辱を加えたとき、又は推定相続人にその他の著しい非行があったときは、被相続人は、その推定相続人の廃除を家庭裁判所に請求することができる。

（平一六法一四七本条改正）

（遺言による推定相続人の廃除）

第八九三条　被相続人が遺言で推定相続人を廃除する意思を表示したときは、遺言執行者は、その遺言が効力を生じた後、遅滞なく、その推定相続人の廃除を家庭裁判所に請求しなければならない。この場合において、その推定相続人の廃除は、被相続人の死亡の時にさかのぼってその効力を生ずる。

（平一六法一四七本条改正）

（推定相続人の廃除の取消し）

第八九四条　被相続人は、いつでも、推定相続人の廃除の取消しを家庭裁判所に請求することができる。

2前条の規定は、推定相続人の廃除の取消しについて準用する。

（平一六法一四七本条改正）

（推定相続人の廃除に関する審判確定前の遺産の管理）

第八九五条　推定相続人の廃除又はその取消しの請求があった後その審判が確定する前に相続が開始したときは、家庭裁判所は、親族、利害関係人又は検察官の請求によって、遺産の管理について必要な

処分を命ずることができる。推定相続人の廃除の遺言があったときも、同様とする。

2 第二十七条から第二十九条までの規定は、前項の規定により家庭裁判所が遺産の管理人を選任した場合について準用する。

〔平一六法一四七本条改正〕

第三章　相続の効力

第一節　総則

（相続の一般的効力）

第八九六条　相続人は、相続開始の時から、被相続人の財産に属した一切の権利義務を承継する。ただし、被相続人の一身に専属したものは、この限りでない。

〔平一六法一四七本条改正〕

（祭祀に関する権利の承継）

第八九七条　系譜、祭具及び墳墓の所有権は、前条の規定にかかわらず、慣習に従って祖先の祭祀を主宰すべき者が承継する。ただし、被相続人の指定に従って祖先の祭祀を主宰すべき者があるときは、その者が承継する。

2 前項本文の場合において慣習が明らかでないときは、同項の権利を承継すべき者は、家庭裁判所が定める。

〔平一六法一四七本条改正〕

☆**（相続財産の保存）**

第八九七条の二　家庭裁判所は、利害関係人又は検察官の請求によって、いつでも、相続財産の管理人の選任その他の相続財産の保存に必要な処分を命ずることができる。ただし、相続人が一人である場合においてその相続人が相続の単純承認をしたとき、相続人が数人ある場合において遺産の全部の分割がされたとき、又は第九百五十二条第一項の規定により相続財産の清算人が選任されているときは、この限りでない。

2 第二十七条から第二十九条までの規定は、前項の規定により家庭裁判所が相続財産の管理人を選任した場合について準用する。〔本条追加の施行は、令三法二四施行日〕

〔令三法二四本条追加〕

解説　相続財産の保存のために、単独相続で相続の単純承認があったときや共同相続で遺産の全部の分割があった場合などを除き、利害関係人又は検察官の請求によって、いつでも、家庭裁判所は相続財産の管理人の選任その他の必要な処分を命ずることができることとした。これは、共同相続における遺産分割前の相続財産及び相続人のあることが明らかでない場合における相続財産の保存に必要な処分を可能とする改正であり、また、九一八条の旧二項・三項の相続財産の管理を、本条に吸収したものである。

（共同相続の効力）

第八九八条　相続人が数人あるときは、相続財産は、その共有に属する。

2 相続財産について共有に関する規定を適用するときは、第九百条から第九百二条までの規定により算定した相続分をもって各相続人の共有持分とする。〔本条改正の施行は、令三法二四施行日〕

> **第八九八条**〔同〕
> 〔二項は新設規定〕

〔平一六法一四七本条改正、令三法二四第二項追加〕

解説　相続財産について共有に関する規定を適用する場合の各相続人の共有持分については、九〇〇条から九〇二条（遺言による相続分の指定）までの規定により算定した相続分とすることにした（二項新設）。すなわち、特別受益の相続分や寄与分などは、考慮しない。

第八九九条　各共同相続人は、その相続分に応じて被相続人の権利義務を承継する。

☆（共同相続における権利の承継の対抗要件）

第八九九条の二　相続による権利の承継は、遺産の分割によるものかどうかにかかわらず、次条及び第九百一条の規定により算定した相続分を超える部分については、登記、登録その他の対抗要件を備えなければ、第三者に対抗することができない。

2　前項の権利が債権である場合において、次条及び第九百一条の規定により算定した相続分を超えて当該債権を承継した共同相続人が当該債権に係る遺言の内容（遺産の分割により当該債権を承継した場合にあっては、当該債権に係る遺産の分割の内容）を明らかにして債務者にその承継の通知をしたときは、共同相続人の全員が債務者に通知をしたものとみなして、同項の規定を適用する。〔本条の施行は、令一・七・一〕

〔平三〇法七二本条追加〕

第二節　相続分

（法定相続分）

第九〇〇条　同順位の相続人が数人あるときは、その相続分は、次の各号の定めるところによる。

一　子及び配偶者が相続人であるときは、子の相続分及び配偶者の相続分は、各二分の一とする。

二　配偶者及び直系尊属が相続人であるときは、配偶者の相続分は、三分の二とし、直系尊属の相続分は、三分の一とする。

三　配偶者及び兄弟姉妹が相続人であるときは、配偶者の相続分は、四分の三とし、兄弟姉妹の相続分は、四分の一とする。

四　子、直系尊属又は兄弟姉妹が数人あるときは、各自の相続分は、相等しいものとする。ただし、父母の一方のみを同じくする兄弟姉妹の相続分は、父母の双方を同じくする兄弟姉妹の相続分の二分の一とする。

〔昭五五法五一・平一六法一四七・平二五法九四本条改正〕

（代襲相続人の相続分）

第九〇一条　第八百八十七条第二項又は第三項の規定により相続人となる直系卑属の相続分は、その直系尊属が受けるべきであったものと同じとする。ただし、直系卑属が数人あるときは、その各自の直系尊属が受けるべきであった部分について、前条の規定に従ってその相続分を定める。

2　前項の規定は、第八百八十九条第二項の規定により兄弟姉妹の子が相続人となる場合について準用する。

〔昭五五法五一第二項改正、平一六法一四七本条改正〕

（遺言による相続分の指定）

第九〇二条　被相続人は、前二条の規定にかかわらず、遺言で、共同相続人の相続分を定め、又はこれを定めることを第三者に委託することができる。〔本項の施行は、令一・七・一〕

2　被相続人が、共同相続人中の一人若しくは数人の相続分のみを定め、又はこれを第三者に定めさせたときは、他の共同相続人の相続分は、前二条の規定により定める。

第九〇二条　被相続人は、前二条の規定にかかわらず、遺言で、共同相続人の相続分を定め、又はこれを定めることを第三者に委託することができる。ただし、被相続人又は第三者は、遺留分に関する規定に違反することができない。

2　〔同〕

〔平一六法一四七本条改正、平三〇法七二第一項改正〕

☆（相続分の指定がある場合の債権者の権利の行使）

第九〇二条の二　被相続人が相続開始の時において有した債務の債権者は、前条の規定による相続分の指定がされた場合であっても、各共同相続人に対し、第九百条及び第九百一条の規定により算定した相続分に応じてその権利を行使することができる。ただし、その債権者が共同相続人の一人に対してその指定された相続分に応じた債務の承継を承認したときは、この限りでない。〔本条の施行は、令一・七・一〕

〔平三〇法七二本条追加〕

（特別受益者の相続分）

第九〇三条　共同相続人中に、被相続人から、遺贈を受け、又は婚姻若しくは養子縁組のため若しくは生計の資本として贈与を受けた者があるときは、被相続人が相続開始の時において有した財産の価額にその贈与の価額を加えたものを相続財産とみなし、第九百条から

第九百二条までの規定により算定した相続分の中からその遺贈又は贈与の価額を控除した残額をもってその者の相続分とする。

2　遺贈又は贈与の価額が、相続分の価額に等しく、又はこれを超えるときは、受遺者又は受贈者は、その相続分を受けることができない。

3　被相続人が前二項の規定と異なった意思を表示したときは、その意思に従う。

4　婚姻期間が二十年以上の夫婦の一方である被相続人が、他の一方に対し、その居住の用に供する建物又はその敷地について遺贈又は贈与をしたときは、当該被相続人は、その遺贈又は贈与について第一項の規定を適用しない旨の意思を表示したものと推定する。〔本条の施行は、令一・七・一〕

> **第九〇三条**〔「第九百条から第九百二条まで」は、令一・六・三〇までは「前三条」〕
> 2〔同〕
> 3〔「その意思に従う」は、令一・六・三〇までは「その意思表示は、遺留分に関する規定に違反しない範囲内で、その効力を有する」〕
> 〔四項は新設規定〕

〔平一六法一四七本条改正、平三〇法七二第一項・三項改正・四項追加〕

第九〇四条　前条に規定する贈与の価額は、受贈者の行為によって、その目的である財産が滅失し、又はその価格の増減があったときであっても、相続開始の時においてなお原状のままであるものとみなしてこれを定める。

〔平一六法一四七本条改正〕

（寄与分）

第九〇四条の二　共同相続人中に、被相続人の事業に関する労務の提供又は財産上の給付、被相続人の療養看護その他の方法により被相続人の財産の維持又は増加について特別の寄与をした者があるときは、被相続人が相続開始の時において有した財産の価額から共同相続人の協議で定めたその者の寄与分を控除したものを相続財産とみなし、第九百条から第九百二条までの規定により算定した相続分に寄与分を加えた額をもってその者の相続分とする。

2　前項の協議が調わないとき、又は協議をすることができないときは、家庭裁判所は、同項に規定する寄与をした者の請求により、寄与の時期、方法及び程度、相続財産の額その他一切の事情を考慮して、寄与分を定める。

3　寄与分は、被相続人が相続開始の時において有した財産の価額から遺贈の価額を控除した残額を超えることができない。

4　第二項の請求は、第九百七条第二項の規定による請求があった場合又は第九百十条に規定する場合にすることができる。

〔昭五五法五一本条追加、平一六法一四七本条改正〕

☆**（期間経過後の遺産の分割における相続分）**

第九〇四条の三　前三条の規定は、相続開始の時から十年を経過した後にする遺産の分割については、適用しない。ただし、次の各号のいずれかに該当するときは、この限りでない。

一　相続開始の時から十年を経過する前に、相続人が家庭裁判所に遺産の分割の請求をしたとき。

二　相続開始の時から始まる十年の期間の満了前六箇月以内の間に、遺産の分割を請求することができないやむを得ない事由が相続人にあった場合において、その事由が消滅した時から六箇月を経過する前に、当該相続人が家庭裁判所に遺産の分割の請求をしたとき。〔本条追加の施行は、令三法二四施行日〕

〔令三法二四本条追加〕

解説

特別受益者の相続分についての九〇三条、九〇四条、及び寄与分についての九〇四条の二の規定は、相続開始の時から一〇年を経過した後にする遺産分割については、原則として適用しないとするものである。これは、長期間経過後に、特別受益分や寄与分などを考慮して、具体的相続分を定めることが極めて困難となるからである。

なお本条は、施行日前に相続が開始した遺産の分割についても、適用される（改正附則三条）。

（相続分の取戻権）

第九〇五条　共同相続人の一人が遺産の分割前にその相続分を第三者に譲り渡したときは、他の共同相続人は、その価額及び費用を償還して、その相続分を譲り受けることができる。

2前項の権利は、一箇月以内に行使しなければならない。

〔平一六法一四七本条改正〕

第三節　遺産の分割

（遺産の分割の基準）

第九〇六条　遺産の分割は、遺産に属する物又は権利の種類及び性質、各相続人の年齢、職業、心身の状態及び生活の状況その他一切の事情を考慮してこれをする。

〔昭五五法五一・平一六法一四七本条改正〕

☆**（遺産の分割前に遺産に属する財産が処分された場合の遺産の範囲）**
第九〇六条の二　遺産の分割前に遺産に属する財産が処分された場合であっても、共同相続人は、その全員の同意により、当該処分された財産が遺産の分割時に遺産として存在するものとみなすことができる。
2前項の規定にかかわらず、共同相続人の一人又は数人により同項の財産が処分されたときは、当該共同相続人については、同項の同意を得ることを要しない。〔本条の施行は、令一・七・一〕
〔平三〇法七二本条追加〕

（遺産の分割の協議又は審判）

第九〇七条　共同相続人は、次条第一項の規定により被相続人が遺言で禁じた場合又は同条第二項の規定により分割をしない旨の契約をした場合を除き、いつでも、その協議で、遺産の全部又は一部の分割をすることができる。

2遺産の分割について、共同相続人間に協議が調わないとき、又は協議をすることができないときは、各共同相続人は、その全部又は一部の分割を家庭裁判所に請求することができる。ただし、遺産の一部を分割することにより他の共同相続人の利益を害するおそれがある場合におけるその一部の分割については、この限りでない。〔本条改正の施行は、令三法二四施行日〕

【令三法二四改正前】

（遺産の分割の協議又は審判等）

第九〇七条　共同相続人は、次条の規定により被相続人が遺言で禁じた場合を除き、いつでも、その協議で、遺産の全部又は一部の分割をすることができる。

2〔同〕

3前項本文の場合において特別の事由があるときは、家庭裁判所は、期間を定めて、遺産の全部又は一部について、その分割を禁ずることができる。〔本条の施行は、令一・七・一〕

【平三〇法七二改正前】
第九〇七条　〔「遺産の全部又は一部の」は、令一・六・三〇までは「遺産の」〕
2遺産の分割について、共同相続人間に協議が調わないとき、又は協議をすることができないときは、各共同相続人は、その分割を家庭裁判所に請求することができる。
3〔「前項本文」は、令一・六・三〇までは「前項」〕
〔平一六法一四七・平三〇法七二本条改正、令三法二四見出し・一項改正・三項削除〕

解説
遺産分割協議をなし得ない場合として、九〇八条二項の共同相続人間で遺産分割禁止の契約をした場合を付け加え（二項）、三項を削除したものである。本条旧三項に対応する条文は、九〇八条四項・五項である。

（遺産の分割の方法の指定及び遺産の分割の禁止）

第九〇八条　被相続人は、遺言で、遺産の分割の方法を定め、若しくはこれを定めることを第三者に委託し、又は相続開始の時から五年を超えない期間を定めて、遺産の分割を禁ずることができる。

2共同相続人は、五年以内の期間を定めて、遺産の全部又は一部について、その分割をしない旨の契約をすることができる。ただし、その期間の終期は、相続開始の時から十年を超えることができない。

3 前項の契約は、五年以内の期間を定めて更新することができる。ただし、その期間の終期は、相続開始の時から十年を超えることができない。

4 前条第二項本文の場合において特別の事由があるときは、家庭裁判所は、五年以内の期間を定めて、遺産の全部又は一部について、その分割を禁ずることができる。ただし、その期間の終期は、相続開始の時から十年を超えることができない。

5 家庭裁判所は、五年以内の期間を定めて前項の期間を更新することができる。ただし、その期間の終期は、相続開始の時から十年を超えることができない。〔本条改正の施行は、令三法二四施行日〕

> **第九〇八条**〔同〕
> 〔二項〜五項は新設規定〕

〔平一六法一四七本条改正、令三法二四第二項〜五項追加〕

解説

共同相続人間で、五年以内の期間を定めて遺産分割禁止の契約をすることができ、また五年以内の期間を定めてその契約を更新できるが、それらの期間の終期は、相続開始の時から一〇年以内とした（二項・三項）。遺産分割の裁判を家庭裁判所に請求した場合において、特別の事情があるときに家庭裁判所によりなされる遺産分割の禁止及びその更新についても、同様の期間の制限がある（四項・五項。九〇七条旧三項に対応）。いずれの場合も、相続開始の時から一〇年以内には、遺産分割が開始されるようにしたものである。

なお、二項から五項までの規定は、施行日前に相続が開始した遺産の分割についても、適用される（改正附則三条）。

（遺産の分割の効力）

第九〇九条　遺産の分割は、相続開始の時にさかのぼってその効力を生ずる。ただし、第三者の権利を害することはできない。

〔平一六法一四七本条改正〕

☆**（遺産の分割前における預貯金債権の行使）**

第九〇九条の二　各共同相続人は、遺産に属する預貯金債権のうち相続開始の時の債権額の三分の一に第九百条及び第九百一条の規定により算定した当該共同相続人の相続分を乗じた額（標準的な当面の必要生計費、平均的な葬式の費用の額その他の事情を勘案して預貯金債権の債務者ごとに法務省令で定める額を限度とする。）については、単独でその権利を行使することができる。この場合において、当該権利の行使をした預貯金債権については、当該共同相続人が遺産の一部の分割によりこれを取得したものとみなす。〔本条の施行は、令一・七・一〕

〔平三〇法七二本条追加〕

（相続の開始後に認知された者の価額の支払請求権）

第九一〇条　相続の開始後認知によって相続人となった者が遺産の分割を請求しようとする場合において、他の共同相続人が既にその分割その他の処分をしたときは、価額のみによる支払の請求権を有する。

〔平一六法一四七本条改正〕

（共同相続人間の担保責任）

第九一一条　各共同相続人は、他の共同相続人に対して、売主と同じく、その相続分に応じて担保の責任を負う。

〔平一六法一四七本条改正〕

（遺産の分割によって受けた債権についての担保責任）

第九一二条　各共同相続人は、その相続分に応じ、他の共同相続人が遺産の分割によって受けた債権について、その分割の時における債務者の資力を担保する。

2 弁済期に至らない債権及び停止条件付きの債権については、各共同相続人は、弁済をすべき時における債務者の資力を担保する。

〔平一六法一四七本条改正〕

（資力のない共同相続人がある場合の担保責任の分担）

第九一三条　担保の責任を負う共同相続人中に償還をする資力のない者があるときは、その償還することができない部分は、求償者及び他の資力のある者が、それぞれその相続分に応じて分担する。ただし、求償者に過失があるときは、他の共同相続人に対して分担を請求することができない。

〔平一六法一四七本条改正〕

（遺言による担保責任の定め）

第九一四条　前三条の規定は、被相続人が遺言で別段の意思を表示したときは、適用しない。

〔平一六法一四七本条改正〕

第四章　相続の承認及び放棄

第一節　総則

（相続の承認又は放棄をすべき期間）
第九一五条　相続人は、自己のために相続の開始があったことを知った時から三箇月以内に、相続について、単純若しくは限定の承認又は放棄をしなければならない。ただし、この期間は、利害関係人又は検察官の請求によって、家庭裁判所において伸長することができる。
2　相続人は、相続の承認又は放棄をする前に、相続財産の調査をすることができる。
〔平一六法一四七本条改正〕

第九一六条　相続人が相続の承認又は放棄をしないで死亡したときは、前条第一項の期間は、その者の相続人が自己のために相続の開始があったことを知った時から起算する。
〔平一六法一四七本条改正〕

第九一七条　相続人が未成年者又は成年被後見人であるときは、第九百十五条第一項の期間は、その法定代理人が未成年者又は成年被後見人のために相続の開始があったことを知った時から起算する。
〔平一一法一四九・平一六法一四七本条改正〕

（相続人による管理）
第九一八条　相続人は、その固有財産におけるのと同一の注意をもって、相続財産を管理しなければならない。ただし、相続の承認又は放棄をしたときは、この限りでない。〔本条改正の施行は、令三法二四施行日〕

（相続財産の管理）
第九一八条〔同〕
2　家庭裁判所は、利害関係人又は検察官の請求によって、いつでも、相続財産の保存に必要な処分を命ずることができる。
3　第二十七条から第二十九条までの規定は、前項の規定により家庭裁判所が相続財産の管理人を選任した場合について準用する。

〔平一六法一四七本条改正、令三法二四見出し改正・二項・三項削除〕

解説　二項・三項が削除されたのは、新設された八九七条の二の「相続財産の保存」にその内容が吸収されたことによるものである。

（相続の承認及び放棄の撤回及び取消し）
第九一九条　相続の承認及び放棄は、第九百十五条第一項の期間内でも、撤回することができない。
2　前項の規定は、第一編（総則）及び前編（親族）の規定により相続の承認又は放棄の取消しをすることを妨げない。
3　前項の取消権は、追認をすることができる時から六箇月間行使しないときは、時効によって消滅する。相続の承認又は放棄の時から十年を経過したときも、同様とする。
4　第二項の規定により限定承認又は相続の放棄の取消しをしようとする者は、その旨を家庭裁判所に申述しなければならない。
〔昭三七法四〇第三項追加、平一六法一四七本条改正〕

第二節　相続の承認〔平一六法一四七節名改正〕

第一款　単純承認

（単純承認の効力）

第九二〇条　相続人は、単純承認をしたときは、無限に被相続人の権利義務を承継する。

〔平一六法一四七本条改正〕

（法定単純承認）
第九二一条 次に掲げる場合には、相続人は、単純承認をしたものとみなす。
一 相続人が相続財産の全部又は一部を処分したとき。ただし、保存行為及び第六百二条に定める期間を超えない賃貸をすることは、この限りでない。
二 相続人が第九百十五条第一項の期間内に限定承認又は相続の放棄をしなかったとき。
三 相続人が、限定承認又は相続の放棄をした後であっても、相続財産の全部若しくは一部を隠匿し、私にこれを消費し、又は悪意でこれを相続財産の目録中に記載しなかったとき。ただし、その相続人が相続の放棄をしたことによって相続人となった者が相続の承認をした後は、この限りでない。
〔平一六法一四七本条改正〕

第二款 限定承認

（限定承認）

第九二二条 相続人は、相続によって得た財産の限度においてのみ被相続人の債務及び遺贈を弁済すべきことを留保して、相続の承認をすることができる。

〔平一六法一四七本条改正〕

（共同相続人の限定承認）

第九二三条 相続人が数人あるときは、限定承認は、共同相続人の全員が共同してのみこれをすることができる。

〔平一六法一四七本条改正〕

（限定承認の方式）

第九二四条 相続人は、限定承認をしようとするときは、第九百十五条第一項の期間内に、相続財産の目録を作成して家庭裁判所に提出し、限定承認をする旨を申述しなければならない。

〔平一六法一四七本条改正〕

（限定承認をしたときの権利義務）

第九二五条 相続人が限定承認をしたときは、その被相続人に対して有した権利義務は、消滅しなかったものとみなす。

〔平一六法一四七本条改正〕

（限定承認者による管理）
第九二六条 限定承認者は、その固有財産におけるのと同一の注意をもって、相続財産の管理を継続しなければならない。
2 第六百四十五条、第六百四十六条並びに第六百五十条第一項及び第二項の規定は、前項の場合について準用する。〔本条改正の施行は、令三法二四施行日〕

> **第九二六条**〔同〕
> 2 第六百四十五条、第六百四十六条、第六百五十条第一項及び第二項並びに第九百十八条第二項及び第三項の規定は、前項の場合について準用する。

〔平一六法一四七本条改正、令三法二四第二項改正〕

解説 二項において九一八条二項及び三項の準用が削除されたのは、相続財産の保存につき八九七条の二が新設されたことによるものである。

（相続債権者及び受遺者に対する公告及び催告）
第九二七条 限定承認者は、限定承認をした後五日以内に、すべての相続債権者（相続財産に属する債務の債権者をいう。以下同じ。）及び受遺者に対し、限定承認をしたこと及び一定の期間内にその請求の申出をすべき旨を公告しなければならない。この場合において、その期間は、二箇月を下ることができない。
2 前項の規定による公告には、相続債権者及び受遺者がその期間内に申出をしないときは弁済から除斥されるべき旨を付記しなければならない。ただし、限定承認者は、知れている相続債権者及び受遺者を除斥することができない。
3 限定承認者は、知れている相続債権者及び受遺者には、各別にその申出の催告をしなければならない。
4 第一項の規定による公告は、官報に掲載してする。
〔平一六法一四七本条改正、平一七法八七第二項改正、平一八法五〇第二項

改正・三項・四項追加〕

（公告期間満了前の弁済の拒絶）

第九二八条　限定承認者は、前条第一項の期間の満了前には、相続債権者及び受遺者に対して弁済を拒むことができる。

〔平一六法一四七本条改正〕

（公告期間満了後の弁済）

第九二九条　第九百二十七条第一項の期間が満了した後は、限定承認者は、相続財産をもって、その期間内に同項の申出をした相続債権者その他知れている相続債権者に、それぞれその債権額の割合に応じて弁済をしなければならない。ただし、優先権を有する債権者の権利を害することはできない。

〔平一六法一四七本条改正〕

（期限前の債務等の弁済）

第九三〇条　限定承認者は、弁済期に至らない債権であっても、前条の規定に従って弁済をしなければならない。

2　条件付きの債権又は存続期間の不確定な債権は、家庭裁判所が選任した鑑定人の評価に従って弁済をしなければならない。

〔平一六法一四七本条改正〕

（受遺者に対する弁済）

第九三一条　限定承認者は、前二条の規定に従って各相続債権者に弁済をした後でなければ、受遺者に弁済をすることができない。

〔平一六法一四七本条改正〕

（弁済のための相続財産の換価）

第九三二条　前三条の規定に従って弁済をするにつき相続財産を売却する必要があるときは、限定承認者は、これを競売に付さなければならない。ただし、家庭裁判所が選任した鑑定人の評価に従い相続財産の全部又は一部の価額を弁済して、その競売を止めることができる。

〔平一六法一四七本条改正〕

（相続債権者及び受遺者の換価手続への参加）

第九三三条　相続債権者及び受遺者は、自己の費用で、相続財産の競売又は鑑定に参加することができる。この場合においては、第二百六十条第二項の規定を準用する。

〔平一六法一四七本条改正〕

（不当な弁済をした限定承認者の責任等）

第九三四条　限定承認者は、第九百二十七条の公告若しくは催告をすることを怠り、又は同条第一項の期間内に相続債権者若しくは受遺者に弁済をしたことによって他の相続債権者若しくは受遺者に弁済をすることができなくなったときは、これによって生じた損害を賠償する責任を負う。第九百二十九条から第九百三十一条までの規定に違反して弁済をしたときも、同様とする。

2　前項の規定は、情を知って不当に弁済を受けた相続債権者又は受遺者に対する他の相続債権者又は受遺者の求償を妨げない。

3　第七百二十四条の規定は、前二項の場合について準用する。

〔平一六法一四七本条改正〕

（公告期間内に申出をしなかった相続債権者及び受遺者）

第九三五条　第九百二十七条第一項の期間内に同項の申出をしなかった相続債権者及び受遺者で限定承認者に知れなかったものは、残余財産についてのみその権利を行使することができる。ただし、相続財産について特別担保を有する者は、この限りでない。

〔平一六法一四七本条改正〕

（相続人が数人ある場合の相続財産の清算人）

第九三六条　相続人が数人ある場合には、家庭裁判所は、相続人の中から、相続財産の清算人を選任しなければならない。

2　前項の相続財産の清算人は、相続人のために、これに代わって、相続財産の管理及び債務の弁済に必要な一切の行為をする。

3　第九百二十六条から前条までの規定は、第一項の相続財産の清算人について準用する。この場合において、第九百二十七条第一項中「限定承認をした後五日以内」とあるのは、「その相続財産の清算人の選任があった後十日以内」と読み替えるものとする。〔本条改正の施行は、令三法二四施行日〕

（相続人が数人ある場合の相続財産の管理人）

第九三六条〔本条中「清算人」は、令三法二四施行日前までは「管理人」〕

〔平一六法一四七・令三法二四本条改正〕

解説　本条における「相続財産の管理人」の用語が、「相続財産の清算人」に置き換えられた。これは、今回の改正では、相続財産の清算を目的としない相続財産の管理人（八九七条の二）の選任も可能としており、本条一項で選任される者は、相続財産の清算を行うことをその職務とするものであることから、用語における差別化を図ったものである。

（法定単純承認の事由がある場合の相続債権者）

第九三七条　限定承認をした共同相続人の一人又は数人について第九百二十一条第一号又は第三号に掲げる事由があるときは、相続債権者は、相続財産をもって弁済を受けることができなかった債権額について、当該共同相続人に対し、その相続分に応じて権利を行使することができる。

〔平一六法一四七本条改正〕

第三節　相続の放棄〔平一六法一四七節名改正〕

（相続の放棄の方式）

第九三八条　相続の放棄をしようとする者は、その旨を家庭裁判所に申述しなければならない。

〔平一六法一四七本条改正〕

（相続の放棄の効力）

第九三九条　相続の放棄をした者は、その相続に関しては、初めから相続人とならなかったものとみなす。

〔昭三七法四〇・平一六法一四七本条改正〕

（相続の放棄をした者による管理）

第九四〇条　相続の放棄をした者は、その放棄の時に相続財産に属する財産を現に占有しているときは、相続人又は第九百五十二条第一項の相続財産の清算人に対して当該財産を引き渡すまでの間、自己の財産におけるのと同一の注意をもって、その財産を保存しなければならない。

2　第六百四十五条、第六百四十六条並びに第六百五十条第一項及び第二項の規定は、前項の場合について準用する。〔本条改正の施行は、令三法二四施行日〕

> **第九四〇条**　相続の放棄をした者は、その放棄によって相続人となった者が相続財産の管理を始めることができるまで、自己の財産におけるのと同一の注意をもって、その財産の管理を継続しなければならない。
>
> 2　第六百四十五条、第六百四十六条、第六百五十条第一項及び第二項並びに第九百十八条第二項及び第三項の規定は、前項の場合について準用する。
>
> 〔平一六法一四七・令三法二四本条改正〕

解説　相続放棄者の相続財産の管理対象を、相続放棄の時に現に占有している相続財産としたこと、管理の期間を、相続人又は九五二条一項の相続財産清算人に引き渡すまでの間としたこと、相続放棄者の相続財産に対する義務の内容を保存義務としたことである。

二項において九一八条二項及び三項の準用が削除されたのは、相続財産の保存につき八九七条の二が新設されたことによるものである。

第五章　財産分離〔平一六法一四七章名改正〕

（相続債権者又は受遺者の請求による財産分離）

第九四一条　相続債権者又は受遺者は、相続開始の時から三箇月以内に、相続人の財産の中から相続財産を分離することを家庭裁判所に請求することができる。相続財産が相続人の固有財産と混合しない間は、その期間の満了後も、同様とする。

2　家庭裁判所が前項の請求によって財産分離を命じたときは、その請求をした者は、五日以内に、他の相続債権者及び受遺者に対し、財産分離の命令があったこと及び一定の期間内に配当加入の申出をすべき旨を公告しなければならない。この場合において、その期間は、二箇月を下ることができない。

3　前項の規定による公告は、官報に掲載してする。

〔平一六法一四七本条改正、平一七法八七第三項追加〕

（財産分離の効力）

第九四二条　財産分離の請求をした者及び前条第二項の規定により配当加入の申出をした者は、相続財産について、相続人の債権者に先立って弁済を受ける。

〔平一六法一四七本条改正〕

（財産分離の請求後の相続財産の管理）

第九四三条　財産分離の請求があったときは、家庭裁判所は、相続財産の管理について必要な処分を命ずることができる。

2　第二十七条から第二十九条までの規定は、前項の規定により家庭裁判所が相続財産の管理人を選任した場合について準用する。

〔平一六法一四七本条改正〕

（財産分離の請求後の相続人による管理）

第九四四条　相続人は、単純承認をした後でも、財産分離の請求があったときは、以後、その固有財産におけるのと同一の注意をもって、相続財産の管理をしなければならない。ただし、家庭裁判所が相続財産の管理人を選任したときは、この限りでない。

2　第六百四十五条から第六百四十七条まで並びに第六百五十条第一項及び第二項の規定は、前項の場合について準用する。

〔平一六法一四七本条改正〕

（不動産についての財産分離の対抗要件）

第九四五条　財産分離は、不動産については、その登記をしなければ、第三者に対抗することができない。

〔平一六法一四七本条改正〕

（物上代位の規定の準用）

第九四六条　第三百四条の規定は、財産分離の場合について準用する。

〔平一六法一四七本条改正〕

（相続債権者及び受遺者に対する弁済）

第九四七条　相続人は、第九百四十一条第一項及び第二項の期間の満了前には、相続債権者及び受遺者に対して弁済を拒むことができる。

2　財産分離の請求があったときは、相続人は、第九百四十一条第二項の期間の満了後に、相続財産をもって、財産分離の請求又は配当加入の申出をした相続債権者及び受遺者に、それぞれその債権額の割合に応じて弁済をしなければならない。ただし、優先権を有する債権者の権利を害することはできない。

3　第九百三十条から第九百三十四条までの規定は、前項の場合について準用する。

〔平一六法一四七本条改正〕

（相続人の固有財産からの弁済）

第九四八条　財産分離の請求をした者及び配当加入の申出をした者は、相続財産をもって全部の弁済を受けることができなかった場合に限り、相続人の固有財産についてその権利を行使することができる。この場合においては、相続人の債権者は、その者に先立って弁済を受けることができる。

〔平一六法一四七本条改正〕

（財産分離の請求の防止等）

第九四九条　相続人は、その固有財産をもって相続債権者若しくは受遺者に弁済をし、又はこれに相当の担保を供して、財産分離の請求を防止し、又はその効力を消滅させることができる。ただし、相続人の債権者が、これによって損害を受けるべきことを証明して、異議を述べたときは、この限りでない。

〔平一六法一四七本条改正〕

（相続人の債権者の請求による財産分離）

第九五〇条　相続人が限定承認をすることができる間又は相続財産が相続人の固有財産と混合しない間は、相続人の債権者は、家庭裁判所に対して財産分離の請求をすることができる。

2　第三百四条、第九百二十五条、第九百二十七条から第九百三十四条まで、第九百四十三条から第九百四十五条まで及び第九百四十八条の規定は、前項の場合について準用する。ただし、第九百二十七条の公告及び催告は、財産分離の請求をした債権者がしなければならない。

〔平一六法一四七本条改正〕

第六章　相続人の不存在

（相続財産法人の成立）

第九五一条 相続人のあることが明らかでないときは、相続財産は、法人とする。
〔平一六法一四七本条改正〕

(相続財産の清算人の選任)

第九五二条 前条の場合には、家庭裁判所は、利害関係人又は検察官の請求によって、相続財産の清算人を選任しなければならない。

2 前項の規定により相続財産の清算人を選任したときは、家庭裁判所は、遅滞なく、その旨及び相続人があるならば一定の期間内にその権利を主張すべき旨を公告しなければならない。この場合において、その期間は、六箇月を下ることができない。〔本条改正の施行は、令三法二四施行日〕

> **(相続財産の管理人の選任)**
> **第九五二条** 前条の場合には、家庭裁判所は、利害関係人又は検察官の請求によって、相続財産の管理人を選任しなければならない。
> 2 前項の規定により相続財産の管理人を選任したときは、家庭裁判所は、遅滞なく、これを公告しなければならない。

〔平一六法一四七・令三法二四本条改正〕

解説 本条では、九五一条の相続人のあることが明らかでないときに選任される者は、相続財産の清算を目的としない相続財産管理人ではなく清算を行うことを職務とするので、「相続財産の清算人」とした。また、旧九五八条と異なり、相続財産清算人を選任した旨の公告において、当然に、相続人があるならば定められた六か月以上の期間内にその権利を主張すべき旨も公告すべきこととした。この改正により、相続人による権利主張の期間が短縮されたことになる。

(不在者の財産の管理人に関する規定の準用)

第九五三条 第二十七条から第二十九条までの規定は、前条第一項の相続財産の清算人(以下この章において単に「相続財産の清算人」という。)について準用する。〔本条改正の施行は、令三法二四施行日〕

> **第九五三条** 〔本条中「相続財産の清算人」は、令三法二四施行日前までは「相続財産の管理人」〕

〔平一六法一四七・令三法二四本条改正〕

解説 九五二条で「相続財産の管理人」から「相続財産の清算人」に用語が変更されたことに伴うものである。

(相続財産の清算人の報告)

第九五四条 相続財産の清算人は、相続債権者又は受遺者の請求があるときは、その請求をした者に相続財産の状況を報告しなければならない。〔本条改正の施行は、令三法二四施行日〕

> **(相続財産の管理人の報告)**
> **第九五四条** 〔本条中「相続財産の清算人」は、令三法二四施行日前までは「相続財産の管理人」〕

〔平一六法一四七・令三法二四本条改正〕

解説 九五二条で「相続財産の管理人」から「相続財産の清算人」に用語が変更されたことに伴うものである。

(相続財産法人の不成立)

第九五五条 相続人のあることが明らかになったときは、第九百五十一条の法人は、成立しなかったものとみなす。ただし、相続財産の清算人がその権限内でした行為の効力を妨げない。〔本条改正の施行は、令三法二四施行日〕

> **第九五五条** 〔本条中「相続財産の清算人」は、令三法二四施行日前までは「相続財産の管理人」〕

〔平一六法一四七・令三法二四本条改正〕

解説

九五二条で「相続財産の管理人」から「相続財産の清算人」に用語が変更されたことに伴うものである。

（相続財産の清算人の代理権の消滅）

第九五六条 相続財産の清算人の代理権は、相続人が相続の承認をした時に消滅する。

2 前項の場合には、相続財産の清算人は、遅滞なく相続人に対して清算に係る計算をしなければならない。〔本条改正の施行は、令三法二四施行日〕

（相続財産の管理人の代理権の消滅）

第九五六条 相続財産の管理人の代理権は、相続人が相続の承認をした時に消滅する。

2 前項の場合には、相続財産の管理人は、遅滞なく相続人に対して管理の計算をしなければならない。

〔平一六法一四七・令三法二四本条改正〕

解説

九五二条で「相続財産の管理人」から「相続財産の清算人」に用語が変更されたことに伴うものであり、二項の「管理の」計算も「清算に係る」計算に改められた。

（相続債権者及び受遺者に対する弁済）

第九五七条 第九百五十二条第二項の公告があったときは、相続財産の清算人は、全ての相続債権者及び受遺者に対し、二箇月以上の期間を定めて、その期間内にその請求の申出をすべき旨を公告しなければならない。この場合において、その期間は、同項の規定により相続人が権利を主張すべき期間として家庭裁判所が公告した期間内に満了するものでなければならない。

2 第九百二十七条第二項から第四項まで及び第九百二十八条から第九百三十五条まで（第九百三十二条ただし書を除く。）の規定は、前項の場合について準用する。〔本条改正の施行は、令三法二四施行日〕

第九五七条 第九百五十二条第二項の公告があった後二箇月以内に相続人のあることが明らかにならなかったときは、相続財産の管理人は、遅滞なく、すべての相続債権者及び受遺者に対し、一定の期間内にその請求の申出をすべき旨を公告しなければならない。この場合において、その期間は、二箇月を下ることができない。

2 〔同〕

〔平一六法一四七本条改正、平一七法八七・平一八法五〇第二項改正、令三法二四第一項改正〕

解説

本条一項は、九五二条で「相続財産の管理人」から「相続財産の清算人」に用語が変更されたことに伴い用語を変更し、また選任された相続財産の清算人による全ての相続債権者及び受遺者に対する請求の申出の公告は、旧九五七条と異なり、旧九五二条二項の公告から二か月の経過を要せず、適切と認められる時期にすることができるものとした。また、九五二条二項により家庭裁判所が公告した期間内に相続人としての権利を主張する者がないときは、相続財産の清算人に知れなかった相続債権者及び受遺者は、その権利を行使できなくなるので（九五八条）、この請求の申出期間は、九五二条二項の規定により相続人が権利を主張すべき期間として家庭裁判所が公告した期間内に満了するものでなければならないとした。

★**（相続人の捜索の公告）**

第九五八条 前条第一項の期間の満了後、なお相続人のあることが明らかでないときは、家庭裁判所は、相続財産の管理人又は検察官の請求によって、相続人があるならば一定の期間内にその権利を主張すべき旨を公告しなければならない。この場合において、その期間は、六箇月を下ることができない。〔本条の削除は、令三法二四施行日〕

解説 九五二条二項の改正により旧九五八条が不要となったため削除されたものである。

（権利を主張する者がない場合）

第九五八条　第九百五十二条第二項の期間内に相続人としての権利を主張する者がないときは、相続人並びに相続財産の清算人に知れなかった相続債権者及び受遺者は、その権利を行使することができない。〔本条改正の施行は、令三法二四施行日〕

第九五八条の二　前条の期間内に相続人としての権利を主張する者がないときは、相続人並びに相続財産の管理人に知れなかった相続債権者及び受遺者は、その権利を行使することができない。

〔昭三七法四〇本条追加、平一六法一四七本条改正、令三法二四本条改正・条数繰上〕

解説 旧九五八条が削除されたことにより、旧九五八条の二が九五八条に繰り上がったこと、九五二条で「相続財産の管理人」から「相続財産の清算人」に用語が変更されたこと、及び削除された旧九五八条に代わるものとして九五二条二項が改正されたことによるものである。

（特別縁故者に対する相続財産の分与）

第九五八条の二　前条の場合において、相当と認めるときは、家庭裁判所は、被相続人と生計を同じくしていた者、被相続人の療養看護に努めた者その他被相続人と特別の縁故があった者の請求によって、これらの者に、清算後残存すべき相続財産の全部又は一部を与えることができる。

2 前項の請求は、第九百五十二条第二項の期間の満了後三箇月以内にしなければならない。〔本条改正の施行は、令三法二四施行日〕

第九五八条の三〔同〕

2 前項の請求は、第九百五十八条の期間の満了後三箇月以内にしなければならない。

〔昭三七法四〇本条追加、平一六法一四七本条改正、令三法二四第二項改正・条数繰上〕

解説 旧九五八条の三が、本条に繰り上がったこと、二項は、旧九五八条が削除され、それに代わるものとして九五二条二項が改正されたことによるものである。

（残余財産の国庫への帰属）

第九五九条　前条の規定により処分されなかった相続財産は、国庫に帰属する。この場合においては、第九百五十六条第二項の規定を準用する。

〔昭三七法四〇・平一六法一四七本条改正〕

第七章　遺言

第一節　総則

（遺言の方式）

第九六〇条　遺言は、この法律に定める方式に従わなければ、することができない。

〔平一六法一四七本条改正〕

（遺言能力）

第九六一条　十五歳に達した者は、遺言をすることができる。

〔平一六法一四七本条改正〕

第九六二条　第五条、第九条、第十三条及び第十七条の規定は、遺言については、適用しない。

〔平一一法一四九・平一六法一四七本条改正〕

第九六三条　遺言者は、遺言をする時においてその能力を有しなければならない。

（包括遺贈及び特定遺贈）

第九六四条　遺言者は、包括又は特定の名義で、その財産の全部又は一部を処分することができる。〔本条の施行は、令一・七・一〕

> **第九六四条**　遺言者は、包括又は特定の名義で、その財産の全部又は一部を処分することができる。ただし、遺留分に関する規定に違反することができない。

〔平一六法一四七・平三〇法七二本条改正〕

（相続人に関する規定の準用）

第九六五条　第八百八十六条及び第八百九十一条の規定は、受遺者について準用する。

〔平一六法一四七本条改正〕

（被後見人の遺言の制限）

第九六六条　被後見人が、後見の計算の終了前に、後見人又はその配偶者若しくは直系卑属の利益となるべき遺言をしたときは、その遺言は、無効とする。

2　前項の規定は、直系血族、配偶者又は兄弟姉妹が後見人である場合には、適用しない。

〔平一六法一四七本条改正〕

第二節　遺言の方式

第一款　普通の方式

（普通の方式による遺言の種類）

第九六七条　遺言は、自筆証書、公正証書又は秘密証書によってしなければならない。ただし、特別の方式によることを許す場合は、この限りでない。

〔平一六法一四七本条改正〕

（自筆証書遺言）

第九六八条　自筆証書によって遺言をするには、遺言者が、その全文、日付及び氏名を自書し、これに印を押さなければならない。

2　前項の規定にかかわらず、自筆証書にこれと一体のものとして相続財産（第九百九十七条第一項に規定する場合における同項に規定する権利を含む。）の全部又は一部の目録を添付する場合には、その目録については、自書することを要しない。この場合において、遺言者は、その目録の毎葉（自書によらない記載がその両面にある場合にあっては、その両面）に署名し、印を押さなければならない。

3　自筆証書（前項の目録を含む。）中の加除その他の変更は、遺言者が、その場所を指示し、これを変更した旨を付記して特にこれに署名し、かつ、その変更の場所に印を押さなければ、その効力を生じない。〔本条の施行は、平三一・一・一三〕

> **第九六八条**〔同〕
> 〔二項は新設規定〕
> 2〔「自筆証書（前項の目録を含む。）」は、平三一・一・一二までは「自筆証書」〕〔3に繰下げ〕

〔平一六法一四七本条改正、平三〇法七二第二項追加・旧二項改正繰下（三項）〕

（公正証書遺言）

第九六九条　公正証書によって遺言をするには、次に掲げる方式に従わなければならない。

一　証人二人以上の立会いがあること。

二　遺言者が遺言の趣旨を公証人に口授すること。

三　公証人が、遺言者の口述を筆記し、これを遺言者及び証人に読み聞かせ、又は閲覧させること。

四　遺言者及び証人が、筆記の正確なことを承認した後、各自これに署名し、印を押すこと。ただし、遺言者が署名することができない場合は、公証人がその事由を付記して、署名に代えることができる。

五　公証人が、その証書は前各号に掲げる方式に従って作ったものである旨を付記して、これに署名し、印を押すこと。

〔平一一法一四九・平一六法一四七本条改正〕

（公正証書遺言の方式の特則）

第九六九条の二　口がきけない者が公正証書によって遺言をする場合には、遺言者は、公証人及び証人の前で、遺言の趣旨を通訳人の通訳により申述し、又は自書して、前条第二号の口授に代えなければならない。この場合における同条第三号の規定の適用については、同号中「口述」とあるのは、「通訳人の通訳による申述又は自書」とする。

2　前条の遺言者又は証人が耳が聞こえない者である場合には、公証人は、同条第三号に規定する筆記した内容を通訳人の通訳により遺言者又は証人に伝えて、同号の読み聞かせに代えることができる。

3　公証人は、前二項に定める方式に従って公正証書を作ったときは、その旨をその証書に付記しなければならない。

〔平一一法一四九本条追加、平一六法一四七本条改正〕

（秘密証書遺言）

第九七〇条　秘密証書によって遺言をするには、次に掲げる方式に従わなければならない。

一　遺言者が、その証書に署名し、印を押すこと。

二　遺言者が、その証書を封じ、証書に用いた印章をもってこれに封印すること。

三　遺言者が、公証人一人及び証人二人以上の前に封書を提出して、自己の遺言書である旨並びにその筆者の氏名及び住所を申述すること。

四　公証人が、その証書を提出した日付及び遺言者の申述を封紙に記載した後、遺言者及び証人とともにこれに署名し、印を押すこと。

2　第九百六十八条第三項の規定は、秘密証書による遺言について準用する。〔本項の施行は、平三一・一・一三〕

> **第九七〇条**〔二項中「第九百六十八条第三項」は、平三一・一・一二までは「第九百六十八条第二項」〕

〔平一六法一四七本条改正、平三〇法七二第二項改正〕

（方式に欠ける秘密証書遺言の効力）

第九七一条　秘密証書による遺言は、前条に定める方式に欠けるものがあっても、第九百六十八条に定める方式を具備しているときは、自筆証書による遺言としてその効力を有する。

〔平一六法一四七本条改正〕

（秘密証書遺言の方式の特則）

第九七二条　口がきけない者が秘密証書によって遺言をする場合には、遺言者は、公証人及び証人の前で、その証書は自己の遺言書である旨並びにその筆者の氏名及び住所を通訳人の通訳により申述し、又は封紙に自書して、第九百七十条第一項第三号の申述に代えなければならない。

2　前項の場合において、遺言者が通訳人の通訳により申述したときは、公証人は、その旨を封紙に記載しなければならない。

3　第一項の場合において、遺言者が封紙に自書したときは、公証人は、その旨を封紙に記載して、第九百七十条第一項第四号に規定する申述の記載に代えなければならない。

〔平一一法一四九第一項改正・二項追加・旧二項改正繰下（三項）、平一六法一四七本条改正〕

（成年被後見人の遺言）

第九七三条　成年被後見人が事理を弁識する能力を一時回復した時において遺言をするには、医師二人以上の立会いがなければならない。

2　遺言に立ち会った医師は、遺言者が遺言をする時において精神上の障害により事理を弁識する能力を欠く状態になかった旨を遺言書に付記して、これに署名し、印を押さなければならない。ただし、秘密証書による遺言にあっては、その封紙にその旨の記載をし、署名し、印を押さなければならない。

〔平一一法一四九・平一六法一四七本条改正〕

（証人及び立会人の欠格事由）

第九七四条　次に掲げる者は、遺言の証人又は立会人となることができない。

一　未成年者

二　推定相続人及び受遺者並びにこれらの配偶者及び直系血族

三　公証人の配偶者、四親等内の親族、書記及び使用人

〔平一一法一四九・平一六法一四七本条改正〕

（共同遺言の禁止）

第九七五条　遺言は、二人以上の者が同一の証書ですることができない。

〔平一六法一四七本条改正〕

第二款　特別の方式

（死亡の危急に迫った者の遺言）

第九七六条　疾病その他の事由によって死亡の危急に迫った者が遺言をしようとするときは、証人三人以上の立会いをもって、その一人に遺言の趣旨を口授して、これをすることができる。この場合においては、その口授を受けた者が、これを筆記して、遺言者及び他の証人に読み聞かせ、又は閲覧させ、各証人がその筆記の正確なことを承認した後、これに署名し、印を押さなければならない。

2 口がきけない者が前項の規定により遺言をする場合には、遺言者は、証人の前で、遺言の趣旨を通訳人の通訳により申述して、同項の口授に代えなければならない。

3 第一項後段の遺言者又は他の証人が耳が聞こえない者である場合には、遺言の趣旨の口授又は申述を受けた者は、同項後段に規定する筆記した内容を通訳人の通訳によりその遺言者又は他の証人に伝えて、同項後段の読み聞かせに代えることができる。

4 前三項の規定によりした遺言は、遺言の日から二十日以内に、証人の一人又は利害関係人から家庭裁判所に請求してその確認を得なければ、その効力を生じない。

5 家庭裁判所は、前項の遺言が遺言者の真意に出たものであるとの心証を得なければ、これを確認することができない。

〔平一一法一四九第一項改正・二項・三項追加・旧二項改正繰下（四項）・旧三項繰下（五項）、平一六法一四七本条改正〕

（伝染病隔離者の遺言）

第九七七条　伝染病のため行政処分によって交通を断たれた場所に在る者は、警察官一人及び証人一人以上の立会いをもって遺言書を作ることができる。

〔平一六法一四七本条改正〕

（在船者の遺言）

第九七八条　船舶中に在る者は、船長又は事務員一人及び証人二人以上の立会いをもって遺言書を作ることができる。

〔平一六法一四七本条改正〕

（船舶遭難者の遺言）

第九七九条　船舶が遭難した場合において、当該船舶中に在って死亡の危急に迫った者は、証人二人以上の立会いをもって口頭で遺言をすることができる。

2 口がきけない者が前項の規定により遺言をする場合には、遺言者は、通訳人の通訳によりこれをしなければならない。

3 前二項の規定に従ってした遺言は、証人が、その趣旨を筆記して、これに署名し、印を押し、かつ、証人の一人又は利害関係人から遅滞なく家庭裁判所に請求してその確認を得なければ、その効力を生じない。

4 第九百七十六条第五項の規定は、前項の場合について準用する。

〔平一一法一四九第二項追加・旧二項・三項改正繰下（三項・四項）、平一六法一四七本条改正〕

（遺言関係者の署名及び押印）

第九八〇条　第九百七十七条及び第九百七十八条の場合には、遺言者、筆者、立会人及び証人は、各自遺言書に署名し、印を押さなければならない。

〔平一六法一四七本条改正〕

（署名又は押印が不能の場合）

第九八一条　第九百七十七条から第九百七十九条までの場合において、署名又は印を押すことのできない者があるときは、立会人又は証人は、その事由を付記しなければならない。

〔平一六法一四七本条改正〕

（普通の方式による遺言の規定の準用）

第九八二条　第九百六十八条第三項及び第九百七十三条から第九百七十五条までの規定は、第九百七十六条から前条までの規定による遺言について準用する。〔本条の施行は、平三一・一・一三〕

> **第九八二条**〔「第九百六十八条第三項」は、平三一・一・一二までは「第九百六十八条第二項」〕

〔平一六法一四七・平三〇法七二本条改正〕

（特別の方式による遺言の効力）

第九八三条　第九百七十六条から前条までの規定によりした遺言は、遺言者が普通の方式によって遺言をすることができるようになった時から六箇月間生存するときは、その効力を生じない。

（平一六法一四七本条改正）

（外国に在る日本人の遺言の方式）

第九八四条 日本の領事の駐在する地に在る日本人が公正証書又は秘密証書によって遺言をしようとするときは、公証人の職務は、領事が行う。この場合においては、第九百六十九条第四号又は第九百七十条第一項第四号の規定にかかわらず、遺言者及び証人は、第九百六十九条第四号又は第九百七十条第一項第四号の印を押すことを要しない。（本条の施行は、令三・九・一）

> **第九八四条** 日本の領事の駐在する地に在る日本人が公正証書又は秘密証書によって遺言をしようとするときは、公証人の職務は、領事が行う。

（平一六法一四七・令三法三七本条改正）

解説 令和三年法律第三七号による改正である。在外日本人が公正証書等によって遺言をする際に、日本の領事が公証人の職務を行う場合には、遺言者及び証人による押印を不要としたものである。

第三節　遺言の効力

（遺言の効力の発生時期）

第九八五条 遺言は、遺言者の死亡の時からその効力を生ずる。

2 遺言に停止条件を付した場合において、その条件が遺言者の死亡後に成就したときは、遺言は、条件が成就した時からその効力を生ずる。

（平一六法一四七本条改正）

（遺贈の放棄）

第九八六条 受遺者は、遺言者の死亡後、いつでも、遺贈の放棄をすることができる。

2 遺贈の放棄は、遺言者の死亡の時にさかのぼってその効力を生ずる。

（平一六法一四七本条改正）

（受遺者に対する遺贈の承認又は放棄の催告）

第九八七条 遺贈義務者（遺贈の履行をする義務を負う者をいう。以下この節において同じ。）その他の利害関係人は、受遺者に対し、相当の期間を定めて、その期間内に遺贈の承認又は放棄をすべき旨の催告をすることができる。この場合において、受遺者がその期間内に遺贈義務者に対してその意思を表示しないときは、遺贈を承認したものとみなす。

（平一六法一四七本条改正）

（受遺者の相続人による遺贈の承認又は放棄）

第九八八条 受遺者が遺贈の承認又は放棄をしないで死亡したときは、その相続人は、自己の相続権の範囲内で、遺贈の承認又は放棄をすることができる。ただし、遺言者がその遺言に別段の意思を表示したときは、その意思に従う。

（平一六法一四七本条改正）

（遺贈の承認及び放棄の撤回及び取消し）

第九八九条 遺贈の承認及び放棄は、撤回することができない。

2 第九百十九条第二項及び第三項の規定は、遺贈の承認及び放棄について準用する。

（平一六法一四七本条改正）

（包括受遺者の権利義務）

第九九〇条 包括受遺者は、相続人と同一の権利義務を有する。

（平一六法一四七本条改正）

（受遺者による担保の請求）

第九九一条 受遺者は、遺贈が弁済期に至らない間は、遺贈義務者に対して相当の担保を請求することができる。停止条件付きの遺贈についてその条件の成否が未定である間も、同様とする。

（平一六法一四七本条改正）

（受遺者による果実の取得）

第九九二条 受遺者は、遺贈の履行を請求することができる時から果実を取得する。ただし、遺言者がその遺言に別段の意思を表示したときは、その意思に従う。

〔平一六法一四七本条改正〕

（遺贈義務者による費用の償還請求）

第九九三条　第二百九十九条の規定は、遺贈義務者が遺言者の死亡後に遺贈の目的物について費用を支出した場合について準用する。

2　果実を収取するために支出した通常の必要費は、果実の価格を超えない限度で、その償還を請求することができる。

〔平一六法一四七本条改正〕

（受遺者の死亡による遺贈の失効）

第九九四条　遺贈は、遺言者の死亡以前に受遺者が死亡したときは、その効力を生じない。

2　停止条件付きの遺贈については、受遺者がその条件の成就前に死亡したときも、前項と同様とする。ただし、遺言者がその遺言に別段の意思を表示したときは、その意思に従う。

〔昭三七法四〇第一項改正、平一六法一四七本条改正〕

（遺贈の無効又は失効の場合の財産の帰属）

第九九五条　遺贈が、その効力を生じないとき、又は放棄によってその効力を失ったときは、受遺者が受けるべきであったものは、相続人に帰属する。ただし、遺言者がその遺言に別段の意思を表示したときは、その意思に従う。

〔平一六法一四七本条改正〕

（相続財産に属しない権利の遺贈）

第九九六条　遺贈は、その目的である権利が遺言者の死亡の時において相続財産に属しなかったときは、その効力を生じない。ただし、その権利が相続財産に属するかどうかにかかわらず、これを遺贈の目的としたものと認められるときは、この限りでない。

〔平一六法一四七本条改正〕

第九九七条　相続財産に属しない権利を目的とする遺贈が前条ただし書の規定により有効であるときは、遺贈義務者は、その権利を取得して受遺者に移転する義務を負う。

2　前項の場合において、同項に規定する権利を取得することができないとき、又はこれを取得するについて過分の費用を要するときは、遺贈義務者は、その価額を弁償しなければならない。ただし、遺言者がその遺言に別段の意思を表示したときは、その意思に従う。

〔平一六法一四七本条改正〕

（遺贈義務者の引渡義務）

第九九八条　遺贈義務者は、遺贈の目的である物又は権利を、相続開始の時（その後に当該物又は権利について遺贈の目的として特定した場合にあっては、その特定した時）の状態で引き渡し、又は移転する義務を負う。ただし、遺言者がその遺言に別段の意思を表示したときは、その意思に従う。〔本条の施行は、令二・四・一〕

> （不特定物の遺贈義務者の担保責任）
>
> **第九九八条**　不特定物を遺贈の目的とした場合において、受遺者がこれにつき第三者から追奪を受けたときは、遺贈義務者は、これに対して、売主と同じく、担保の責任を負う。
>
> 2　不特定物を遺贈の目的とした場合において、物に瑕疵があったときは、遺贈義務者は、瑕疵のない物をもってこれに代えなければならない。

〔平一六法一四七・平三〇法七二本条改正〕

（遺贈の物上代位）

第九九九条　遺言者が、遺贈の目的物の滅失若しくは変造又はその占有の喪失によって第三者に対して償金を請求する権利を有するときは、その権利を遺贈の目的としたものと推定する。

2　遺贈の目的物が、他の物と付合し、又は混和した場合において、遺言者が第二百四十三条から第二百四十五条までの規定により合成物又は混和物の単独所有者又は共有者となったときは、その全部の所有権又は持分を遺贈の目的としたものと推定する。

〔平一六法一四七本条改正〕

第一〇〇〇条　削除〔平三〇法七二〕〔本条の施行は、令二・四・一〕

> （第三者の権利の目的である財産の遺贈）
>
> **第一〇〇〇条**　遺贈の目的である物又は権利が遺言者の死亡の時において第三者の権利の目的であるときは、受遺者は、遺贈義務者に対しその権利を消滅させるべき旨を請求することができない。ただし、遺言者がその遺言に反対の意思を表示したときは、この限りでない。

（債権の遺贈の物上代位）

第一〇〇一条　債権を遺贈の目的とした場合において、遺言者が弁済を受け、かつ、その受け取った物がなお相続財産中に在るときは、その物を遺贈の目的としたものと推定する。

2 金銭を目的とする債権を遺贈の目的とした場合においては、相続財産中にその債権額に相当する金銭がないときであっても、その金額を遺贈の目的としたものと推定する。

〔平一六法一四七本条改正〕

（負担付遺贈）

第一〇〇二条 負担付遺贈を受けた者は、遺贈の目的の価額を超えない限度においてのみ、負担した義務を履行する責任を負う。

2 受遺者が遺贈の放棄をしたときは、負担の利益を受けるべき者は、自ら受遺者となることができる。ただし、遺言者がその遺言に別段の意思を表示したときは、その意思に従う。

〔平一六法一四七本条改正〕

（負担付遺贈の受遺者の免責）

第一〇〇三条 負担付遺贈の目的の価額が相続の限定承認又は遺留分回復の訴えによって減少したときは、受遺者は、その減少の割合に応じて、その負担した義務を免れる。ただし、遺言者がその遺言に別段の意思を表示したときは、その意思に従う。

〔平一六法一四七本条改正〕

第四節 遺言の執行

（遺言書の検認）

第一〇〇四条 遺言書の保管者は、相続の開始を知った後、遅滞なく、これを家庭裁判所に提出して、その検認を請求しなければならない。遺言書の保管者がない場合において、相続人が遺言書を発見した後も、同様とする。

2 前項の規定は、公正証書による遺言については、適用しない。

3 封印のある遺言書は、家庭裁判所において相続人又はその代理人の立会いがなければ、開封することができない。

〔平一六法一四七本条改正〕

（過料）

第一〇〇五条 前条の規定により遺言書を提出することを怠り、その検認を経ないで遺言を執行し、又は家庭裁判所外においてその開封をした者は、五万円以下の過料に処する。

〔昭五四法六八・平一六法一四七本条改正〕

（遺言執行者の指定）

第一〇〇六条 遺言者は、遺言で、一人又は数人の遺言執行者を指定し、又はその指定を第三者に委託することができる。

2 遺言執行者の指定の委託を受けた者は、遅滞なく、その指定をして、これを相続人に通知しなければならない。

3 遺言執行者の指定の委託を受けた者がその委託を辞そうとするときは、遅滞なくその旨を相続人に通知しなければならない。

〔平一六法一四七本条改正〕

（遺言執行者の任務の開始）

第一〇〇七条 遺言執行者が就職を承諾したときは、直ちにその任務を行わなければならない。

2 遺言執行者は、その任務を開始したときは、遅滞なく、遺言の内容を相続人に通知しなければならない。〔本項の施行は、令一・七・一〕

第一〇〇七条〔同〕
〔二項は新設規定〕

〔平一六法一四七本条改正、平三〇法七二第二項追加〕

（遺言執行者に対する就職の催告）

第一〇〇八条 相続人その他の利害関係人は、遺言執行者に対し、相当の期間を定めて、その期間内に就職を承諾するかどうかを確答すべき旨の催告をすることができる。この場合において、遺言執行者が、その期間内に相続人に対して確答をしないときは、就職を承諾したものとみなす。

〔平一六法一四七本条改正〕

（遺言執行者の欠格事由）

第一〇〇九条 未成年者及び破産者は、遺言執行者となることができない。

〔平一一法一四九・平一六法一四七本条改正〕

（遺言執行者の選任）

第一〇一〇条 遺言執行者がないとき、又はなくなったときは、家庭裁判所は、利害関係人の請求によって、これを選任することができる。

〔平一六法一四七本条改正〕

（相続財産の目録の作成）

第一〇一一条　遺言執行者は、遅滞なく、相続財産の目録を作成して、相続人に交付しなければならない。

2 遺言執行者は、相続人の請求があるときは、その立会いをもって相続財産の目録を作成し、又は公証人にこれを作成させなければならない。

〔平一六法一四七本条改正〕

（遺言執行者の権利義務）

第一〇一二条　遺言執行者は、遺言の内容を実現するため、相続財産の管理その他遺言の執行に必要な一切の行為をする権利義務を有する。

2 遺言執行者がある場合には、遺贈の履行は、遺言執行者のみが行うことができる。

3 第六百四十四条、第六百四十五条から第六百四十七条まで及び第六百五十条の規定は、遺言執行者について準用する。〔本条の施行は、令一・七・一、令二・四・一〕

> **第一〇一二条**　遺言執行者は、相続財産の管理その他遺言の執行に必要な一切の行為をする権利義務を有する。〔二項は新設規定〕
>
> 2 第六百四十四条から第六百四十七条まで及び第六百五十条の規定は、遺言執行者について準用する。〔3に繰下げ〕

〔平一六法一四七本条改正、平二九法四四第三項改正、平三〇法七二第一項改正・二項追加・旧二項繰下（三項）〕

（遺言の執行の妨害行為の禁止）

第一〇一三条　遺言執行者がある場合には、相続人は、相続財産の処分その他遺言の執行を妨げるべき行為をすることができない。

2 前項の規定に違反してした行為は、無効とする。ただし、これをもって善意の第三者に対抗することができない。

3 前二項の規定は、相続人の債権者（相続債権者を含む。）が相続財産についてその権利を行使することを妨げない。〔本条の施行は、令一・七・一〕

> **第一〇一三条**〔同〕〔二項・三項は新設規定〕

〔平一六法一四七本条改正、平三〇法七二第二項・三項追加〕

（特定財産に関する遺言の執行）

第一〇一四条　前三条の規定は、遺言が相続財産のうち特定の財産に関する場合には、その財産についてのみ適用する。

2 遺産の分割の方法の指定として遺産に属する特定の財産を共同相続人の一人又は数人に承継させる旨の遺言（以下「特定財産承継遺言」という。）があったときは、遺言執行者は、当該共同相続人が第八百九十九条の二第一項に規定する対抗要件を備えるために必要な行為をすることができる。

3 前項の財産が預貯金債権である場合には、遺言執行者は、同項に規定する行為のほか、その預金又は貯金の払戻しの請求及びその預金又は貯金に係る契約の解約の申入れをすることができる。ただし、解約の申入れについては、その預貯金債権の全部が特定財産承継遺言の目的である場合に限る。

4 前二項の規定にかかわらず、被相続人が遺言で別段の意思を表示したときは、その意思に従う。〔本条の施行は、令一・七・一〕

> **第一〇一四条**〔同〕〔二項〜四項は新設規定〕

〔平一六法一四七本条改正、平三〇法七二第二項〜四項追加〕

（遺言執行者の行為の効果）

第一〇一五条　遺言執行者がその権限内において遺言執行者であることを示してした行為は、相続人に対して直接にその効力を生ずる。

〔本条の施行は、令一・七・一〕

> **（遺言執行者の地位）**
>
> **第一〇一五条**　遺言執行者は、相続人の代理人とみなす。

〔平一六法一四七・平三〇法七二本条改正〕

（遺言執行者の復任権）

第一〇一六条　遺言執行者は、自己の責任で第三者にその任務を行わせることができる。ただし、遺言者がその遺言に別段の意思を表示したときは、その意思に従う。

2 前項本文の場合において、第三者に任務を行わせることについてやむを得ない事由があるときは、遺言執行者は、相続人に対してその選任及び監督についての責任のみを負う。〔本条の施行は、令一・七・一〕

> **第一〇一六条**　遺言執行者は、やむを得ない事由がなければ、第三者にその任務を行わせることができない。ただし、遺言者がその遺言に反対の意思を表示したときは、この限りでない。
>
> 2 遺言執行者が前項ただし書の規定により第三者にその任務を行わせる場合には、相続人に対して、第百五条に規定する責任を負う。

〔平一六法一四七・平三〇法七二本条改正〕

（遺言執行者が数人ある場合の任務の執行）

第一〇一七条　遺言執行者が数人ある場合には、その任務の執行は、過半数で決する。ただし、遺言者がその遺言に別段の意思を表示したときは、その意思に従う。

2 各遺言執行者は、前項の規定にかかわらず、保存行為をすることができる。

〔平一六法一四七本条改正〕

（遺言執行者の報酬）

第一〇一八条　家庭裁判所は、相続財産の状況その他の事情によって遺言執行者の報酬を定めることができる。ただし、遺言者がその遺言に報酬を定めたときは、この限りでない。

2 第六百四十八条第二項及び第三項並びに第六百四十八条の二の規定は、遺言執行者が報酬を受けるべき場合について準用する。〔本項の施行は、令二・四・一〕

> **第一〇一八条**　〔同〕
>
> 2 第六百四十八条第二項及び第三項の規定は、遺言執行者が報酬を受けるべき場合について準用する。

〔平一六法一四七本条改正、平二九法四四第二項改正〕

（遺言執行者の解任及び辞任）

第一〇一九条　遺言執行者がその任務を怠ったときその他正当な事由があるときは、利害関係人は、その解任を家庭裁判所に請求することができる。

2 遺言執行者は、正当な事由があるときは、家庭裁判所の許可を得て、その任務を辞することができる。

〔平一六法一四七本条改正〕

（委任の規定の準用）

第一〇二〇条　第六百五十四条及び第六百五十五条の規定は、遺言執行者の任務が終了した場合について準用する。

〔平一六法一四七本条改正〕

（遺言の執行に関する費用の負担）

第一〇二一条　遺言の執行に関する費用は、相続財産の負担とする。ただし、これによって遺留分を減ずることができない。

〔平一六法一四七本条改正〕

第五節　遺言の撤回及び取消し〔平一六法一四七節名改正〕

（遺言の撤回）

第一〇二二条　遺言者は、いつでも、遺言の方式に従って、その遺言の全部又は一部を撤回することができる。

〔平一六法一四七本条改正〕

（前の遺言と後の遺言との抵触等）

第一〇二三条　前の遺言が後の遺言と抵触するときは、その抵触する部分については、後の遺言で前の遺言を撤回したものとみなす。

2 前項の規定は、遺言が遺言後の生前処分その他の法律行為と抵触する場合について準用する。

〔平一六法一四七本条改正〕

（遺言書又は遺贈の目的物の破棄）

第一〇二四条　遺言者が故意に遺言書を破棄したときは、その破棄した部分については、遺言を撤回したものとみなす。遺言者が故意に遺贈の目的物を破棄したときも、同様とする。

〔平一六法一四七本条改正〕

（撤回された遺言の効力）

第一〇二五条　前三条の規定により撤回された遺言は、その撤回の行為が、撤回され、取り消され、又は効力を生じなくなるに至ったときであっても、その効力を回復しない。ただし、その行為が錯誤、詐欺又は強迫による場合は、この限りでない。〔本条の施行は、令二・四・一〕

> **第一〇二五条**〔但書中「錯誤、詐欺」は、令二・三・三一までは「詐欺」〕

〔平一六法一四七・平三〇法七二本条改正〕

（遺言の撤回権の放棄の禁止）

第一〇二六条　遺言者は、その遺言を撤回する権利を放棄することができない。

〔平一六法一四七本条改正〕

（負担付遺贈に係る遺言の取消し）

第一〇二七条　負担付遺贈を受けた者がその負担した義務を履行しないときは、相続人は、相当の期間を定めてその履行の催告をすることができる。この場合において、その期間内に履行がないときは、その負担付遺贈に係る遺言の取消しを家庭裁判所に請求することができる。

〔平一六法一四七本条改正〕

> ★**第一〇二八条から第一〇四一条まで**　削除〔令一・七・一までは「削除」、令二・四・一以降は次章改正の施行により削られる〕

☆

第八章　配偶者の居住の権利〔平三〇法七二本章追加〕〔本章の施行は、令二・四・一〕

☆

第一節　配偶者居住権

☆**（配偶者居住権）**

第一〇二八条　被相続人の配偶者（以下この章において単に「配偶者」という。）は、被相続人の財産に属した建物に相続開始の時に居住していた場合において、次の各号のいずれかに該当するときは、その居住していた建物（以下この節において「居住建物」という。）の全部について無償で使用及び収益をする権利（以下この章において「配偶者居住権」という。）を取得する。ただし、被相続人が相続開始の時に居住建物を配偶者以外の者と共有していた場合にあっては、この限りでない。

一　遺産の分割によって配偶者居住権を取得するものとされたとき。

二　配偶者居住権が遺贈の目的とされたとき。

2　居住建物が配偶者の財産に属することとなった場合であっても、他の者がその共有持分を有するときは、配偶者居住権は、消滅しない。

3　第九百三条第四項の規定は、配偶者居住権の遺贈について準用する。

☆**（審判による配偶者居住権の取得）**

第一〇二九条　遺産の分割の請求を受けた家庭裁判所は、次に掲げる場合に限り、配偶者が配偶者居住権を取得する旨を定めることができる。

一　共同相続人間に配偶者が配偶者居住権を取得することについて合意が成立しているとき。

二　配偶者が家庭裁判所に対して配偶者居住権の取得を希望する旨を申し出た場合において、居住建物の所有者の受ける不利益の程度を考慮してもなお配偶者の生活を維持するために特に必要があると認めるとき（前号に掲げる場合を除く。）。

☆**（配偶者居住権の存続期間）**

第一〇三〇条　配偶者居住権の存続期間は、配偶者の終身の間とする。ただし、遺産の分割の協議若しくは遺言に別段の定めがあるとき、又は家庭裁判所が遺産の分割の審判において別段の定めをしたときは、その定めるところによる。

☆**（配偶者居住権の登記等）**

第一〇三一条　居住建物の所有者は、配偶者（配偶者居住権を取得した配偶者に限る。以下この節において同じ。）に対し、配偶者居住権の設定の登記を備えさせる義務を負う。

2　第六百五条の規定は配偶者居住権について、第六百五条の四の規定は配偶者居住権の設定の登記を備えた場合について準用する。

☆（**配偶者による使用及び収益**）

第一〇三二条 配偶者は、従前の用法に従い、善良な管理者の注意をもって、居住建物の使用及び収益をしなければならない。ただし、従前居住の用に供していなかった部分について、これを居住の用に供することを妨げない。

2 配偶者居住権は、譲渡することができない。

3 配偶者は、居住建物の所有者の承諾を得なければ、居住建物の改築若しくは増築をし、又は第三者に居住建物の使用若しくは収益をさせることができない。

4 配偶者が第一項又は前項の規定に違反した場合において、居住建物の所有者が相当の期間を定めてその是正の催告をし、その期間内に是正がされないときは、居住建物の所有者は、当該配偶者に対する意思表示によって配偶者居住権を消滅させることができる。

☆（**居住建物の修繕等**）

第一〇三三条 配偶者は、居住建物の使用及び収益に必要な修繕をすることができる。

2 居住建物の修繕が必要である場合において、配偶者が相当の期間内に必要な修繕をしないときは、居住建物の所有者は、その修繕をすることができる。

3 居住建物が修繕を要するとき（第一項の規定により配偶者が自らその修繕をするときを除く。）、又は居住建物について権利を主張する者があるときは、配偶者は、居住建物の所有者に対し、遅滞なくその旨を通知しなければならない。ただし、居住建物の所有者が既にこれを知っているときは、この限りでない。

☆（**居住建物の費用の負担**）

第一〇三四条 配偶者は、居住建物の通常の必要費を負担する。

2 第五百八十三条第二項の規定は、前項の通常の必要費以外の費用について準用する。

☆（**居住建物の返還等**）

第一〇三五条 配偶者は、配偶者居住権が消滅したときは、居住建物の返還をしなければならない。ただし、配偶者が居住建物について共有持分を有する場合は、居住建物の所有者は、配偶者居住権が消滅したことを理由としては、居住建物の返還を求めることができない。

2 第五百九十九条第一項及び第二項並びに第六百二十一条の規定は、前項本文の規定により配偶者が相続の開始後に附属させた物がある居住建物又は相続の開始後に生じた損傷がある居住建物の返還をする場合について準用する。

☆（**使用貸借及び賃貸借の規定の準用**）

第一〇三六条 第五百九十七条第一項及び第三項、第六百条、第六百十三条並びに第六百十六条の二の規定は、配偶者居住権について準用する。

☆第二節 配偶者短期居住権

☆（**配偶者短期居住権**）

第一〇三七条 配偶者は、被相続人の財産に属した建物に相続開始の時に無償で居住していた場合には、次の各号に掲げる区分に応じてそれぞれ当該各号に定める日までの間、その居住していた建物（以下この節において「居住建物」という。）の所有権を相続又は遺贈により取得した者（以下この節において「居住建物取得者」という。）に対し、居住建物について無償で使用する権利（居住建物の一部のみを無償で使用していた場合にあっては、その部分について無償で使用する権利。以下この節において「配偶者短期居住権」という。）を有する。ただし、配偶者が、相続開始の時において居住建物に係る配偶者居住権を取得したとき、又は第八百九十一条の規定に該当し若しくは廃除によってその相続権を失ったときは、この限りでない。

一 居住建物について配偶者を含む共同相続人間で遺産の分割をすべき場合 遺産の分割により居住建物の帰属が確定した日又は相続開始の時から六箇月を経過する日のいずれか遅い日

二 前号に掲げる場合以外の場合 第三項の申入れの日から六箇月を経過する日

2 前項本文の場合においては、居住建物取得者は、第三者に対する居住建物の譲渡その他の方法により配偶者の居住建物の使用を妨げてはならない。

3 居住建物取得者は、第一項第一号に掲げる場合を除くほか、いつでも配偶者短期居住権の消滅の申入れをすることができる。

☆**（配偶者による使用）**

第一〇三八条　配偶者（配偶者短期居住権を有する配偶者に限る。以下この節において同じ。）は、従前の用法に従い、善良な管理者の注意をもって、居住建物の使用をしなければならない。

2　配偶者は、居住建物取得者の承諾を得なければ、第三者に居住建物の使用をさせることができない。

3　配偶者が前二項の規定に違反したときは、居住建物取得者は、当該配偶者に対する意思表示によって配偶者短期居住権を消滅させることができる。

☆**（配偶者居住権の取得による配偶者短期居住権の消滅）**

第一〇三九条　配偶者が居住建物に係る配偶者居住権を取得したときは、配偶者短期居住権は、消滅する。

☆**（居住建物の返還等）**

第一〇四〇条　配偶者は、前条に規定する場合を除き、配偶者短期居住権が消滅したときは、居住建物の返還をしなければならない。ただし、配偶者が居住建物について共有持分を有する場合は、居住建物取得者は、配偶者短期居住権が消滅したことを理由としては、居住建物の返還を求めることができない。

2　第五百九十九条第一項及び第二項並びに第六百二十一条の規定は、前項本文の規定により配偶者が相続の開始後に附属させた物がある居住建物又は相続の開始後に生じた損傷がある居住建物の返還をする場合について準用する。

☆**（使用貸借等の規定の準用）**

第一〇四一条　第五百九十七条第三項、第六百条、第六百十六条の二、第千三十二条第二項、第千三十三条及び第千三十四条の規定は、配偶者短期居住権について準用する。

第九章　遺留分〔平三〇法七二本章繰下〕〔本章繰下げの施行は、令二・四・一〕

> **第八章**〔第九章に繰下げ〕

（遺留分の帰属及びその割合）

第一〇四二条　兄弟姉妹以外の相続人は、遺留分として、次条第一項に規定する遺留分を算定するための財産の価額に、次の各号に掲げる区分に応じてそれぞれ当該各号に定める割合を乗じた額を受ける。

一　直系尊属のみが相続人である場合　三分の一

二　前号に掲げる場合以外の場合　二分の一

2　相続人が数人ある場合には、前項各号に定める割合は、これらに第九百条及び第九百一条の規定により算定したその各自の相続分を乗じた割合とする。〔本条の施行は、令一・七・一〕

> **第一〇二八条**　兄弟姉妹以外の相続人は、遺留分として、次の各号に掲げる区分に応じてそれぞれ当該各号に定める割合に相当する額を受ける。
>
> 一　直系尊属のみが相続人である場合　被相続人の財産の三分の一
>
> 二　前号に掲げる場合以外の場合　被相続人の財産の二分の一〔第一〇四二条に繰下げ〕
>
> 〔二項は新設規定〕

〔昭五五法五一・平一六法一四七本条改正、平三〇法七二第一項改正・二項追加・条数繰下〕

（遺留分を算定するための財産の価額）

第一〇四三条　遺留分を算定するための財産の価額は、被相続人が相続開始の時において有した財産の価額にその贈与した財産の価額を加えた額から債務の全額を控除した額とする。

2　条件付きの権利又は存続期間の不確定な権利は、家庭裁判所が選任した鑑定人の評価に従って、その価格を定める。〔本条の施行は、令一・七・一〕

> **（遺留分の算定）**
>
> **第一〇二九条**　遺留分は、被相続人が相続開始の時において有した財産の価額にその贈与した財産の価額を加えた額から債務の全額を控除して、これを算定する。〔第一〇四三条に繰下げ〕
>
> 2〔同〕

〔平一六法一四七本条改正、平三〇法七二見出し・一項改正・条数繰下〕

第一〇四四条　贈与は、相続開始前の一年間にしたものに限り、前条の規定によりその価額を算入する。当事者双方が遺留分権利者に損害を加えることを知って贈与をしたときは、一年前の日より前にしたものについても、同様とする。

2 第九百四条の規定は、前項に規定する贈与の価額について準用する。

3 相続人に対する贈与についての第一項の規定の適用については、同項中「一年」とあるのは「十年」と、「価額」とあるのは「価額（婚姻若しくは養子縁組のため又は生計の資本として受けた贈与の価額に限る。）」とする。〔本条の施行は、令一・七・一〕

第一〇三〇条　〔第一〇四四条に繰下げ〕
〔二項・三項は新設規定〕

〔平一六法一四七本条改正、平三〇法七二第二項・三項追加・条数繰下〕

★**（遺贈又は贈与の減殺請求）**

第一〇三一条　遺留分権利者及びその承継人は、遺留分を保全するのに必要な限度で、遺贈及び前条に規定する贈与の減殺を請求することができる。〔本条の削除は、令一・七・一〕

★**（条件付権利等の贈与又は遺贈の一部の減殺）**

第一〇三二条　条件付きの権利又は存続期間の不確定な権利を贈与又は遺贈の目的とした場合において、その贈与又は遺贈の一部を減殺すべきときは、遺留分権利者は、第千二十九条第二項の規定により定めた価格に従い、直ちにその残部の価額を受贈者又は受遺者に給付しなければならない。〔本条の削除は、令一・七・一〕

★**（贈与と遺贈の減殺の順序）**

第一〇三三条　贈与は、遺贈を減殺した後でなければ、減殺することができない。〔本条の削除は、令一・七・一〕

★**（遺贈の減殺の割合）**

第一〇三四条　遺贈は、その目的の価額の割合に応じて減殺する。ただし、遺言者がその遺言に別段の意思を表示したときは、その意思に従う。〔本条の削除は、令一・七・一〕

★**（贈与の減殺の順序）**

第一〇三五条　贈与の減殺は、後の贈与から順次前の贈与に対してする。〔本条の削除は、令一・七・一〕

★**（受贈者による果実の返還）**

第一〇三六条　受贈者は、その返還すべき財産のほか、減殺の請求があった日以後の果実を返還しなければならない。〔本条の削除は、令一・七・一〕

★**（受贈者の無資力による損失の負担）**

第一〇三七条　減殺を受けるべき受贈者の無資力によって生じた損失は、遺留分権利者の負担に帰する。〔本条の削除は、令一・七・一〕

★**（負担付贈与の減殺請求）**

第一〇三八条　負担付贈与は、その目的の価額から負担の価額を控除したものについて、その減殺を請求することができる。〔本条の削除は、令一・七・一〕

第一〇四五条　負担付贈与がされた場合における第千四十三条第一項に規定する贈与した財産の価額は、その目的の価額から負担の価額を控除した額とする。

2 不相当な対価をもってした有償行為は、当事者双方が遺留分権利者に損害を加えることを知ってしたものに限り、当該対価を負担の価額とする負担付贈与とみなす。〔本条の施行は、令一・七・一〕

（不相当な対価による有償行為）

第一〇三九条　不相当な対価をもってした有償行為は、当事者双方が遺留分権利者に損害を加えることを知ってしたものに限り、これを贈与とみなす。この場合において、遺留分権利者がその減殺を請求するときは、その対価を償還しなければならない。〔2に繰下げ〔一項は新設規定〕〕〔第一〇四五条に繰下げ〕

〔平一六法一四七本条改正、平三〇法七二第一項追加・旧一項改正繰下〔二項〕・条数繰下〕

☆**（遺留分侵害額の請求）**

第一〇四六条　遺留分権利者及びその承継人は、受遺者（特定財産承継遺言により財産を承継し又は相続分の指定を受けた相続人を含む。以下この章において同じ。）又は受贈者に対し、遺留分侵害額に相当する金銭の支払を請求することができる。

2 遺留分侵害額は、第千四十二条の規定による遺留分から第一号及び第二号に掲げる額を控除し、これに第三号に掲げる額を加算して算定する。

一　遺留分権利者が受けた遺贈又は第九百三条第一項に規定する贈与の価額

二　第九百条から第九百二条まで、第九百三条及び第九百四条の規定により算定した相続分に応じて遺留分権利者が取得すべき遺産の価額

三　被相続人が相続開始の時において有した債務のうち、第八百九十九条の規定により遺留分権利者が承継する債務（次条第三項において「遺留分権利者承継債務」という。）の額〔本条の施行は、令一・七・一〕

〔平三〇法七二本条追加〕

☆**（受遺者又は受贈者の負担額）**

第一〇四七条　受遺者又は受贈者は、次の各号の定めるところに従い、遺贈（特定財産承継遺言による財産の承継又は相続分の指定による遺産の取得を含む。以下この章において同じ。）又は贈与（遺留分を算定するための財産の価額に算入されるものに限る。以下この章において同じ。）の目的の価額（受遺者又は受贈者が相続人である場合にあっては、当該価額から第千四十二条の規定による遺留分として当該相続人が受けるべき額を控除した額）を限度として、遺留分侵害額を負担する。

一　受遺者と受贈者とがあるときは、受遺者が先に負担する。

二　受遺者が複数あるとき、又は受贈者が複数ある場合においてその贈与が同時にされたものであるときは、受遺者又は受贈者がその目的の価額の割合に応じて負担する。ただし、遺言者がその遺言に別段の意思を表示したときは、その意思に従う。

三　受贈者が複数あるとき（前号に規定する場合を除く。）は、後の贈与に係る受贈者から順次前の贈与に係る受贈者が負担する。

2　第九百四条、第千四十三条第二項及び第千四十五条の規定は、前項に規定する遺贈又は贈与の目的の価額について準用する。

3　前条第一項の請求を受けた受遺者又は受贈者は、遺留分権利者承継債務について弁済その他の債務を消滅させる行為をしたときは、消滅した債務の額の限度において、遺留分権利者に対する意思表示によって第一項の規定により負担する債務を消滅させることができる。この場合において、当該行為によって遺留分権利者に対して取得した求償権は、消滅した当該債務の額の限度において消滅する。

4　受遺者又は受贈者の無資力によって生じた損失は、遺留分権利者の負担に帰する。

5　裁判所は、受遺者又は受贈者の請求により、第一項の規定により負担する債務の全部又は一部の支払につき相当の期限を許与することができる。〔本条の施行は、令一・七・一〕

〔平三〇法七二本条追加〕

★**（受贈者が贈与の目的を譲渡した場合等）**

第一〇四〇条　減殺を受けるべき受贈者が贈与の目的を他人に譲り渡したときは、遺留分権利者にその価額を弁償しなければならない。ただし、譲受人が譲渡の時において遺留分権利者に損害を加えることを知っていたときは、遺留分権利者は、これに対しても減殺を請求することができる。

2　前項の規定は、受贈者が贈与の目的につき権利を設定した場合について準用する。〔本条の削除は、令一・七・一〕

★**（遺留分権利者に対する価額による弁償）**

第一〇四一条　受贈者及び受遺者は、減殺を受けるべき限度において、贈与又は遺贈の目的の価額を遺留分権利者に弁償して返還の義務を免れることができる。

2　前項の規定は、前条第一項ただし書の場合について準用する。〔本条の削除は、令一・七・一〕

（遺留分侵害額請求権の期間の制限）

第一〇四八条　遺留分侵害額の請求権は、遺留分権利者が、相続の開始及び遺留分を侵害する贈与又は遺贈があったことを知った時から一年間行使しないときは、時効によって消滅する。相続開始の時から十年を経過したときも、同様とする。〔本条の施行は、令一・七・一〕

（減殺請求権の期間の制限）

第一〇四二条　減殺の請求権は、遺留分権利者が、相続の開始及び減殺すべき贈与又は遺贈があったことを知った時から一年間行使しないときは、時効によって消滅する。相続開始の時から十年を経過したときも、同様とする。〔第一〇四八条に繰下げ〕

〔平一六法一四七本条改正、平三〇法七二本条改正・条数繰下〕

（遺留分の放棄）

第一〇四九条　相続の開始前における遺留分の放棄は、家庭裁判所の許可を受けたときに限り、その効力を生ずる。

2 共同相続人の一人のした遺留分の放棄は、他の各共同相続人の遺留分に影響を及ぼさない。〔本条の施行は、令一・七・一〕

第一〇四三条〔第一〇四九条に繰下げ〕

〔平一六法一四七本条改正、平三〇法七二条数繰下〕

★**（代襲相続及び相続分の規定の準用）**

第一〇四四条　第八百八十七条第二項及び第三項、第九百条、第九百一条、第九百三条並びに第九百四条の規定は、遺留分について準用する。〔本条の削除は、令一・七・一〕

第十章　特別の寄与〔平三〇法七二本章追加・繰下〕〔本章追加の施行は、令一・七・一、本章繰下げの施行は、令二・四・一〕

☆**第九章**〔第十章に繰下げ〕

☆**第一〇五〇条**　被相続人に対して無償で療養看護その他の労務の提供をしたことにより被相続人の財産の維持又は増加について特別の寄与をした被相続人の親族（相続人、相続の放棄をした者及び第八百九十一条の規定に該当し又は廃除によってその相続権を失った者を除く。以下この条において「特別寄与者」という。）は、相続の開始後、相続人に対し、特別寄与者の寄与に応じた額の金銭（以下この条において「特別寄与料」という。）の支払を請求することができる。

2 前項の規定による特別寄与料の支払について、当事者間に協議が調わないとき、又は協議をすることができないときは、特別寄与者は、家庭裁判所に対して協議に代わる処分を請求することができる。ただし、特別寄与者が相続の開始及び相続人を知った時から六箇月を経過したとき、又は相続開始の時から一年を経過したときは、この限りでない。

3 前項本文の場合には、家庭裁判所は、寄与の時期、方法及び程度、相続財産の額その他一切の事情を考慮して、特別寄与料の額を定める。

4 特別寄与料の額は、被相続人が相続開始の時において有した財産の価額から遺贈の価額を控除した残額を超えることができない。

5 相続人が数人ある場合には、各相続人は、特別寄与料の額に第九百条から第九百二条までの規定により算定した当該相続人の相続分を乗じた額を負担する。〔本条の施行は、令一・七・一〕

附　則〔抄〕（平成二五年一二月一一日法律第九四号）

施行、平二五・一二・一一

（経過措置）

2 この法律による改正後の第九百条の規定は、平成二十五年九月五日以後に開始した相続について適用する。

附　則〔抄〕（平成二八年六月七日法律第七一号）

施行、平二八・六・七

（検討）

2 政府は、この法律の施行後三年を目途として、この法律による改正後の規定の施行の状況等を勘案し、再婚禁止に係る制度の在り方について検討を加えるものとする。

附　則〔抄〕（平成二九年六月二日法律第四四号）

施行、令二・四・一

（意思能力に関する経過措置）

第二条　この法律による改正後の民法（以下「新法」という。）第三条の二の規定は、この法律の施行の日（以下「施行日」という。）前にされた意思表示については、適用しない。

（行為能力に関する経過措置）

第三条　施行日前に制限行為能力者（新法第十三条第一項第十号に規定する制限行為能力者をいう。以下この条において同じ。）が他の制限行為能力者の法定代理人としてした行為については、同項及び新法第百

第五編　相続

二条の規定にかかわらず、なお従前の例による。

（無記名債権に関する経過措置）

第四条　施行日前に生じたこの法律による改正前の民法（以下「旧法」という。）第八十六条第三項に規定する無記名債権（その原因である法律行為が施行日前にされたものを含む。）については、なお従前の例による。

（公序良俗に関する経過措置）

第五条　施行日前にされた法律行為については、新法第九十条の規定にかかわらず、なお従前の例による。

（意思表示に関する経過措置）

第六条　施行日前にされた意思表示については、新法第九十三条、第九十五条、第九十六条第二項及び第三項並びに第九十八条の二の規定にかかわらず、なお従前の例による。

2　施行日前に通知が発せられた意思表示については、新法第九十七条の規定にかかわらず、なお従前の例による。

（代理に関する経過措置）

第七条　施行日前に代理権の発生原因が生じた場合（代理権授与の表示がされた場合を含む。）におけるその代理については、附則第三条に規定するもののほか、なお従前の例による。

2　施行日前に無権代理人が代理人として行為をした場合におけるその無権代理人の責任については、新法第百十七条（新法第百十八条において準用する場合を含む。）の規定にかかわらず、なお従前の例による。

（無効及び取消しに関する経過措置）

第八条　施行日前に無効な行為に基づく債務の履行として給付がされた場合におけるその給付を受けた者の原状回復の義務については、新法第百二十一条の二（新法第八百七十二条第二項において準用する場合を含む。）の規定にかかわらず、なお従前の例による。

2　施行日前に取り消すことができる行為がされた場合におけるその行為の追認（法定追認を含む。）については、新法第百二十二条、第百二十四条及び第百二十五条（これらの規定を新法第八百七十二条第二項において準用する場合を含む。）の規定にかかわらず、なお従前の例による。

（条件に関する経過措置）

第九条　新法第百三十条第二項の規定は、施行日前にされた法律行為については、適用しない。

（時効に関する経過措置）

第一〇条　施行日前に債権が生じた場合（施行日以後に債権が生じた場合であって、その原因である法律行為が施行日前にされたときを含む。以下同じ。）におけるその債権の消滅時効の援用については、新法第百四十五条の規定にかかわらず、なお従前の例による。

2　施行日前に旧法第百四十七条に規定する時効の中断の事由又は旧法第百五十八条から第百六十一条までに規定する時効の停止の事由が生じた場合におけるこれらの事由の効力については、なお従前の例による。

3　新法第百五十一条の規定は、施行日前に権利についての協議を行う旨の合意が書面でされた場合（その合意の内容を記録した電磁的記録（新法第百五十一条第四項に規定する電磁的記録をいう。附則第三十三条第二項において同じ。）によってされた場合を含む。）におけるその合意については、適用しない。

4　施行日前に債権が生じた場合におけるその債権の消滅時効の期間については、なお従前の例による。

（債権を目的とする質権の対抗要件に関する経過措置）

第一一条　施行日前に設定契約が締結された債権を目的とする質権の対抗要件については、新法第三百六十四条の規定にかかわらず、なお従前の例による。

（指図債権に関する経過措置）

第一二条　施行日前に生じた旧法第三百六十五条に規定する指図債権（その原因である法律行為が施行日前にされたものを含む。）については、なお従前の例による。

（根抵当権に関する経過措置）

第一三条　施行日前に設定契約が締結された根抵当権の被担保債権の範囲については、新法第三百九十八条の二第三項及び第三百九十八条の三第二項の規定にかかわらず、なお従前の例による。

2　新法第三百九十八条の七第三項の規定は、施行日前に締結された債務の引受けに関する契約については、適用しない。

3施行日前に締結された更改の契約に係る根抵当権の移転については、新法第三百九十八条の七第四項の規定にかかわらず、なお従前の例による。

（債権の目的に関する経過措置）

第一四条　施行日前に債権が生じた場合におけるその債務者の注意義務については、新法第四百条の規定にかかわらず、なお従前の例による。

第一五条　施行日前に利息が生じた場合におけるその利息を生ずべき債権に係る法定利率については、新法第四百四条の規定にかかわらず、なお従前の例による。

2新法第四百四条第四項の規定により法定利率に初めて変動があるまでの各期における同項の規定の適用については、同項中「この項の規定により法定利率に変動があった期のうち直近のもの（以下この項において「直近変動期」という。）」とあるのは「民法の一部を改正する法律（平成二十九年法律第四十四号）の施行後最初の期」と、「直近変動期における法定利率」とあるのは「年三パーセント」とする。

第一六条　施行日前に債権が生じた場合における選択債権の不能による特定については、新法第四百十条の規定にかかわらず、なお従前の例による。

（債務不履行の責任等に関する経過措置）

第一七条　施行日前に債務が生じた場合（施行日以後に債務が生じた場合であって、その原因である法律行為が施行日前にされたときを含む。附則第二十五条第一項において同じ。）におけるその債務不履行の責任等については、新法第四百十二条第二項、第四百十二条の二から第四百十三条の二まで、第四百十五条、第四百十六条第二項、第四百十八条及び第四百二十二条の二の規定にかかわらず、なお従前の例による。

2新法第四百十七条の二（新法第七百二十二条第一項において準用する場合を含む。）の規定は、施行日前に生じた将来において取得すべき利益又は負担すべき費用についての損害賠償請求権については、適用しない。

3施行日前に債務者が遅滞の責任を負った場合における遅延損害金を生ずべき債権に係る法定利率については、新法第四百十九条第一項の規定にかかわらず、なお従前の例による。

4施行日前にされた旧法第四百二十条第一項に規定する損害賠償の額の予定に係る合意及び旧法第四百二十一条に規定する金銭でないものを損害の賠償に充てるべき旨の予定に係る合意については、なお従前の例による。

（債権者代位権に関する経過措置）

第一八条　施行日前に旧法第四百二十三条第一項に規定する債務者に属する権利が生じた場合におけるその権利に係る債権者代位権については、なお従前の例による。

2新法第四百二十三条の七の規定は、施行日前に生じた同条に規定する譲渡人が第三者に対して有する権利については、適用しない。

（詐害行為取消権に関する経過措置）

第一九条　施行日前に旧法第四百二十四条第一項に規定する債務者が債権者を害することを知ってした法律行為がされた場合におけるその行為に係る詐害行為取消権については、なお従前の例による。

（不可分債権、不可分債務、連帯債権及び連帯債務に関する経過措置）

第二〇条　施行日前に生じた旧法第四百二十八条に規定する不可分債権（その原因である法律行為が施行日前にされたものを含む。）については、なお従前の例による。

2施行日前に生じた旧法第四百三十条に規定する不可分債務及び旧法第四百三十二条に規定する連帯債務（これらの原因である法律行為が施行日前にされたものを含む。）については、なお従前の例による。

3新法第四百三十二条から第四百三十五条の二までの規定は、施行日前に生じた新法第四百三十二条に規定する債権（その原因である法律行為が施行日前にされたものを含む。）については、適用しない。

（保証債務に関する経過措置）

第二一条　施行日前に締結された保証契約に係る保証債務については、なお従前の例による。

2保証人になろうとする者は、施行日前においても、新法第四百六十五条の六第一項（新法第四百六十五条の八第一項において準用する場合を含む。）の公正証書の作成を嘱託することができる。

3公証人は、前項の規定による公正証書の作成の嘱託があった場合には、施行日前においても、新法第四百六十五条の六第二項及び第四百六十五条の七（これらの規定を新法第四百六十五条の八第一項において準用する場合を含む。）の規定の例により、その作成をすることができる。〔二項・三項の施行は、令二・三・一〕

（債権の譲渡に関する経過措置）

第二十二条　施行日前に債権の譲渡の原因である法律行為がされた場合におけるその債権の譲渡については、新法第四百六十六条から第四百六十九条までの規定にかかわらず、なお従前の例による。

（債務の引受けに関する経過措置）

第二十三条　新法第四百七十条から第四百七十二条の四までの規定は、施行日前に締結された債務の引受けに関する契約については、適用しない。

（記名式所持人払債権に関する経過措置）

第二十四条　施行日前に生じた旧法第四百七十一条に規定する記名式所持人払債権（その原因である法律行為が施行日前にされたものを含む。）については、なお従前の例による。

（弁済に関する経過措置）

第二十五条　施行日前に債務が生じた場合におけるその債務の弁済については、次項に規定するもののほか、なお従前の例による。

2　施行日前に弁済がされた場合におけるその弁済の充当については、新法第四百八十八条から第四百九十一条までの規定にかかわらず、なお従前の例による。

（相殺に関する経過措置）

第二十六条　施行日前にされた旧法第五百五条第二項に規定する意思表示については、なお従前の例による。

2　施行日前に債権が生じた場合におけるその債権を受働債権とする相殺については、新法第五百九条の規定にかかわらず、なお従前の例による。

3　施行日前の原因に基づいて債権が生じた場合におけるその債権を自働債権とする相殺（差押えを受けた債権を受働債権とするものに限る。）については、新法第五百十一条の規定にかかわらず、なお従前の例による。

4　施行日前に相殺の意思表示がされた場合におけるその相殺の充当については、新法第五百十二条及び第五百十二条の二の規定にかかわらず、なお従前の例による。

（更改に関する経過措置）

第二十七条　施行日前に旧法第五百十三条に規定する更改の契約が締結された更改については、なお従前の例による。

（有価証券に関する経過措置）

第二十八条　新法第五百二十条の二から第五百二十条の二十までの規定は、施行日前に発行された証券については、適用しない。

（契約の成立に関する経過措置）

第二十九条　施行日前に契約の申込みがされた場合におけるその申込み及びこれに対する承諾については、なお従前の例による。

2　施行日前に通知が発せられた契約の申込みについては、新法第五百二十六条の規定にかかわらず、なお従前の例による。

3　施行日前にされた懸賞広告については、新法第五百二十九条から第五百三十条までの規定にかかわらず、なお従前の例による。

（契約の効力に関する経過措置）

第三十条　施行日前に締結された契約に係る同時履行の抗弁及び危険負担については、なお従前の例による。

2　新法第五百三十七条第二項及び第五百三十八条第二項の規定は、施行日前に締結された第三者のためにする契約については、適用しない。

（契約上の地位の移転に関する経過措置）

第三十一条　新法第五百三十九条の二の規定は、施行日前にされた契約上の地位を譲渡する旨の合意については、適用しない。

（契約の解除に関する経過措置）

第三十二条　施行日前に契約が締結された場合におけるその契約の解除については、新法第五百四十一条から第五百四十三条まで、第五百四十五条第三項及び第五百四十八条の規定にかかわらず、なお従前の例による。

（定型約款に関する経過措置）

第三十三条　新法第五百四十八条の二から第五百四十八条の四までの規定は、施行日前に締結された定型取引（新法第五百四十八条の二第一項に規定する定型取引をいう。）に係る契約についても、適用する。

ただし、旧法の規定によって生じた効力を妨げない。

2　前項の規定は、同項に規定する契約の当事者の一方（契約又は法律の規定により解除権を現に行使することができる者を除く。）により反対の意思の表示が書面でされた場合（その内容を記録した電磁的記録によってされた場合を含む。）には、適用しない。

3　前項に規定する反対の意思の表示は、施行日前にしなければならない。〔本項の施行は、平三〇・四・一〕

（贈与等に関する経過措置）

第三四条　施行日前に贈与、売買、消費貸借（旧法第五百八十九条に規定する消費貸借の予約を含む。）、使用貸借、賃貸借、雇用、請負、委任、寄託又は組合の各契約が締結された場合におけるこれらの契約及びこれらの契約に付随する買戻しその他の特約については、なお従前の例による。

2　前項の規定にかかわらず、新法第六百四条第二項の規定は、施行日前に賃貸借契約が締結された場合において施行日以後にその契約の更新に係る合意がされるときにも適用する。

3　第一項の規定にかかわらず、新法第六百五条の四の規定は、施行日前に不動産の賃貸借契約が締結された場合において施行日以後にその不動産の占有を第三者が妨害し、又はその不動産を第三者が占有しているときにも適用する。

（不法行為等に関する経過措置）

第三五条　旧法第七百二十四条後段（旧法第九百三十四条第三項（旧法第九百三十六条第三項、第九百四十七条第三項、第九百五十条第二項及び第九百五十七条第二項において準用する場合を含む。）において準用する場合を含む。）に規定する期間がこの法律の施行の際既に経過していた場合におけるその期間の制限については、なお従前の例による。

2　新法第七百二十四条の二の規定は、不法行為による損害賠償請求権の旧法第七百二十四条前段に規定する時効がこの法律の施行の際既に完成していた場合については、適用しない。

（遺言執行者の報酬に関する経過措置）

第三六条　施行日前に遺言執行者となった者の報酬については、新法第千十八条第二項において準用する新法第六百四十八条第三項及び第六百四十八条の二の規定にかかわらず、なお従前の例による。

（政令への委任）

第三七条　この附則に規定するもののほか、この法律の施行に関し必要な経過措置は、政令で定める。〔本条の施行は、平二九・六・二〕

附　則〔抄〕

（平成三〇年六月二〇日法律第五九号）

（施行期日）

第一条　この法律は、平成三十四〔令和四〕年四月一日から施行する。〔後略〕

（成年に関する経過措置）

第二条　この法律による改正後の民法（以下「新法」という。）第四条の規定は、この法律の施行の日（以下「施行日」という。）以後に十八歳に達する者について適用し、この法律の施行の際に二十歳以上の者の成年に達した時については、なお従前の例による。

2　この法律の施行の際に十八歳以上二十歳未満の者（次項に規定する者を除く。）は、施行日において成年に達するものとする。

3　施行日前に婚姻をし、この法律による改正前の民法（次条第三項において「旧法」という。）第七百五十三条の規定により成年に達したものとみなされた者については、この法律の施行後も、なお従前の例により当該婚姻の時に成年に達したものとみなす。

（婚姻に関する経過措置）

第三条　施行日前にした婚姻の取消し（女が適齢に達していないことを理由とするものに限る。）については、新法第七百三十一条及び第七百四十五条の規定にかかわらず、なお従前の例による。

2　この法律の施行の際に十六歳以上十八歳未満の女は、新法第七百三十一条の規定にかかわらず、婚姻をすることができる。

3　前項の規定による婚姻については、旧法第七百三十七条、第七百四十条（旧法第七百四十一条において準用する場合を含む。）及び第七百五十三条の規定は、なおその効力を有する。

（縁組に関する経過措置）

第四条　施行日前にした縁組の取消し（養親となる者が成年に達していないことを理由とするものに限る。）については、新法第四条、第七百九十二条及び第八百四条の規定並びに附則第二条第二項の規定にかかかわらず、なお従前の例による。

附　則〔抄〕（平成三〇年七月一三日法律第七二号）

施行、令一・七・一、平三一・一・一三、令二・四・一

（民法の一部改正に伴う経過措置の原則）

第二条　この法律の施行の日（令一・七・一）（以下「施行日」という。）前に開始した相続については、この附則に特別の定めがある場合を除き、なお従前の例による。

（共同相続における権利の承継の対抗要件に関する経過措置）

第三条　第一条の規定による改正後の民法（以下「新民法」という。）第八百九十九条の二の規定は、施行日前に開始した相続に関し遺産の分割による債権の承継がされた場合において、施行日以後にその承継の通知がされるときにも、適用する。

（夫婦間における居住用不動産の遺贈又は贈与に関する経過措置）

第四条　新民法第九百三条第四項の規定は、施行日前にされた遺贈又は贈与については、適用しない。

（遺産の分割前における預貯金債権の行使に関する経過措置）

第五条　新民法第九百九条の二の規定は、施行日前に開始した相続に関し、施行日以後に預貯金債権が行使されるときにも、適用する。

2　施行日から附則第一条第三号に定める日（令二・四・一）の前日までの間における新民法第九百九条の二の規定の適用については、同条中「預貯金債権のうち」とあるのは、「預貯金債権（預金口座又は貯金口座に係る預金又は貯金に係る債権をいう。以下同じ。）のうち」とする。

（自筆証書遺言の方式に関する経過措置）

第六条　附則第一条第二号に掲げる規定の施行の日（平三一・一・一三）前にされた自筆証書遺言については、新民法第九百六十八条第二項及び第三項の規定にかかわらず、なお従前の例による。

（遺贈義務者の引渡義務等に関する経過措置）

第七条　附則第一条第三号に掲げる規定の施行の日（令二・四・一）（以下「第三号施行日」という。）前にされた遺贈に係る遺贈義務者の引渡義務については、新民法第九百九十八条の規定にかかわらず、なお従前の例による。

2　第一条の規定による改正前の民法第千条の規定は、第三号施行日前にされた第三者の権利の目的である財産の遺贈については、なおその効力を有する。

（遺言執行者の権利義務等に関する経過措置）

第八条　新民法第千七条第二項及び第千十二条の規定は、施行日前に開始した相続に関し、施行日以後に遺言執行者となる者にも、適用する。

2　新民法第千十四条第二項から第四項までの規定は、施行日前にされた特定の財産に関する遺言に係る遺言執行者によるその執行については、適用しない。

3　施行日前にされた遺言に係る遺言執行者の復任権については、新民法第千十六条の規定にかかわらず、なお従前の例による。

（撤回された遺言の効力に関する経過措置）

第九条　第三号施行日前に撤回された遺言の効力については、新民法第千二十五条ただし書の規定にかかわらず、なお従前の例による。

（配偶者の居住の権利に関する経過措置）

第一〇条　第二条の規定による改正後の民法（次項において「第四号新民法」という。）第千二十八条から第千四十一条までの規定は、次項に定めるものを除き、附則第一条第四号に掲げる規定の施行の日（令二・四・一）（以下この条において「第四号施行日」という。）以後に開始した相続について適用し、第四号施行日前に開始した相続については、なお従前の例による。

2　第四号新民法第千二十八条から第千三十六条までの規定は、第四号施行日前にされた遺贈については、適用しない。

附　則〔抄〕（令和元年五月一七日法律第二号）

（施行期日）

第一条　この法律は、公布の日から起算して一年を超えない範囲内において政令で定める日（令一政一八九により、令二・四・一）から施行する。ただし、次の各号に掲げる規定は、当該各号に定める日から

施行する。

一・二〔省略〕

三　附則第九条の規定　この法律の施行の日〔中略〕又は前号に定める日のいずれか遅い日〔令二・四・一〕

附　則〔抄〕（令和元年六月一四日法律第三四号）

施行、令二・四・一

（経過措置）

2この法律の施行の際現に係属している特別養子縁組の成立の審判事件に関する養子となる者の年齢についての要件及び当該審判事件の手続については、なお従前の例による。

（政令への委任）

3前項に規定するもののほか、この法律の施行に関し必要な経過措置は、政令で定める。

附　則〔抄〕（令和三年四月二八日法律第二四号）

（施行期日）

第一条　この法律は、公布の日から起算して二年を超えない範囲内において政令で定める日から施行する。ただし、次の各号に掲げる規定は、当該各号に定める日から施行する。

一〔前略〕附則第三十四条の規定　公布の日

二・三〔省略〕

（相続財産の保存に必要な処分に関する経過措置）

第二条　この法律の施行の日（以下「施行日」という。）前に第一条の規定による改正前の民法（以下「旧民法」という。）第九百十八条第二項（旧民法第九百二十六条第二項（旧民法第九百三十六条第三項において準用する場合を含む。）及び第九百四十条第二項において準用する場合を含む。次項において同じ。）の規定によりされた相続財産の保存に必要な処分は、施行日以後は、第一条の規定による改正後の民法（以下「新民法」という。）第八百九十七条の二の規定によりされた相続財産の保存に必要な処分とみなす。

2施行日前に旧民法第九百十八条第二項の規定によりされた相続財産の保存に必要な処分の請求（施行日前に当該請求に係る審判が確定したものを除く。）は、施行日以後は、新民法第八百九十七条の二の規定によりされた相続財産の保存に必要な処分の請求とみなす。

（遺産の分割に関する経過措置）

第三条　新民法第九百四条の三及び第九百八条第二項から第五項までの規定は、施行日前に相続が開始した遺産の分割についても、適用する。この場合において、新民法第九百四条の三第一号中「相続開始の時から十年を経過する前」とあるのは「相続開始の時から十年を経過する時又は民法等の一部を改正する法律（令和三年法律第二十四号）の施行の時から五年を経過する時のいずれか遅い時まで」と、同条第二号中「十年の期間」とあるのは「十年の期間（相続開始の時から始まる十年の期間の満了後に民法等の一部を改正する法律の施行の時から始まる五年の期間が満了する場合にあっては、同法の施行の時から始まる五年の期間）」と、新民法第九百八条第二項ただし書、第三項ただし書、第四項ただし書及び第五項ただし書中「相続開始の時から十年」とあるのは「相続開始の時から十年を経過する時又は民法等の一部を改正する法律の施行の時から五年を経過する時のいずれか遅い時」とする。

（相続財産の清算に関する経過措置）

第四条　施行日前に旧民法第九百三十六条第一項の規定により選任された相続財産の管理人は、施行日以後は、新民法第九百三十六条第一項の規定により選任された相続財産の清算人とみなす。

2施行日前に旧民法第九百五十二条第一項の規定により選任された相続財産の管理人は、新民法第九百四十条第一項及び第九百五十三条から第九百五十六条までの規定の適用については、新民法第九百五十二条第一項の規定により選任された相続財産の清算人とみなす。

3施行日前に旧民法第九百五十二条第一項の規定によりされた相続財産の管理人の選任の請求（施行日前に当該請求に係る審判が確定したものを除く。）は、施行日以後は、新民法第九百五十二条第一項の規定によりされた相続財産の清算人の選任の請求とみなす。

4施行日前に旧民法第九百五十二条第一項の規定により相続財産の管理人が選任された場合における当該相続財産の管理人の選任の公

告、相続債権者及び受遺者に対する請求の申出をすべき旨の公告及び催告、相続債権者及び受遺者に対する弁済並びにその弁済のための相続財産の換価、相続債権者及び受遺者の換価手続への参加、不当な弁済をした相続財産の管理人の責任、相続人の捜索の公告、公告期間内に申出をしなかった相続債権者及び受遺者の権利並びに相続人としての権利を主張する者がない場合における相続人、相続債権者及び受遺者の権利については、なお従前の例による。

5　施行日前に旧民法第九百五十二条第一項の規定により相続財産の管理人が選任された場合における特別縁故者に対する相続財産の分与については、新民法第九百五十八条の二第二項の規定にかかわらず、なお従前の例による。

（その他の経過措置の政令等への委任）

第三四条　この附則に定めるもののほか、この法律の施行に関し必要な経過措置は、政令で定める。

附　則〔抄〕　（令和三年五月一九日法律第三七号）

（施行期日）

第一条　この法律は、令和三年九月一日から施行する。〔後略〕

（第一条の規定の施行に伴う経過措置）

第四条　第一条の規定による改正後の民法（次項において「新民法」という。）第四百八十六条第二項の規定は、施行日以後にされる同項の規定による受取証書の内容を記録した電磁的記録の提供の請求について適用する。

2　新民法第九百八十四条後段の規定は、施行日以後にされる同条前段の規定による公正証書遺言又は秘密証書遺言について適用し、施行日前にされた第一条の規定による改正前の民法第九百八十四条の規定による公正証書遺言又は秘密証書遺言については、なお従前の例による。

【編著者紹介】

生熊　長幸（いくま　ながゆき）
大阪市立大学・岡山大学名誉教授　博士（法学）

一九六八年　東北大学法学部卒業
同　　年　東北大学法学部助手
一九七三年　岡山大学法文学部講師、同助教授を経て
一九八四年　同大学法学部教授
一九九三年　大阪市立大学法学部教授
二〇〇二年　同大学大学院法学研究科教授
二〇〇七年　立命館大学大学院法務研究科教授
二〇一七年　立命館大学大学院法務研究科教授任期満了退職
法務省法制審議会・担保執行法制部会委員（二〇〇一年〜二〇〇三年）
第一〇回全国銀行学術研究振興財団賞受賞（二〇〇三年度）

〈主な著書〉

執行妨害と短期賃貸借（有斐閣・二〇〇〇年）
物情代位と収益管理（有斐閣・二〇〇三年）
即時取得の判例総合解説（信山社・二〇〇三年）
わかりやすい民事執行法・民事保全法〔第二版〕（成文堂・二〇一二年）
民法Ⅱ――物権〔第四版〕（共著、有斐閣・二〇一七年）
三省堂テミス　担保物権法〔第二版〕（三省堂・二〇一八年）
三省堂テミス　物権法〔第二版〕（三省堂・二〇二一年）

令和3年改正民法 解説＋全条文

二〇二一年八月二五日 第一刷発行

編著者 生熊 長幸

発行者 株式会社 三省堂 代表者 瀧本多加志

印刷者 三省堂印刷株式会社

（製版 大日本法令印刷株式会社）

発行所 株式会社 三省堂

〒一〇一―八三七一 東京都千代田区神田三崎町二丁目二十二番十四号

電話 編集 （〇三）三二三〇―九四一一

営業 （〇三）三二三〇―九四一二

〈R3民法全条文・192pp.〉 https://www.sanseido.co.jp/

落丁本・乱丁本はお取り替えいたします。

ISBN978-4-385-32265-0